书山有路勤为径,优质资源伴你行
注册世纪波学院会员,享精品图书增值服务

德锐咨询人力资源领先战略系列丛书

345薪酬
提升人效跑赢大势

李祖滨 汤鹏 李志华 著

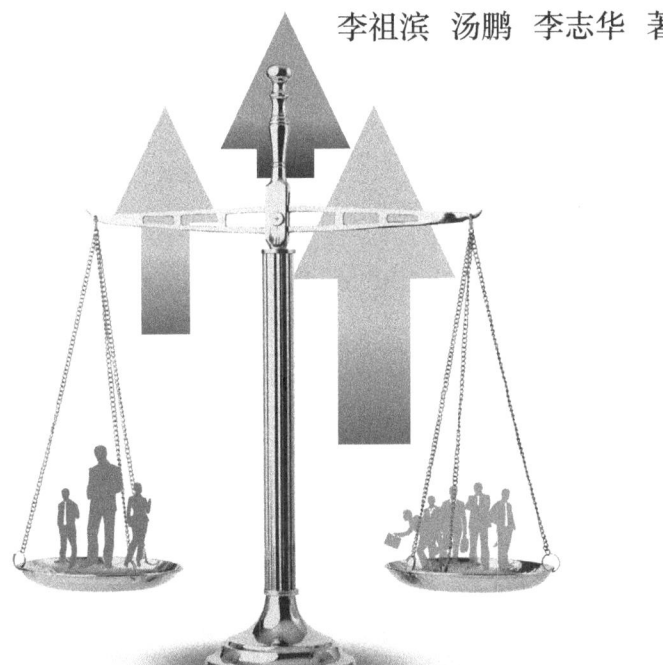

PAYING TO GREATER PRODUCTIVITY

電子工業出版社

Publishing House of Electronics Industry

北京·BEIJING

未经许可，不得以任何方式复制或抄袭本书之部分或全部内容。

版权所有，侵权必究。

图书在版编目（CIP）数据

345 薪酬：提升人效跑赢大势 / 李祖滨，汤鹏，李志华著. —北京：电子工业出版社，2019.4
ISBN 978-7-121-36185-2

Ⅰ.①3… Ⅱ.①李… ②汤… ③李… Ⅲ.①企业管理－人力资源管理②企业管理－工资管理 Ⅳ.①F272.92

中国版本图书馆 CIP 数据核字(2019)第 054528 号

策划编辑：刘露明
责任编辑：刘淑敏
印　　刷：北京天宇星印刷厂
装　　订：北京天宇星印刷厂
出版发行：电子工业出版社
　　　　　北京市海淀区万寿路 173 信箱　邮编 100036
开　　本：720×1000　1/16　印张：15.25　字数：223 千字
版　　次：2019 年 4 月第 1 版
印　　次：2023 年 1 月第 12 次印刷
定　　价：58.00 元

凡所购买电子工业出版社图书有缺损问题，请向购买书店调换。若书店售缺，请与本社发行部联系，联系及邮购电话：（010）88254888，88258888。

质量投诉请发邮件至 zlts@phei.com.cn，盗版侵权举报请发邮件至 dbqq@phei.com.cn。

本书咨询联系方式：（010）88254199，sjb@phei.com.cn。

前　言
345薪酬：企业保持持续竞争力的秘密

李祖滨　德锐咨询董事长

5年前，我只是把"345薪酬"看作优秀企业的成功法宝；而现在，特别是近两年经济增长趋缓，很多领域甚至出现经济下行的趋势，我越来越意识到345薪酬不仅是优秀企业成功的法宝，也是希望持续发展的企业应该采用的薪酬模式，甚至是挣扎在生存线上的企业不得不采用的薪酬模式。

企业陷入"低薪苦循环"而不自知

企业薪酬模式的划分方法可能有很多，我把薪酬模式分成两大类：一类是345薪酬模式，一类是"低薪苦循环"模式（见图0-1）。

"给3个人发4个人的薪酬，创造出5个人的价值"，这是很多企业家梦寐以求的薪酬管理境界，也是实现员工和企业共赢的薪酬模式，我们把这种薪酬模式简称为"345薪酬"。345薪酬是标杆企业的标志，被许多优秀企业、世界500强公司所采用。

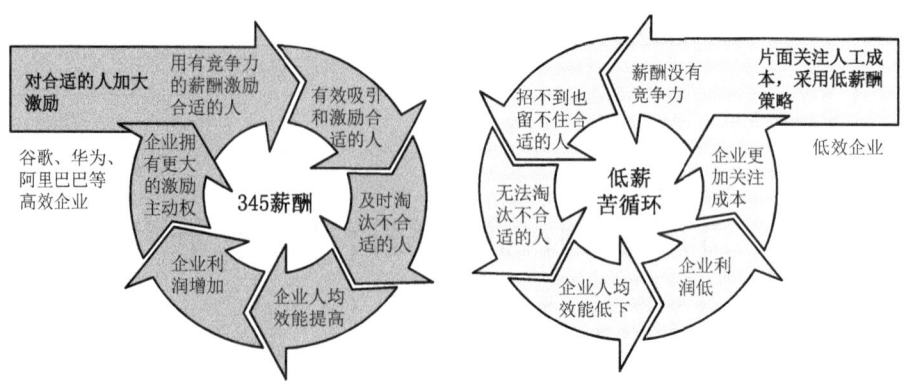

图 0-1 345 薪酬和低薪苦循环模式对比

在 345 薪酬模式下,企业用高于市场水平的薪酬激励合适的人,及时淘汰不合适的人,同时不断引进合适的人,保持较高的人才竞争力,从而推动企业实现高盈利;高盈利的能力又进一步保障了企业持续保持高于市场水平的薪酬竞争力,最终企业的发展进入良性循环。

345 薪酬的优势很多人一听就明白,但是难以做到。在我做企业管理咨询的经历中,发现大量企业深陷于"543"的低薪苦循环模式——5 个人拿 4 个人的薪酬,干着 3 个人的活。这些企业薪酬水平低,很难招到或留住优秀人才,这也导致它们在多方面的竞争力低于同行。它们中有初创企业,有规模过亿元的企业,它们非常努力,却越来越深刻地感觉到企业盈利的困难,但它们并没有认识到低薪苦循环模式对企业利益和发展造成的损害,还在执意坚守着这种模式。**其原因是:低薪酬是企业过去获得盈利的关键。**

为什么"低薪酬"的盈利模式不灵了

❑ 大势已变,企业却还在"刻舟求剑"

我通常会把中国过去 40 年的经济发展大致分为两个阶段,如表 0-1 所示。

表 0-1　中国经济发展阶段

阶　　段	改革开放"黄金 30 年" 1978—2008 年	中国经济"新常态" 2008 年至今及未来较长时期
政策环境	需求拉动	供给侧改革
供求关系	需求大于供给，卖方市场	供给大于需求，买方市场
企业发展方式	关注向外，外延式增长，市场导向，跑马圈地，追求规模	关注向内，内涵式增长，关注品质，追求效率
发展依托	政策、机会、关系、大势、赌性	人才、技术
效益来源	向规模要效益	向质量要效益
劳动力供给	劳动力过剩	劳动力短缺
薪酬水平与利润的关系	以低于市场水平的薪酬招人，质量一般但性价比高的产品供不应求，能获得可观的利润	以高于市场水平的薪酬招到能力高于市场水平的人才，获得高于市场水平的利润

（1）第一阶段（1978—2008 年）。这是中国经济的"黄金 30 年"，当时的经济环境为创业和企业发展提供了极其有利的条件。这一阶段供给不足，需求旺盛，可称为"需求拉动期"。在这个阶段，企业的精力主要放在如何开疆扩土、跑马圈地、做大规模上，体现出普遍的外延式增长。在这个阶段奉行"市场为王"，只关注拿到项目，拿到订单，产品只要生产出来，就能卖出去，就会有收入和利润，内部管理是否精细不是最重要的。

（2）第二阶段（2008 年至今及未来较长时期）。中国经济进入"新常态"，经济增速逐步放缓。由于长期的需求拉动式发展，许多行业出现供给过剩、需求增速慢的现象，导致企业间竞争加剧。在这样的环境下，经济政策拉动企业增长的机会越来越少，那些依赖经济环境、单纯追求规模的增长方式已经行不通了，只有优质的产品和服务才能保证企业持续地成长，此阶段称为"供给侧改革期"。在这个阶段，企业要奉行"品质为王"，如果没有高品质的产品和服务就没有竞争力，也就不会取得理想的收入和利润。在这个阶段，内部管理是否精细、组织能力是否领先，成为企业至关重要的成功因素（见图0-2）。

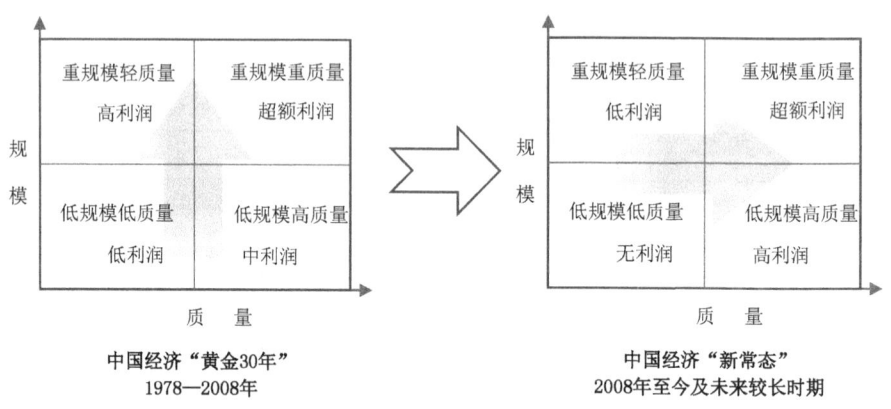

图0-2　企业盈利能力向质量倾斜

所以，延续旧的企业发展模式，指望外部经济环境能够好转，国家出台利好政策的"等靠要"思想需要彻底改变。经济"新常态"下的供给侧改革，要求企业在供给过剩、竞争激烈、市场需求增速慢的环境下，能练就过硬的竞争力。只有拥有强大内功的企业才能获得生存和发展。

德锐咨询认为，在"新常态"的背景下，企业需要向高质量发展。习近平总书记在党的十九大报告中提出："我国经济已由高速增长阶段转向高质量发展阶段。"推动经济高质量发展是当前和今后一个时期确定发展思路、制定经济政策、实施宏观调控的根本要求。对于企业来说，当下也到了转变发展方式、优化产品结构、转换增长动力的攻坚期。

高质量发展，就是坚持质量第一、效益优先。高质量发展的核心是实现综合经营效益好。企业发展得好不好，不能只看规模扩张的速度，更要看企业发展的质量，即重点要看企业的发展模式是否经济高效，产品和服务是否适销对路、满足市场消费不断升级的需要。企业高质量发展就是要做到速度和质量的统一，没有质量保证的速度是不可持续的。

那些依赖经济政策环境、求规模不求品质的企业，如果依然希望通过低品质的方式获得利润将越来越难。需求强势拉动的改革开放"黄金30

年"已经过去，如果企业依然停留在过去的经营发展思维模式中，忽视内部能力的提升，那就犯下了"刻舟求剑"的错误。

❑ "高质量"需要高水平人才和高水平薪酬

当企业的发展由求规模转向求质量时，企业的关注点也需要从求外转向求内，在此背景下人才的重要性就非常凸显了。

在改革开放"黄金30年"阶段，劳动力过剩，企业招人不是难题，劳动力市场的求职场面极为壮观。即使不知名的企业，一个招聘职位仍可以吸引几十人甚至上百人应聘。在这种情况下，企业可以以较低的薪酬招到能力不差的人，支撑企业的规模高速扩张。这些依靠规模发展的企业算不上优质，但依然有增长、有利润。

在这个阶段，有前瞻性的企业不仅满足于规模的增长，同时也关注内部的能力建设，追求管理的精细化和产品品质的领先。它们以高于市场水平的薪酬吸引行业中优秀人才的加入，高水平的人才支撑企业高质量的发展，为企业赢得了高利润。这些企业在规模不断增长的同时，发展的质量和效率不断提升，竞争力也不断增强，逐渐成为行业的领军企业。

进入经济"新常态"之后，靠机会、靠关系、靠政策、靠垄断、靠胆大就能获得发展、赢得利润的可能性越来越小，企业更多地要依靠高效率和高质量赢得利润，而对高效率和高质量的追求必须依赖高水平的人才，高水平的人才又必须以高水平的薪酬来吸引。

在未来的竞争中，"薪酬—人才—利润"的逻辑链将是企业必须遵守的用人法则（见图0-3）。

- 高于市场水平的薪酬，吸引到能力高于市场水平的人才，提供高于市场水平的产品和服务，为企业赢得高于市场水平的利润。
- 低于市场水平的薪酬，吸引到能力低于市场水平的人才，提供低于市场水平的产品和服务，为企业赢得低于市场水平的利润。

这也是"345薪酬"实施的重要依据。

```
┌──────────┐ ┌──────────┐ ┌──────────┐ ┌──────────┐
│高于市场水平的│→│吸引到能力高于│→│提供高于市场水│→│为企业赢得高于│
│   薪酬   │ │市场水平的人才│ │平的产品和服务│ │市场水平的利润│
└──────────┘ └──────────┘ └──────────┘ └──────────┘

┌──────────┐ ┌──────────┐ ┌──────────┐ ┌──────────┐
│低于市场水平的│→│吸引到能力低于│→│提供低于市场水│→│为企业赢得低于│
│   薪酬   │ │市场水平的人才│ │平的产品和服务│ │市场水平的利润│
└──────────┘ └──────────┘ └──────────┘ └──────────┘
```

图 0-3 "薪酬—人才—利润"的逻辑链

345 薪酬不是秘密

345 薪酬这么好的模式为什么没有得到广泛应用？难道它是各个优秀企业的不传之密吗？实际上，从薪酬发展史来看，345 薪酬的理念早已有迹可循。在科学管理阶段，"以高工资提高生产力，降低产品单位成本"的思想得到了发展，这个时期完成了从"低薪"到"高薪"理念的根本转变。"最饥饿的工人就是最好的工人"的观点逐渐被"最廉价的劳动力是得到最好报酬的劳动力"所取代。1914 年，有先见之明的福特汽车将工人工资提升到 5 美元/天，是当时其他公司的两倍多，高工资极大地提高了工人的士气，福特汽车的产量遥遥领先。

21 世纪，谷歌、苹果、华为等优秀企业都在践行 345 薪酬。华为作为中国最优秀的民营企业之一，2012 年销售额就超越了爱立信，成为全球最大的电信设备供应商。这样的业绩增长得益于很多方面，但毋庸置疑，人力资源管理是核心推动力。华为一直强调人力资本不断增值的目标优先于财务资本增值的目标，按照任正非的说法就是"华为是一家高效率、高激励、高压力的企业""高激励是第一推动力"。

由此可见，345 薪酬并不是什么秘密，也不是个别企业的独家秘方，已经被很多优秀企业在不断践行着。但是，为什么那么多企业甘愿陷于低薪苦循环？为什么那么多企业没有推行 345 薪酬呢？

345 薪酬为什么难以推行

德锐咨询发现，企业家缺乏先付的勇气和分享的胸怀是 345 薪酬难以推行的根源。345 薪酬背后的原理其实就是企业与员工的薪酬博弈关系，也是利他与自利关系的一种实践。通俗地说，就是企业家通过给予员工高于市场水平的薪酬，员工给予高绩效的回馈。那么高水平的薪酬和高绩效的回馈哪个先发生，哪个后发生呢？那些优秀的企业家有着超乎一般企业家的薪酬支付魄力和勇气，他们只要看准了某个领域的人才，就会不惜重金诚邀这些优秀人才加盟公司。他们相信自己的判断和眼光，当然，他们也有承担风险的胆识。正是这种薪酬先付的勇气和魄力、乐于分享的胸怀为他们赢得了很多优秀的人才。这也正体现了德锐咨询一直倡导的"先公后私"的理念，只有先公后私的企业家才能吸引到优秀的人才。

与这些优秀的企业家相比，许多企业家往往缺乏先付的勇气和分享的胸怀，他们常常会犯薪酬的"损失憎恶征"。例如，他们常常会考虑"薪酬上去了没有效果怎么办？""薪酬加给了不合适的人怎么办？""薪酬总额的提升影响公司利润怎么办？"等问题。正是这种理念的掣肘，让 345 薪酬在企业难以迈出第一步。

345 薪酬是一套完整的薪酬运行机制

除了企业家要有先付的勇气与分享的胸怀，企业还需要一个完整的体系来支撑 345 薪酬的实施。345 薪酬不仅仅是一个简单的薪酬概念，也不仅仅是一个简单的薪酬表，准确地说，它是一套完整的薪酬运行机制。345 薪酬要想获得较好的实施效果，不仅需要领先于市场的薪酬水平，还需要系统的薪酬管理、人才评价、目标管理、组织和流程优化等一整套人力资源体系作为保障。

因此，受制于没有人力资源体系的有效支撑，345 薪酬的推行常常令很多企业望而却步，无奈地陷于低薪苦循环。

德锐咨询基于对优秀企业 345 薪酬实践的研究及大量咨询项目的经

验，经过提炼总结、理论研究，最终形成了一套自己的345薪酬体系（见图0-4）。这套体系划分为三大部分：选择合适的人、对合适的人加大激励，以及让组织创造高价值（见图0-4）。

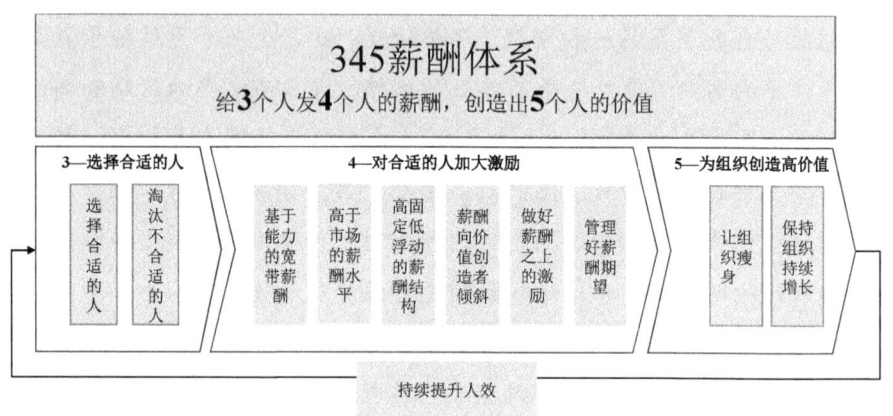

图0-4　德锐咨询的345薪酬体系

（1）选择合适的人。345薪酬体系实施的前提是选对和激励合适的人，通过人才盘点等人才评价工具不断识别持续的价值创造者，同时淘汰损耗企业利润的人。

（2）对合适的人加大激励。在选对合适激励对象的前提下，企业通过高于市场的薪酬水平、高固定低浮动的薪酬结构、薪酬向价值创造者倾斜、做好薪酬之上的激励，以及管理好薪酬期望，提高对合适的人的激励效果，激发他们的工作热情，进而为企业创造更大的价值。

（3）让组织创造高价值。通过组织瘦身、愿景引领和目标管理等手段保障345薪酬体系的实施，实现组织的高价值产出。

最后，企业还必须通过从经营指标、薪酬水平、人才队伍、组织环境等多角度持续审视345薪酬体系的运行效果，从而确保345薪酬体系运行的持续有效性和稳定性。

德锐咨询相信，通过上述三大部分机制的建立和实践，企业一定能够在借鉴标杆企业优秀实践经验的同时，打造属于自己的345薪酬体系。

| 前言 |

 **感谢**

☐ 感谢我们过去、现在和未来的客户

德锐咨询的使命是帮助中国高潜力企业成为行业标杆,为客户提供满意的服务是我们存在的唯一价值。企业家的需求和期盼促使我们努力研究、不断前进,是支持我们过去3年完成翻译《人力资源转型》、写作《聚焦于人:人力资源领先战略》《精准选人:提升企业利润的关键》《股权金字塔:揭示股权激励有效的秘密》3本著作的动力源泉,如今我们又将完成这本《345薪酬:提升人效跑赢大势》的写作。写作过程是备受煎熬和艰辛的,支持我们走到最后的是企业家的需求和期盼。

同时,我们的理论、方法和工具有很大一部分来自咨询实践,正是我们的客户给我们提供了面对并解决各种管理问题的机会,进而给了我们总结和提炼理论、方法和工具的可能。在解决问题的过程中,企业家们也给了我们很多启示,帮助我们成长,让我们受益良多。

感谢我们所有的客户,感谢砥砺前行的中国企业家给予我们源源不断的动力!

☐ 感谢我们的奋斗者团队

德锐咨询敏锐地感知经济环境的变化,捕捉企业领先的管理理论、方法和工具,并且将西方领先理念与中国成功实践紧密结合,建立中国企业管理问题的解决方案体系。大量的项目实践和素材积累让我们把写书作为管理咨询研发的重点工作,并且计划以每年1~2本书的出版速度推进我们的研发工作。

德锐咨询一直倡导"先公后私",实际上德锐咨询的团队已然是一个先公后私的团队。这个团队中的每个人都把公司的整体利益和长远利益放在第一位,这种先公后私的精神让我们一起学习,一起研发,一起分析,

一起研讨，达成共识。只有这种先公后私的团队，才可能连续完成5本书的出版。

在本书的写作过程中，汤鹏、李志华、孙克华、贺耀慧、王露平、应心凤、刘刚、陈文亮等牺牲了大量的业余时间，他们把本该用来休息、娱乐、陪伴家人的时间放到本书的写作或协助中。如果没有先公后私的精神，他们不可能在一次次呕心沥血、一次次大量修改甚至推翻重写中坚持到最后。同时，在本书的写作过程中，有许多同事更多地分担了咨询项目工作，大大减轻了本书创作者的压力。如果没有先公后私的精神，他们不可能这样积极完美地补位。

感谢所有参与或帮助本书写作的德锐咨询的同事！

目　录

第 1 章　跑赢大势的 345 薪酬 1

　　人效决定企业胜负 1

　　345 薪酬：提高人效，做强企业 10

　　优秀企业在用 345 薪酬跑赢大势 18

　　345 薪酬是企业与员工的双赢选择 22

第 2 章　选择合适的人激励 26

　　重要的是付薪给谁 26

　　用人才盘点识别价值创造者 32

　　淘汰不合适的人 50

第 3 章　加大薪酬激励 62

　　基于能力的宽带薪酬 63

　　高于市场的薪酬水平 66

　　高固定低浮动的薪酬结构 71

　　薪酬向价值创造者倾斜 80

　　宽带薪酬设计方法 84

第 4 章　薪酬之上的激励 92

全面激励体系 93
淡化福利支出 97
更快速的职业发展 102
更向上的企业文化 108

第 5 章　管理好薪酬期望 112

被忽视的感知薪酬 114
被拉高的心理预期 119
保障激励的满意度 124

第 6 章　让组织瘦身 134

持续打造奋斗者乐园 134
精简组织，减少层级 139
精简流程，拆除部门墙 144
信息化建设，效率提升 147
因人设岗，人与组织完美适配 149

第 7 章　保持组织持续增长 154

打造三高组织 154
用愿景引领高目标 156
高目标实现的四大保障 162

第 8 章　持续提升人效 174

人员效能仪表盘 177
持续优化的 345 薪酬体系 184

第9章 优秀企业都在践行345薪酬 188

345薪酬铸就华为的辉煌 188

"六高"人才战略助力旭辉崭露头角 194

345薪酬让凯信公司扭亏脱困 201

第10章 345薪酬的勇气与赌性 211

企业"先付出"获取主动权 213

345薪酬是一场胜算很大的赌局 215

成为先公后私的企业家 218

参考文献 221

第 1 章
跑赢大势的 345 薪酬

只有当大潮退去的时候,你才会知道是谁在"裸泳"。

——巴菲特

 人效决定企业胜负

经济社会衡量一个国家、政府乃至商业企业是否强大、是否具有竞争力,总体上有两类指标:一类是规模,如国家或政府的 GDP、企业的营业收入等;另一类是质量,如国家或政府的人均 GDP、经济结构、企业的人均营业额、盈利能力等。过去中国经济的发展比较强调规模指标,号召"大干快上",GDP 规模快速增长,经济实力和国际地位也迅速提升。但这种过度追求规模扩张的经济发展模式也造成了经营的短视,经济呈粗放式发展。政府负债率高,资源投入和消耗高,生态环境污染严重;企业不注重内部管理能力的提升,片面追求产业多元化和集团化、企业兼并重组的外延式增长,营业规模迅速做大,这种"虚胖"式发展导致绝大多数企业大而不强,产业多而不精,竞争力较弱。

由于过度追求规模扩张,忽视质量平衡,带来了一系列后遗症和副作用,无论是政府还是企业家都逐渐意识到,以"效率""效益"为代表的经济发展质量指标才能真正反映一个国家和企业的核心竞争力,更能衡量国家和企业未来是否能健康、长期可持续地发展。经济体之间的竞争是发展规模的竞争,更是发展质量的竞争。国家也好,企业也罢,不光要规模,更要追求规模的质量。没有一定的规模为基础,就谈不上有实力;但在同等规模下,增长的质量和效益、增长的科技含量直接反映经济体的竞争力。规模相同,但增长效益和效率不同,经济体之间的经济实力、潜力就会存在较大差距。

世界500强榜单喜忧参半

2018年《财富》杂志最新公布的世界500强榜单中出现了更多的中国企业,上榜中国企业数量已连续14年增加,今年中国(含港澳台)上榜企业更是达到了120家,较去年新增5家。这种强劲增势,是榜单创立以来从未有过的。从总数量看,拥有世界500强企业最多的3个国家分别为:美国第一,有126家;中国第二,有120家;日本第三,有53家(见表1-1)。上榜企业数量中美已并驾齐驱,日本被远远甩在后面。如果中国继续保持这种增势,那么明年或后年,中国将超越美国,成为世界500强最多的国家。从过去仰望世界500强,到现在越来越多的中国企业入榜,确实印证了中国经济大踏步前进的步伐。

表1-1 2018年世界500强榜单

排名	上年排名	公司名称	营业收入（百万美元）	利润（百万美元）	国家
1	1	沃尔玛	500 343	9 862	美国
2	2	国家电网公司	348 903.1	9 533.4	中国
3	3	中国石油化工集团公司	326 953	1 537.8	中国
4	4	中国石油天然气集团公司	326 007.6	-690.5	中国
5	7	荷兰皇家壳牌石油公司	311 870	12 977	荷兰
6	5	丰田汽车公司	265 172	22 510.1	日本
7	6	大众公司	260 028.4	12 107.3	德国

续表

排名	上年排名	公司名称	营业收入（百万美元）	利润（百万美元）	国家
8	12	英国石油公司	244 582	3 389	英国
9	10	埃克森美孚	244 363	19 710	美国
10	8	伯克希尔-哈撒韦公司	242 137	44 940	美国

但是从亮丽榜单的背后，人们更应该看到几点警示。

警示一：中国最大的几家企业，利润不是一般差。

榜单前十强中，国家电网、中石油和中石化都位列其中，除了国家电网没有参照企业，中国"两桶油"与其他3家上榜石油企业相比，利润情况如何呢？皇家壳牌129.77亿美元，英国石油33.89亿美元，埃克森美孚197.1亿美元，中石化15.378亿美元，中石油-6.9亿美元。从销售额看，"两桶油"高高在上；但一说到利润，"两桶油"就垫底了，而且中石油还亏损。大而不强，这就是现状。

警示二：中国企业销售收益率和净资产收益率连年下滑。

世界500强企业整体实力越来越强。据《财富》统计，2018年上榜的500强企业，总营收将近30万亿美元，同比增长8.3%；总利润为创纪录的1.88万亿美元，同比增长23%；销售收益率达到6.3%，净资产收益率达到10.9%，均明显高于2017年。

中国上榜企业的销售收益率和净资产收益率却处于下行通道。《财富》杂志特约撰稿人王志乐指出，2015年上榜的中国企业销售收益率为5.6%，到了2017年只有5.1%；2015年上榜中国企业净资产收益率10.7%，到2017年只有8.9%。以中国上榜企业平均利润来看，2013年还有33亿美元，2014年为34亿美元，到了2017年（2018年的榜单），只有31亿美元（见表1-2）。中国经济在蒸蒸日上，大企业的利润却在节节下滑。

表 1-2 近年世界 500 强上榜中国企业经营数据

年 份	平均销售收入（亿美元）	平均净资产（亿美元）	平均利润（亿美元）	销售收益率（%）	净资产收益率（%）
2013	616	282	33	5.4	11.7
2014	629	312	34	5.4	10.9
2015	571	298	32	5.6	10.7
2016	554	306	29	5.2	9.5
2017	610	350	31	5.1	8.9

在企业层面，衡量经营质量、管理效率的经济指标有很多，如很多企业都会用到利润率、毛利率、净资产收益率等。德锐咨询认为，其中最关键的指标是人效。所谓"人效"就是人均效率或人均效益的简称，指单位人数或单位人力成本创造的有效产出（有效产出一般指销售额、产值或利润额等）。从定义可以看出，人效指标综合考虑了产出规模和人力成本投入两大指标，同时也平衡了企业短期冒进和长期可持续的发展。企业如果希望在一定人力成本投入下取得更高的人效，就需要依靠内部持续的管理能力提升、技术进步或业务结构调整；要想在有效产出不变的情况下提升人效，就更需要通过管理能力提升和技术升级来降低人力成本投入。所以，人效的高低直接反映企业当下的运营能力和经营效率，直接体现企业的生产力，其变化趋势也直接体现企业可持续发展的潜力。对于企业来说，人效是反映企业发展质量最综合、最直接的指标。所以任正非才说："一个企业最重要、最核心的就是追求长远地、持续地实现人均效益增长。"德锐咨询发现，在当前中国经济转型的发展态势下，人效直接决定企业的生死存亡。

❑ 低人效必遭新经济时代淘汰

自改革开放以来，中国经济的发展大致可分为两个阶段：第一阶段是改革开放的前30年，整个中国经济沐浴改革春风，依靠投资、消费、出口三驾马车取得高速增长，创造了中国奇迹。很多中国企业在制度红利和人口红利的支持下，依靠政策、关系、眼光乃至赌性迅速地发展壮大。到2008年，随着制度红利和人口红利逐渐被稀释，前期经济发展过程中积累的潜在风险，如产业结构不合理、高能耗、高污染、产能过剩等，在美国金融危机爆发后完全凸显，中国经济开始失速，进入发展的第二阶段——新常态。所谓"新常态"，德锐咨询的解读就是两大特征：第一个特征是中国经济发展从原来的高速增长走向中低速增长；第二个特征是中国经济从原来的低质低效增长向高质高效增长转型。

因这种经济形势的变化，加上中国移动互联网时代的到来，2015年11月，习总书记正式提出"供给侧改革"，推动中国经济发展模式换挡转型，要求政府和各大工商企业全面实施"去杠杆，去产能，去库存，降成本，补短板"五大任务，要求企业更多依靠人才、资本、制度、创新来优化企业发展模式。以浙江省为试点的政府新考核机制"亩产论英雄"逐层推广，标志着地方经济的未来发展更注重"经济密度"而不是过去的"唯GDP"。各企业，在全国一片"三去一降一补"中进行着痛苦的发展转型，大力实施管理水平提升、技术改造和产业升级，企业家在企业的发展过程中不再单纯追求产值规模，越来越多地考虑"人均产值""人均效率"。可以说，人效指标已经成为新经济时代衡量企业是否具有竞争力的关键特征。那些跟不上时代发展要求的企业，或主动或被动地大量倒闭，在市场竞争中被淘汰。国家发改委数据显示，2015—2017年全国破产案件的立案数量分别是3 568件、4 081件和10 195件，审结案件分别为2 418件、3 373件和5 712件，数量逐年大幅上升。2018年上半年，企业的破产立案和审结数量又分别达到了6 392件和3 311件，较去年同期继续大幅增长。

中国新经济时代的发展要求正加速出清低质企业，只有强者和坚定的转型者才能生存于这个时代。我国著名的经济观察家吴晓波在2015年就大声疾呼："过去的经验已经不行了，中国大企业面临的危机是系统性的、生态性的。如果你用过去成功的方式走到今天，你会发现如果你不进行变化的话，你一定会被淘汰。"

☐ 高人效是企业生存的需要

中国企业过去的快速发展很大程度上依赖改革开放后的制度红利和人口红利带来的成本优势，但中国经济发展到今天，这种成本优势正在逐渐缩小甚至消失。其主要原因一是人口红利减小，二是企业用工成本快速增长。

统计数据表明，中国劳动人口的年龄峰值已过。中国劳动年龄人口的数量，15~64岁的劳动年龄人口在2016年达到峰值。如果范围再缩窄一点，15~59岁的劳动年龄人口其实在2012年已经见顶。这说明传统意义的人口红利正在逐渐消失，劳动年龄人群结构呈年长化趋势。而在绝对供给量方面，受我国计划生育政策的衍生影响，中国人口已进入低生育阶段，劳动适龄人口的增长率已经开始迅速减缓，每年平均只有1%的增长。国家统计局数据显示，我国劳动参与率呈现逐年下降的趋势，就业总量压力仍然较大，劳动力供求数量的格局已经发生显著变化。

雪上加霜的是，中国企业的用工成本面临巨大的增长压力。国家统计局数据显示，2010年以来全国城镇私营单位就业人员年平均工资涨幅超过12%。以上海为例，2015—2018年的4年间，企业人均工资从5 939元上涨到10 128元，接近翻番（见图1-1及表1-3）。2018年8月中国社保新政出台，规定社保费用由税收部门统一征收，导致社保缴纳变成了强制性缴纳。据测算，企业人工成本将增加30%。

2018年第一财经研究院在博鳌论坛上发布《中国与全球制造业竞争力》报告显示，中国制造业竞争力相对优势下滑，劳动力成本上升是主因。由北京大学新结构经济研究中心与英国海外发展研究所2017年发布的针对服装、鞋类、玩具和家用电器4个行业的研究报告称：劳动力成本上升已成为大多数企业面临的头号挑战，原材料投入成本上升、产品需求萎缩也挤压了其盈利空间和竞争优势。

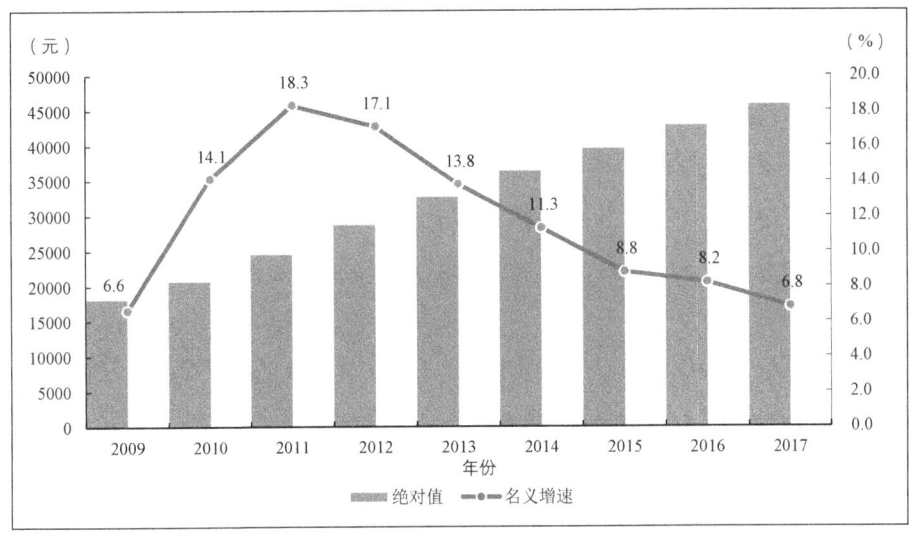

图 1-1　2009—2017 年城镇私营单位就业人员年平均工资名义增速

表 1-3　2015—2018 年上海平均薪资表

年份	2015	2016	2017	2018
薪资（元）	5 939	6 378	7 132	10 128

在人口红利减少、劳动力成本显著上升时，中国大多数企业的劳动生产率仍然较低。国家统计局 2016 年发布的数据表明，近 20 年间虽然我国劳动生产率增速全球最快，但劳动生产率水平仅为世界平均水平的 40%，相当于美国劳动生产率的 7.4%。如果中国企业家们不能通过技术创新升级、管理效率提升等措施提高劳动生产率，不断追求员工生产效率的最优化，大部分企业将会跌入"高成本、低人效"的恶性循环，在新形势下恐难生存。

☐ 提升人效是优秀企业持续成功的关键

德锐咨询研究发现，很多优秀企业成功的关键就是狠抓"人效"，以效率取胜。华为素来以"高效率、高压力、高工资"著称，华为的人力资源管理核心理念体现着对人效的关注。早在 2001 年，任正非在《华为的冬天》中就说过：不抓人均效益增长，管理就不会进步。任正非在华为内部很多次讲话中都反复强调要提升内部管理能力，提高效率。2017 年，华为轮值 CEO 徐直军在新年献词中提出："华为要继续坚持以有效增长、利润、现金流、提高人均效益为起点的考核，凡不能达到公司人均效益提升改进平均线以上的……各级一把手要进行问责。"2018 年，华为轮值董事长郭平在发表 2019 年新年贺词中也说道："（公司要）激发一线组织活力，对准多打粮食、增加土地肥力……以财经指标和持续发展为牵引、以资产包为经营约束、以粮食包激发创造活力，提升人均贡献。"

阿里巴巴日益壮大和快速发展的背后也指向"人效"。以 B2B 业务起家的阿里巴巴曾打造了一支王牌销售团队"中供铁军"。阿里巴巴前 CEO、"中供铁军"的负责人卫哲曾介绍说：马云给中供铁军定的第一个指标就是人效，要求人均销售额 100 万元。没有人数限制，但每增加一个人每年就要增加 100 万元的销售额。创建淘宝时，马云给淘宝定了一个指标，每人每年平均要完成一亿元交易额，人数同样不受限制。在阿里巴巴后续的发展过程中，马云经常以提高效率的名义停止或缩减阿里巴巴年度招聘人数。

国外许多优秀企业更是追求效率、关注人效。例如，全球便利店巨头 7-11，根据其 2016 财年数据显示，7-11 员工数 8 054 人，人均利润 116 万元；而阿里巴巴 2016 财年员工的人数是 36 450 人，人均利润是 117 万元，传统零售行业的 7-11 人效竟然堪比阿里巴巴（见图 1-2）。2014 年 Facebook 以 190 亿美元收购了即时通信应用服务 Whatsapp，当时 Whatsapp 仅有 35 名工程师，但该应用的用户数已经超过 4.5 亿人；2015 年 9 月，Whatsapp 的用户数超过了 9 亿人，工程师的数量仍旧保持在 50 名左右，其人效何其高！20 世纪 80 年代，杰克·韦尔奇接班主政通用电气后，也是通过实施组织变革提升人效,最终带领通用电气创造新的辉煌。

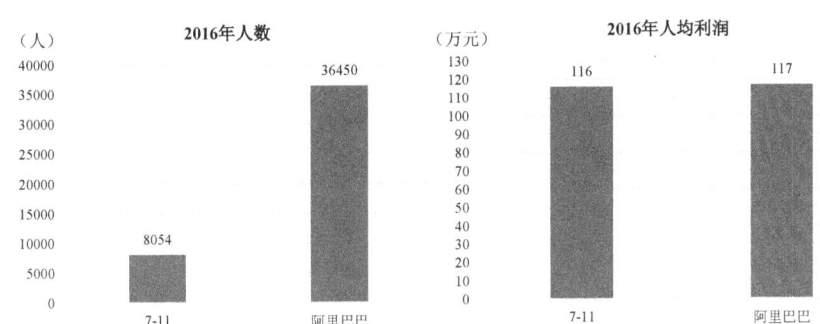

图 1-2　7-11 与阿里巴巴的人效数据

"中子杰克"时代的人效之战

当杰克·韦尔奇在 1981 年接手通用电气时,其人效不理想。当时,通用电气共有战略业务部门 150 多个,过分强调财务分析与控制造成管理层级过多。由于有这么多内部流程要处理,通用电气的部门大多只关注内部,不管市场上的变化。决策过程既迟缓又费事。财务表现虽然很稳定,却不突出,只会随着美国国民生产总值的增长而增长,始终无法更上一层楼。杰克·韦尔奇认为,通用电气组织脉络的阻塞会威胁到它的生存,于是决心重整这家曾经全球顶尖的成功企业。

他首先要求每个业务部门的业绩都必须是市场上的第一名或第二名,假如做不到,业务主管就必须"整顿、出售或关闭"这个部门。这项措施导致那些被杰克·韦尔奇认为"连上帝都搞不定的业务部门"被大量兼并、重组与裁撤,如小型家用电器和电视业务都被卖掉了。经过一系列重大整顿,20 世纪 80 年代末通用电气把原来一百多个业务部门缩减为 13 个,而且每个部门的业绩在市场上都是数一数二的。

与此同时,杰克·韦尔奇决定要颠覆成本高昂的官僚体制。当初建立官僚体制时,原本是为了尽一切可能控制通用电气这个庞然大物。杰克·韦尔奇迅速削减了组织的层级,连公司的主要部门也无法幸免。公司的战略规划人员被裁撤后，战略决策便交由每项业务的执行人员和杰克·韦尔奇本人负责。除此之外，杰克·韦尔奇还做了大量的人员精简工作。凡是战略以外的人员和工作，全部遭到裁撤。最后有近20万人离开通用电气，原因不外乎工作的部门被卖掉，或者工作的部门虽然被留下来，原来的工作却已经消失了。

杰克·韦尔奇也因此成为众所皆知的"中子杰克"——这种炸弹只会让人丧命，却不会破坏建筑物。然而正是这一系列的组织变革才确保了通用电气的高人效，使得通用电气继续保持卓越企业的地位。

所以，进入新的经济时代，企业之间的竞争不是拼人数，也不是简单的拼规模，而是拼效率，人效提升才是企业管理的终极目标。所有致力于可持续发展的企业，都需要努力提升内部的运作效率，否则时代将会发出警告：一家没有效率的公司，会以最快的方式死去。"行业洗牌"来临，这是中国企业发展的未来大势，顺之者昌，逆之者亡。

345薪酬：提高人效，做强企业

人效代表的是企业的生产力，劳动者是生产力中最活跃的因素，只有劳动者的能力素质和积极性得到全面提高、调动，生产力的提升才有保证。基于此，企业家们很容易就想到要通过激励手段来提升人效。什么样的激励模式才是企业家们想要的最优解呢？

不同类型的企业，人效的衡量方式也有所不同，不过最常用、最经典的3个指标是"人均销售额""人均利润"和"人力成本投入产出比"。从这3个指标的字面意思可以推导出，要提升人效，企业至少要做好3个方面的工作：一是优化人才结构，增加高效率员工的数量和比例；二是做好激励，提升员工的敬业度及工作效率；三是建立良好的组织机制，保障企业目标的达成。

1．优化人才结构

所有的企业家都希望自己的企业中全都是高素质、能干的员工，但往往事与愿违。全球著名的猎头公司亿康先达的一个面向300名企业高管关于"如果你从头开始打造企业，现有员工中，你再次雇用的比例占多少？"的调查显示，平均比例是"大约50%"。几乎每个公司或多或少都存在不再适合企业发展的员工，如果能将这些不合适的员工全部剔除，换成匹配企业发展的员工，何愁企业的人效不能提升？

2．做好激励

研究表明，科学有效的激励能够让员工发挥70%~80%的潜能，而在缺乏有效激励的情况下，员工只能发挥出20%~30%的潜能。用力干能把事干完，用脑干能把事干好，用心干能把事干成。能否通过高效的激励手段调动人才工作的积极性和提高敬业度，直接关系到员工绩效产出的高低。这也提醒企业家，提升人效才是企业激励的终极目标。

3．建立良好的组织机制

根据杨国安教授组织能力"杨三角"理论，有了高素质的员工、对员工也做好了激励，只解决了员工"能不能够"和"愿不愿意"创造高价值的问题。若要员工创造高绩效，还得解决"可不可以"的问题，这是由组织机制决定的。良好的组织机制给员工的价值创造提供了好的平台和氛围，有利于员工提高生产效率；不良的组织机制会造成大量的组织内耗，不仅会限制员工的绩效产出，还会给组织带来危机。所以要提升人效，一定要创造一个良好的运行机制，将高素质人才和高效的组织结合在一起。

基于上述分析，结合优秀企业的实践，德锐咨询发现那些优秀的企业实施的薪酬激励体系有很多共性和相似之处，可总结为"345薪酬"——给3个人发4个人的薪酬，创造出5个人的价值。345薪酬不是简单狭义地解决如何定薪和发薪的问题，而是要在企业内部建立一套支持企业高价值产出、能够不断迭代优化的激励体系（为了简化，有时也称"345薪酬"。——作者注），包括人才评价和筛选体系——选择合适的人、人才激励体系——对合适的人加大激励，以及组织塑造体系——让组织创造高价值（见图 1-3）。345 薪酬体系的实施解决了企业如何将有限的薪酬激励资源合理高效地分配给员工，激励员工创造出高绩效，从而提升激励效率的问题，其核心目标就是提高人效，做强企业。

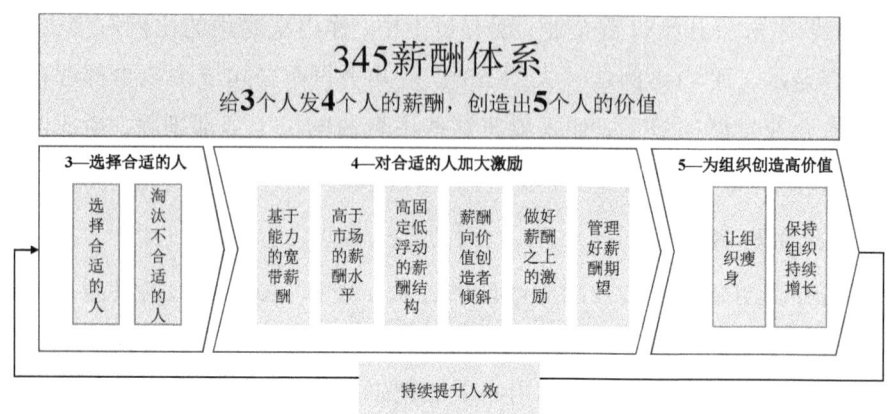

图 1-3　德锐咨询的 345 薪酬体系

345 薪酬之"3"——选择合适的人

任何企业，在一定时期内的激励资源都是有限的。为了让有限的激励资源产生最大的效用，企业就要提升员工激励的精准度和效率。345 薪酬体系成功实施的前提是"选择合适的人"，这体现了德锐咨询一直倡导的"先人后事"的理念（具体含义详见《聚焦于人：人力资源领先战略》，由电子工业出版社出版）。

对企业来说，合适的人才是宝贵的财富和最重要的资产。正是由于他们的存在和努力付出，企业才能不断进步和发展，才能实现一个又一个业绩目标。合适的人的多寡直接决定了企业的发展效率和人效水平的高低，将他们识别出来并给予重点激励是企业家理当做的事。不合适的人，对企业来说是包袱和负资产，轻则不能帮助企业完成业绩目标，重则会拖累企业发展，更有甚者会给企业带来生存危机。如果企业充斥着许多不合适的人，不仅意味着激励资源的投入无法产生价值而被严重浪费，而且消耗企业诸多管理资源，增加管理成本，提高人效自然无从谈起。

不合格的项目经理带来的惊人损失

成联是一家A股上市的高科技企业，在行业内具有一定的影响力，上市后一直有不俗的业绩表现。随着规模的不断扩大，项目经理作为支撑未来发展的关键岗位，其人员需求急剧上升。为此成联成立了专项招聘组，负责搜寻高质量的项目管理人才。

但成联的招聘成功率并不高，半年内项目经理的离职率一直居高不下。2017年上半年，成联通过猎头招聘了45名项目经理，半年内就有20名离职。基于此我们简单估算，若一名项目经理的薪资为1.5万元/月，那么其产生的损失如表1-4所示。

表1-4 项目经理招聘失误损失测算

直接成本		
薪资成本	假设平均工资为9万元/半年	9万元
福利成本	假设平均福利为1万元/半年	1万元
培训成本	假设6个月的培训成本为1万元/半年	1万元
辞退成本		
小　计		11万元
间接成本		
投入成本	招聘时间成本、培训时间成本、管理成本、无效沟通成本及重新投入招聘的成本	—
效率成本	假设不合适的项目经理人均产值仅为合适人员的一半，25万元/半年	25万元
文化成本	在职期间给公司带来的负能量可能影响团队绩效导致的损失	—
小　计		25万元
商机		
机会成本	假设招聘不合适的人员，放弃了一个合适的人而导致的机会成本，项目经理人均产值50万元/半年	50万元
合　计		86万元

> - 直接成本：薪资成本、福利成本、培训成本及辞退成本产生的费用，合计 11 万元。
> - 间接成本：假设成联项目经理人均产值 50 万元/半年，在半年里不合适的项目经理只能创造一半价值，约浪费 25 万元。
> - 机会成本：如果当初招聘的是一名合适的项目经理将产生 50 万元/半年的价值。粗略估算，一名不合适的项目经理半年造成的损失高达 86 万元。这还不包含其对整个产品的质量和交期、企业文化、客户满意度等造成的损失。

所以，为了提高人效，在"3"的环节，企业一方面要精准识别和选择合适的人，为对这些合适的人实施更大的激励做好准备；另一方面也要逐步淘汰不合适的人，并且视情况将其替换为合适的人（这些内容将在本书第 2 章进行详述）。如此，企业不仅能轻装上阵，更可以通过淘汰不合适的人节省大量的激励资源，从而为外部优秀人才的引进及内部优秀人才的保留赢得更大的激励空间。为了确保激励的对象是合适的人，企业需要把人才的选择和识别当作一项持续开展的工作，通过建立一套完善精准的人才评价和筛选机制、员工优化淘汰机制，时刻保证企业人才队伍的高质量和高纯度。

345 薪酬之"4"——对合适的人加大激励

通过"3"，合适的激励对象已经就位。为了更加充分调动这些合适的人的工作积极性，最大化地释放他们的价值创造潜力，提高他们的工作效率，企业家们很容易想到的就是加大激励，这是 345 薪酬体系成功实施的关键，特别是在今天这个以"人"为核心驱动力的新经济时代，人才争夺和竞争非常激烈，如果没有激励水平的加大，企业就无法吸引、保留、聚集一批合适的人，也很难调动现有员工的工作积极性，企业在人才选择上更没有主动权，那等待企业的将是难以生存的窘境。

知名人力资源咨询机构的调研数据显示，不管是高管层、经理层，还是各类专业员工，他们最关注的驱动因素主要有职业发展、薪酬、福利、企业文化、工作生活平衡（这严格意义上属于企业文化）等（见图1-4）。所以，从激励手段来说，企业家们要想加大激励，可以从两大方面着手：一是薪酬激励（本书中特指工资）；二是职业发展、福利、企业文化等物质和非物质激励，德锐咨询把这些薪酬之外的激励手段统称为"薪酬之上的激励"。

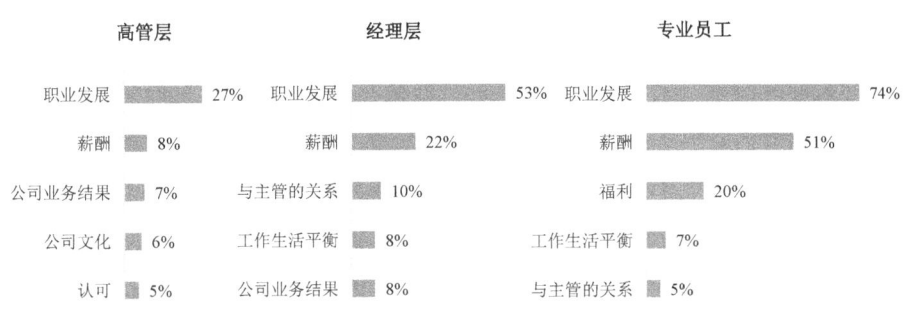

数据来源：合益及外部咨询机构2014年调研数据。

图1-4 员工最关注的驱动因素

1. 加大薪酬激励

效率工资理论认为，高生产率是高工资的结果，支付比市场保留工资高得多的工资更能稳住和吸引人才，在提高员工工作激情的同时也提高了员工工作懈怠的成本，具有激励和约束的双重功效，从而能产生更高的生产效率；低工资会造成高素质人才流失，即使不流失也会造成较低的员工满意度和敬业度，必然导致生产效率低下，拉高企业的机会成本。这也是杰克·韦尔奇所说的"工资最高的时候成本最低"的原因。所以，加大薪酬激励的第一层含义是给合适的人发放高水平的薪酬，第二层含义是将企业中的薪酬激励资源向更合适、更关键的人倾斜，因为越合适、越关键的人给公司创造的价值越高，对公司未来业绩的影响也越大，所以理当给予更多薪酬、更大激励。这种刻意营造的不对称激励对于引导员工提高效率、提升人效有非常大的激励意义，是真正意义上的公平。

当然，企业家们也不要简单地认为"加大薪酬激励"就是一味地给高薪，其含义的实质应该是薪酬给付得更加聪明，从而提升薪酬激励的效果。高薪酬只是提升激励效果的一个方面，除此之外还要考虑薪酬给付的依据（例如，基于业绩、能力或者岗位）、薪酬结构设置（固定工资与浮动工资比例）等。任正非说：给的钱多了，不是人才也变成了人才。这句话有一定道理，但不绝对，华为在发薪上的艺术和学问可不是只给高薪那么简单，本书第3章会详细阐述这些薪酬策略。

2．用好薪酬之上的激励

双因素理论认为，薪酬只是保健因素，它只会让员工不产生抱怨和不满，不会让员工产生满意感；职业发展、被授权、被信任和认可、卓越的企业文化、优秀的上级领导等因素才是真正的激励因素，如果这些激励因素得以满足，就能够极大地激发员工的工作热情，提高劳动生产效率。另外，调查数据显示，职业发展是各级员工都最为关注的首要驱动因素，其受关注程度大幅度领先于其他激励要素；企业文化是一个组织的特征，是全员认可和遵循的价值观、行为规范和制度的总和，对员工既有凝聚和激励作用，也有导向和约束作用。优秀的企业文化能够激发员工自发自愿地按照公司的期望，为实现崇高的目标而奋斗。

双因素理论提醒企业家们，除了薪酬，那些非物质的激励手段也发挥着重要作用。在保障薪酬激励的前提下，如果能够充分发挥薪酬之上的激励，那么对员工的激励效率就会更高，而且良好使用薪酬之上的激励也能够缓解薪酬激励配置的刚性压力。不过需要提醒企业家的是，当薪酬低于市场水平时，非物质激励就会因缺乏土壤而起到反效果。这好比管理者一边让员工饿着肚子，一边用打鸡血或画大饼的方式来激励员工，不仅很难达到激励作用，甚至会引起员工的反感和质疑。当薪酬激励达到或高于市场水平时，加上非物质激励，激励效果将倍增。所以标杆企业更热衷于在保证薪酬达到较高激励水平的基础上，强调非物质激励，以搭建起企业与员工之间牢固的情感纽带。

另外，需要强调的是，给合适的人加大激励并不是强调在福利设置上追求市场领先或高水平。德锐咨询认为，企业要做的是给予员工法定福利，满足基本福利需求。企业需要淡化福利在激励体系中的作用，把物质激励资源集中在薪酬激励上。大部分企业的激励资源都是有限甚至紧张的，为了提升激励效率，企业的激励资源不能太分散，应该"集中力量办大事"。

3. 管理薪酬期望

广告大师约翰·沃纳梅克说："我知道广告费有一半被浪费了，但我不知道被浪费的是哪一半。"许多企业在激励上存在大量的浪费，虽挖空心思投入了大量的激励资源，但因为激励管理实施活动不到位，激励效果着实一般。为了充分发挥"4"的激励效果，企业需要建立规范、透明的激励管理机制，做好沟通工作，确保企业的激励政策和要素都被员工充分理解和认同，从而达到激励效果的最大化，保障345薪酬体系成功实施。

❑ 345薪酬之"5"——让组织创造高价值

任正非说："物质薪酬是生存的保障，一定要给员工加薪的机会；但是加薪不是无条件的，一定要让员工做出好的结果，拿出高的绩效来交换。有人效、有结果，给员工多少钱都不过分。"激励员工产出高价值的结果，然后让员工得到高收入，这种共赢的状态对企业和员工的发展都是长期可持续的。

在"3"就位、"4"到位之后，企业要考虑的是如何确保员工有"5"的价值产出，这是实施345薪酬体系的目的。经过人才选择和加大激励后，要让3个人创造5个人的价值，企业就必须为合适的人创造充分施展才华、贡献价值的组织环境，否则，如果缺乏明确的目标和高效的组织土壤，即便识别并激励了合适的人，也无法创造出预期价值。

过往粗放式、资源驱动型的发展方式决定了许多企业家疏于对高效的组织运作体系和精细的内部管理体系的建立，随着企业贪大求全式的发展、人员的增多、机构的臃肿官僚、流程的冗长低效等问题逐渐凸显，无论是小企业还是大企业都患上了"大企业病"。因此，企业家们急需开展组织瘦身，通过精简组织和流程，实现组织环境的净化和运作效率的提升；通过对组织基础设施的升级改造，更好地支持合适的人创造高价值。

人选合适了，激励加大了，组织环境优化了，高人效仍然不会必然产生，还需要目标管理和绩效管理体系的保驾护航。目标和绩效直接指向组织创造的价值，它的良好实施能够直接带来高绩效。特别是一个组织如果想要人效成为企业的核心竞争力，对高业绩目标的追求将成为必然，更不能缺少目标管理和绩效管理体系所提供的目标牵引、过程管理、教练赋能等管理手段的支持。这部分内容将在本书第 6 章、第 7 章介绍。

到这里企业家们应该大致能够理解，为什么德锐咨询把 345 薪酬称为"体系"而不是简单的一套薪酬方案或一种薪酬策略。因为，345 薪酬要想真正落地并持续地提高人效，需要人才评价、人才激励、组织塑造这 3 个子体系共同作用，缺一不可。当然，企业家也不要认为上述 3 个子体系一旦建立，就立马能够实现企业人效的提升，企业发展质量和竞争力会即刻得到显著增强。从标杆企业的实践来看，提升人效是一个持续改善、没有止境的优化过程，它实时监控人效状况，会不定期迭代升级内部管理体系以支撑这种优化过程。张瑞敏说："没有成功的企业，只有时代的企业。"所以，建立并实施 345 薪酬体系非常考验企业家的毅力、耐力、决心和智慧，这可能也是很多企业家"心有余而力不足"的主要原因。不过没关系，这正是本书要解决的问题。

优秀企业在用 345 薪酬跑赢大势

德锐咨询发现，各行各业许多优秀的企业都在践行 345 薪酬体系，可能它们的薪酬激励体系不是以"345 薪酬"命名的，却是按照 345 薪酬体系的理念进行设计的。依靠这种薪酬理念，它们提高了人效，做强了企业，在众多竞争者中突破重围，走向成功。

华为人力资源价值链"铁三角"

作为全中国各行各业都在学习的标杆企业，华为在人力资源管理方面构建了著名的价值链"铁三角"，即价值创造、价值评价和价值分配三大体系（见图1-5）。华为以战略为牵引，以文化为统领，挑选和培养真正的奋斗者，激发员工力出一孔、各尽所能、竭尽所能地进行价值创造；在价值创造过程中从职位评价、任职资格评价、绩效评价和价值观这4个方面科学合理地评价员工的价值贡献；根据员工的价值贡献，本着"以奋斗者为本""不让雷锋吃亏"的理念分配包括薪酬、股权、荣誉、职权调动等激励资源，实现对员工的高激励。如此循环往复，支持了华为勇攀业绩高峰。上述铁三角在华为也被称为价值链循环，价值分配体系既是价值链循环的终点，也是新循环的起点。价值分配体系通过对价值创造要素、过程和结果的激励与回报，将价值创造进一步扩大，让华为成为全球第一的通信设备制造商。华为的长期高级顾问吴春波曾评价说，华为的人力资源变革都是围绕着价值链铁三角进行的，其目的无非就是减（人）、增（效）、涨（工资），为的是实现任正非"5个人的活由3个人干，发4个人的工资"的梦想。

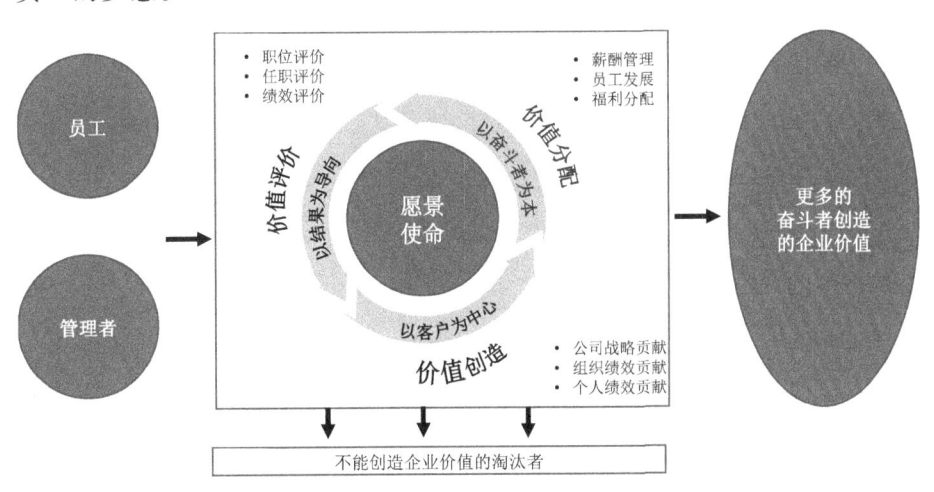

图1-5 华为人力资源管理价值链"铁三角"

龙湖地产的"1234"

作为地产行业人力资源管理方面的标杆企业,龙湖地产的薪酬理念被形象描述为"1234":1个人,2份工资,3倍努力,4倍成长速度。基于此,龙湖地产构建了一套"高标准"选人、创造"高劳动生产率"、给员工"高回报"的"三高"商业逻辑(见图1-6),使其从一个重庆地方区域型的地产公司发展为业务覆盖全国、排名地产业前10名的知名房地产公司,其内部精细化的管理水平得到了万科王石、绿城宋卫平等地产领袖的赞誉。龙湖地产在地产界以精细的选人机制著称,内部明确"有企业家精神的职业经理人""操心的员工"的用人标准,定期以绩效和潜力进行人才评价,独创"人才绿化率"指标,强制进行人员淘汰。基于严格的用人标准,龙湖地产也制定了"高回报"的激励制度,要求"推行全面薪酬激励,薪酬领先行业水平,确保整体竞争力维持在行业前三位"。高标准用人和高激励,给龙湖地产带来了显著的高绩效产出。龙湖地产在上市后快速发展的那些年,其人效(销售额与人数之比)曾是万科的3倍多。

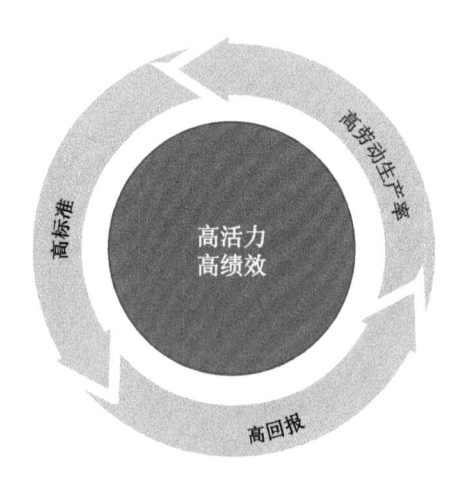

图1-6 龙湖地产的"三高"商业逻辑

西贝的"先分钱、再赚钱"

近几年餐饮企业西贝莜面村(简称西贝)发展迅猛。作为西北菜的杰出代表,截至2017年12月,西贝在全国40多个城市拥有200多家门店,员工16 000多人。西贝的快速发展,离不开创始人贾国龙的经营哲学。在西贝,对一线员工的薪酬策略是:市场价5 000元,西贝给6 000元,再给员工赋能,让他们干出7 000元的活。西贝相信价值是创造出来的,不是节省出来的,西贝就是要用"价值分配"拉动"价值创造"。创始人贾国龙说:"先把分利规则定下来,这才是最有力量的。作为老板,你不能跟员工说,你先干,干出来我再给你钱。所以西贝要先分钱,再赚钱。"为了让所有员工实现自我驱动,除了敢于分钱、给员工高激励,西贝在2015年制定和明确了西贝人的未来愿景和行为准则——西贝蓝图(见图1-7),同时把"比赛机制"打造成企业人才管理的底层逻辑,用这套逻辑来开创一个积极的价值创造空间。在西贝看来,人在比赛中的状态最好、精神最集中、自我驱动力最强,也最高效。基于"比赛机制",西贝鼓励内部团队良性竞争,通过相互竞赛的排名情况分配奖金、分享收益,西贝在员工的良性竞争中获得了更大的收益。

使命 创造喜悦人生		
愿景 全球每一个城市、每一条街都开有西贝,随时随地为顾客提供一顿好饭。因为西贝,人生喜悦	**承诺** • 发展企业:我们承诺,心怀使命和人生召唤,坚守核心价值观,荣耀承诺,践行工匠精神,实现企业愿景,一切服务顾客 • 成就团队:我们承诺,建立一个革命性的支持平台,我们在这个平台上工作、学习成长、成为事业合伙人,分享公司发展的成果,实现梦想,创造喜悦人生 • 幸福顾客:我们承诺,坚守实心诚意的西贝待客之道,想方设法为顾客创造惊喜。闭着眼睛点,道道都好吃 • 回报股东:我们承诺,为股东创造超过预期的收益。股东以投资西贝为骄傲,并且人生喜悦 • 共赢合作者:我们承诺,创造平等信任、喜悦共赢、共同成长的关系 • 保护环境:我们承诺,选用天然精良食材,引领源头生态产业健康发展 • 造福社会:我们承诺,诚信经营,创造喜悦就业环境,提升人们生活品质,推动社会进步	
核心价值观 • 爱:从心出发 • 真实:讲真话,玩真的 • 负责任:我是一切事情的起因,我选择这样对待 • 荣耀承诺:给予自己的话最高的尊重 • 我的西贝:共担责任和风险,共享权力和成果	**工匠精神** • 热爱:爱岗敬业,乐在其中 • 坚持:持之以恒,永不言弃 • 精准:准时准确,不差毫厘 • 创新:敢于试错,持续优化 • 专注:觉察周遭,心无旁骛	**好汉精神** • 把爱传出去 • 把利分下去 • 不争第一,我们干什么!

图1-7 西贝蓝图

类似的企业案例还有很多,将在本书第9章进行部分介绍,在此不再赘言。从上述案例中,我们可以明显看到345薪酬的理念在这些优秀企业落地实施的烙印和效果。

345薪酬是企业与员工的双赢选择

理论和标杆企业的实践表明,实施345薪酬体系会让企业在获得高人效的同时,实现对员工更大的激励;员工在高激励的驱动下,会更有动力为企业创造高价值。所以在345薪酬体系下,企业与员工是一种共创、共享的双赢状态,企业与员工共同进步,一起成长,相互成就。在"人的时代"——个人价值崛起的时代,随着雇佣关系的改变,人和企业之间的关系需要更强的共生价值加以维系,此时345薪酬体系将更具价值。

❑ 企业获得更好的发展

1. 让企业吸引并留住优秀人才

雷军说:"(企业)要用最好的人。在核心人才上面,一定要不惜血本去找。"许多企业家们深知优秀人才对公司的价值,乔布斯曾说:"我过去常常认为一名出色的人才能顶2名平庸的员工,现在我认为能顶50名。"一流人才是企业最核心的资产,但是越是优秀的人才所需要付出的吸引和保留成本就越高,因为优秀人才会有很多企业抢夺。345薪酬体系是一个良好的"筑巢引凤"机制,不仅在薪酬水平上具有很强的竞争力,而且在加速员工职业发展、授权与尊重员工、提供良好的组织环境和工作氛围等非物质激励方面更是不遗余力。在新时代,留住人才就留住了一切、留住了明天。这样的激励机制能够让企业有更好的条件吸引和留住一流人才,减少人才的主动离职率,优秀人才的集聚效应就会显著,从而提升企业的价值创造效率和竞争力。

2. 企业发展进入良性循环

今天很多企业的竞争模式仍停留在工业时代的成本思维并且有很强的路径依赖性,这让企业无形中深陷企业发展的苦循环。在这个苦循环中,企业没有认识到"先人后事"理念在新时代的价值和意义,不舍得在人力资源上优先投入,其关注重点是如何通过成本优势获得竞争优势,所以在薪酬激励等人工成本投入上没有竞争力;加之内部采用高压、严苛的管理手段,不注重企业文化建设,导致企业不仅招不到外部的优秀人才,而且也留不住现有的优秀员工,员工整体素质和战斗力水平下滑,人均效能低下,企业竞争力降低,进而导致整体利润下滑。

卓越企业早就认识到优秀人才的价值,在人力资源上高举高打,持续招聘吸纳符合企业需要的优秀人才,加强激励机制建设,以人才推动企业可持续发展。谷歌、华为等无不如此。在这种模式下,员工能力和潜力不断得到激发和提升,企业生产效率大幅领先于同行,进而具备很强的竞争力,并获得更大的利润空间。在赚取高额利润的同时,这些企业更有资源和条件在人力资源上加大投入,持续加大激励力度,促进内部人效不断提升,企业进入发展的良性循环(见图1-8)。强者恒强、赢家通吃的局面日益显现。

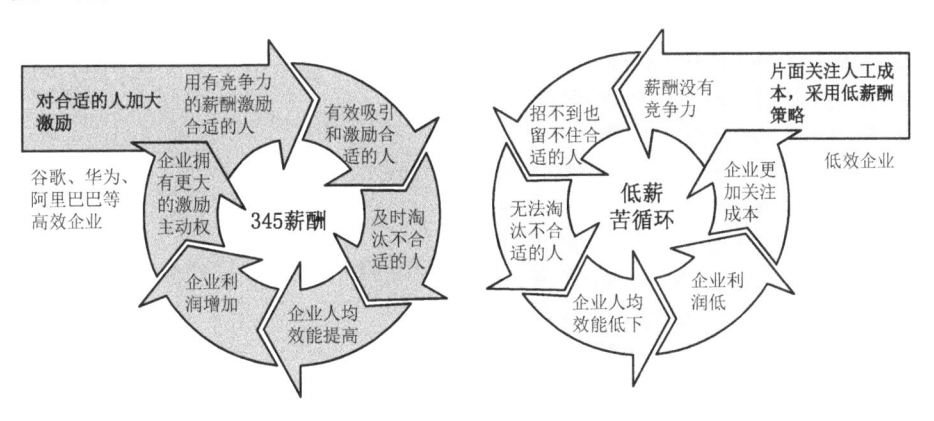

图1-8 345薪酬和低薪苦循环模式对比

❑ 员工得到更大的激励

1. 员工获得高于市场水平的薪酬

345薪酬体系鼓励企业先要有敢于付高薪酬的勇气，员工层面直观感受到的是企业给了更高的工资。高工资能减轻员工面对生活压力的焦虑，生活的改善能帮助员工免除后顾之忧，使其更好地投入工作和生活，工作效率也随之不断提升，能创造更高的价值，企业也就能获得更好的收益，进而能继续给员工更高的回报。这种良性循环会不断强化345薪酬在薪酬体系方面的竞争优势。

2. 个人能力得到充分发挥和重视

员工最关注的驱动因素——职业发展将在345薪酬体系下得到更高的满足。345薪酬体系对企业的价值是带来每个员工的效能最大化，这也是管理的三大任务中重要的一个，即确保工作富有生产力，并且使员工有所成就，产生效益。在345薪酬体系下，员工将被赋予更多的职责，3个人能创造出5个人的价值。这种高产出所带来的成就感，是其他激励方式无可比拟的。高价值输出，依赖的是员工的潜能被更多地激发和释放，员工将得到更多的责任和机会，同时也会得到更多的培养和发展，员工一切有利于高价值输出的行为都将被倡导和激励，企业也会不顾一切地为员工的高价值输出打造优良的组织环境。随之而来的一定是员工个人能力的快速提升，以及职业发展生涯的更好发展。

马云在总结员工离职时曾说，员工的离职原因林林总总，只有两点最真实：一是钱没给到位，二是心受委屈了。对员工来说，实施345薪酬体系，钱可以给到位，员工成就感更强，心也就不会受委屈，他们怎么会离职呢？

关键发现

- 人效是反映企业发展质量的最综合、最直接的指标，人效直接决定企业的生死存亡。
- 优秀企业成功的关键就是狠抓人效，以效率取胜。
- 进入新的经济时代，企业之间的竞争不是拼人数，也不是简单的拼规模，而是拼效率。人效提升是企业管理的终极目标。
- 345薪酬即给3个人发4个人的薪酬，创造出5个人的价值，其核心目标是提高人效，做强企业。
- 345薪酬不是简单狭义地解决如何定薪和发薪的问题，而是在企业内部建立一套支持企业高价值产出、能够不断迭代优化的激励体系。
- 345薪酬体系的成功实施，"选择合适的人"是前提，"对合适的人加大激励"是关键，"让组织创造高价值"是保障。
- 优秀的企业在用345薪酬跑赢大势，赢得竞争优势。
- 企业与员工在345薪酬体系下是一种共创、共享的双赢状态，企业与员工共同进步，一起成长，相互成就彼此。
- 很多企业的发展仍陷在工资低、人效低的苦循环中；优秀企业在人力资源上高举高打，促进企业内部人效不断提升，进入发展的良性循环。

第 2 章
选择合适的人激励

重要的是付酬给谁,而不在于如何支付。

——吉姆·柯林斯

重要的是付薪给谁

美国当代管理大师吉姆·柯林斯在《从优秀到卓越》一书中,通过对1 435 家历年《财富》500 强企业的研究发现,薪酬方式和水平高低与企业是否卓越或发展迅速没有系统的联系,至少不是关键因素。他提醒企业家,在薪酬激励方面,有几点尤其重要:

- 最重要的是薪酬付给的是不是合适的人,而不在于如何支付。
- 人力不是公司最重要的财富,合适的人才是。具备合适的人是公司跨越式发展的必备条件。
- 合适的人会自我激励,薪酬设计的关键是不要打击他们的积极性。

实施 345 薪酬体系时也不例外,345 薪酬体系发挥作用的前提是激励合适的人,因此激励谁是最优先考虑的事项。从标杆企业的成功实践来看,众多优秀的企业都秉持"先选人,后激励"的思路。例如,华为坚持"不让雷锋吃亏",激励资源重点向那些渴望个人成长和成功、愿意付出努力的奋斗者倾斜。再如通用电气，用"活力曲线"将员工区分出 A，B 和 C 3 类，A 类员工享受加薪、晋升、期权等重点激励，C 类员工被强制淘汰。因此，要实现高效激励，就要识别哪些是合适的人。只有找到并激励真正合适的人，激励才能事半功倍。

实施 345 薪酬体系的目标是提高人效，即每个员工的价值产出，所以 345 薪酬体系要激励的应该是那些"5"的价值创造者。从此维度考虑，那些价值创造者应该具备下述三大特征。

❏ 认同企业价值观者

价值观是一个企业成功达成未来使命、愿景的关键，也是企业立足的根本和员工的信条。只有认同企业价值观的员工才能真正创造价值并帮助企业走向成功彼岸，故美其名曰"同路人"。"价值观认同"是指员工对企业的使命、愿景特别是价值观的认可和坚守，这是员工为企业创造价值的前提。价值观认同度高的员工无论是内心深处还是行为都对企业具有高度责任感和认同感，严格践行企业的经营理念和愿望，遵守和维护员工的行为准则和规范。只有对企业价值观高度认同，员工的能力才能在企业中得到更充分的发挥。如果员工不认同企业的价值观，员工的能力、潜力再强，也不可能真正为企业创造价值，甚至反而会给企业带来巨大的破坏力。

每个优秀的企业都高度坚守企业的价值观，华为不断强调"奋斗者"文化，阿里巴巴设置"闻味官"，从招聘选人环节就开始把控员工与企业价值观相符程度。为了让员工对企业价值观有更直观的了解并严格践行，同时也为了便于评价和衡量员工对企业价值观的认同度，阿里巴巴将 6 项核心价值观形象地总结为"六脉神剑"模型，并且对每项价值观从低到高进行 5 个等级的描述，每级描述都具化为可观察到的各种行为和典型事例（见表 2-1）。阿里巴巴通过这样的行为分级描述，将原先主观不可评价的价值观变成了客观可评价的行为事例，并且每年用其对所有员工进行价值观评价打分，这项成绩占总绩效成绩 50% 的权重。如果出现价值观得分较低者,一票否决,绩效成绩清零,取消一切奖金、晋升机会,严重者甚至会被辞退。

表2-1 阿里巴巴的价值观

核心价值观	定义	分级描述1	分级描述2	分级描述3	分级描述4	分级描述5
客户第一	客户是衣食父母	尊重他人,随时随地维护阿里巴巴的形象	微笑面对投诉和受到的委屈,积极主动地在工作中为客户解决问题	与客户交流的过程中,即使不是自己的责任,也不推诿	站在客户的立场思考问题,在坚持原则的基础上,最终达到客户和公司都满意	具有超前的服务意识,防患于未然
团队合作	共享共担,平凡人做非凡事	积极融入团队,乐于接受同事的帮助,配合团队完成工作	决策前积极发表建设性意见,充分参与团队讨论;决策后,无论个人是否有异议,必须从言行上完全予以支持	积极主动分享业务知识和经验;主动给予同事必要的帮助;善于利用团队的力量解决问题和困难	善于和不同类型的同事合作,不将个人喜好带入工作,充分体现"对事不对人"的原则	有主人翁意识,积极正面地影响团队,改善团队士气和氛围
拥抱变化	迎接变化,勇于创新	适应公司的日常变化,不抱怨	面对变化,理性对待,充分沟通,诚意配合	对变化产生的困难和挫折,能自我调整,并正面影响和带动同事	在工作中有前瞻意识,有新方法、新思路	创造文化,并带来绩效突破性的提高
诚信	诚实正直,言出必践	诚实正直,言行一致,不受利益和压力的影响	通过正确的渠道和流程,准确表达自己的观点;表达批评意见的同时能提出相应建议,直言不讳	不传播未经证实的消息,不背后不负责任地议论事和人,并能正面引导	勇于承认错误,敢于承担责任;客观反映问题,对损害公司利益的不诚信行为严厉制止	能持续一贯地执行以上标准

续表

核心价值观	定义	分级描述1	分级描述2	分级描述3	分级描述4	分级描述5
激情	乐观向上，永不言弃	喜欢自己的工作，认同阿里巴巴的企业文化	热爱阿里巴巴，顾全大局，不计较个人得失	以积极乐观的心态面对日常工作，不断自我激励，努力提升业绩	碰到困难和挫折的时候永不放弃，不断寻求突破，并获得成功	不断设定更高的目标，今天的最好表现是明天的最低要求
敬业	专业执着，精益求精	上班时间只做与工作有关的事情；没有因工作失职而造成的重复错误	今天的事不推到明天，遵循必要的工作流程	持续学习，自我完善，做事情充分体现以结果为导向	能根据轻重缓急来正确安排工作优先级，做正确的事	遵循但不拘泥于工作流程，化繁为简，用较小的投入获得较大的工作成果

❑ 当下的价值贡献者

价值贡献最直接的体现就是业绩或绩效表现，所以"高价值贡献者"也可直接称为"高业绩贡献者"。不过需要提醒的是，这个"业绩"是广义上的综合业绩，不是唯收入、利润等狭义上的业绩。现实中有很多企业对于业绩的衡量过于片面，过于关注冰冷的业绩数字，这样会使得员工只在意当下的业绩产出，忽视很多立足长远的高价值活动，长久以往会导致企业经营短视、内部过度竞争、忽略管理工作、价值观扭曲。价值贡献除了狭义的业绩贡献，还可能是增强客户满意度、取得项目关键性突破、提升团队凝聚力、体现企业正能量等很多可以给客户和企业带来价值增值的贡献。当下能创造业绩的员工，如果没有过程控制、内部管理等非业绩但有价值的工作投入,未来不一定能持续地有高业绩产出。所以在衡量价值贡献时要衡量其综合业绩。图 2-1 是华为基于奋斗者价值贡献的年终奖调整方案示例。

新疆市场	上海市场
• 已经进入新疆市场了,按部就班,每年就会有订单,收入和利润目标容易达成 • **当年目标是完成的**	• 尚未进入,且非常难进入 • 各竞争方都很难约见到拥有最终决策权的人物,但是成功邀请到该领导到华为公司参观 • **目标没达成**

原来方案 以业绩为导向的考核

以收入为考核指标的目标完成 **团队年终奖:20万元**	以收入为考核指标的目标没达成 **团队年终奖:0元**

调整方案 以价值贡献为导向的考核

根据业务发展情况,对于公司的价值创造在于持续改进,即业绩不应收为收入增长率。 收入增长情况下没达标,获得奖金激励,但奖金总数减少 **团队年终奖:16万元**	根据业务发展情况,对于公司的价值创造在于大客户销售突破,因此考核指标为大客户销售突破完成率。 高层到访是大客户销售突破的关键点,获得奖金激励 **团队年终奖:6万元**

图 2-1 华为基于奋斗者价值贡献的年终奖调整方案

❑ 未来持续的价值贡献者

345 薪酬体系的实施是一个不断循环迭代的过程,因此 345 薪酬体系的激励导向是既要肯定员工当下的价值贡献,同时也要考虑激励其未来价值创造的意愿和能力,即我们常说的"肯定过去,激励未来"。345 薪酬体系的激励对象不光是当下的业绩贡献者,更应该是未来的价值创造者。如果说业绩代表当下的价值贡献,那么素质代表其未来持续地贡献价值的可能性。有研究表明,员工的素质高低直接决定了其未来业绩产出的高低。所以,高素质员工是 345 薪酬体系的重点激励对象。

基于哈佛大学教授麦克利兰的冰山模型理论(见图 2-2),根据测评的难易和与绩效的相关性,人的素质分为冰山上和冰山下两大部分。冰山上的素质比较容易观察和衡量,包括知识、经验与专业技能等;冰山下的素质较难观察和衡量,包括社会地位、个人特质、动机、态度、价值观等。冰山上的素质是胜任岗位工作的基础条件,从时间维度和影响的深远程度看，冰山下的素质对员工未来工作绩效的影响更大，是区分绩效表现优异者与平庸者的关键要素。所以，一般所说的高素质员工就是指冰山下的素质表现比较优异的员工。

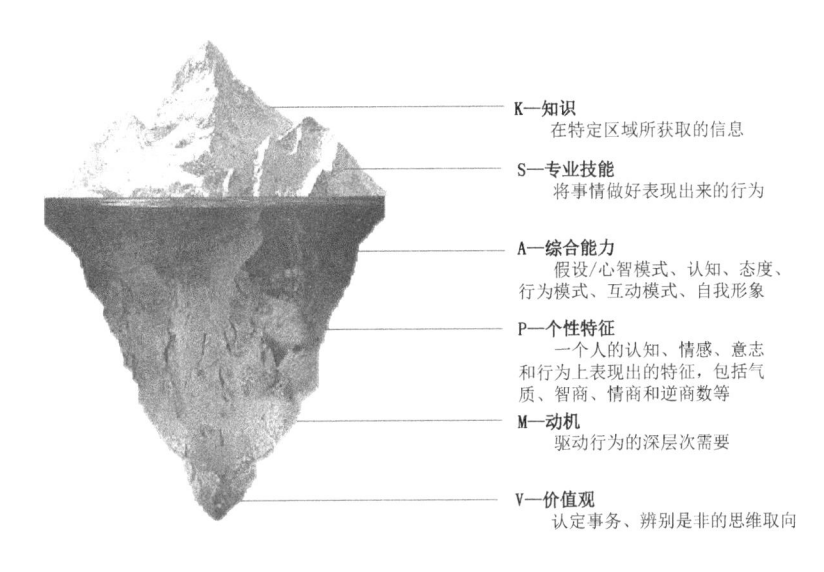

K—知识
在特定区域所获取的信息

S—专业技能
将事情做好表现出来的行为

A—综合能力
假设/心智模式、认知、态度、行为模式、互动模式、自我形象

P—个性特征
一个人的认知、情感、意志和行为上表现出的特征，包括气质、智商、情商和逆商数等

M—动机
驱动行为的深层次需要

V—价值观
认定事务、辨别是非的思维取向

图 2-2　冰山模型

在高素质员工中，有这么一类更具特点的员工非常值得企业关注，那就是高潜力员工。相比其他员工，高潜力员工更能带来持续的高绩效产出。潜力衡量的是员工支持企业持续发展和持续实现高绩效的可能性和稳定性，它是员工持续创造价值的保障。在当今高不确定的时代，为了应对外部变化，企业在选择和培养人才时不仅要注重员工当下的价值创造，更要注重员工面对未来变化的适应能力。高业绩不等于高潜力，但高潜力会带来未来的高业绩。有调查数据表明，93%的高潜力人才都是高绩效人才；在高绩效人群中，只有29%的人拥有高潜力。高潜力员工拥有的共同的素质特征是愿意为自我成长负责，有着更快的适应能力和学习能力，能善于利用各种资源，把握潜在的机会，不达目的不罢休（见表2-2），所以高潜力员工能够持续地为企业创造高业绩。

表 2-2　高潜力员工素质的特征

素质项	素质描述
成就动机	• 渴望成功，喜欢迎接挑战，始终把创造更好的成就作为自己的奋斗目标 • 不满意现状，在工作上执着追求，近似工作狂，总是希望把事情做得更好、更漂亮
学习能力	• 有快速学习的能力，能适应不同岗位的工作和发展要求 • 经常性地总结经验，增加学识，提高技能
聪慧敏锐	• 反应敏捷，能够快速抓住问题主旨并准确决策 • 对外部环境的变化比较敏感，有较强的洞察力
坚韧不拔	• 有较强的压力忍受度 • 心中有执念，不易放弃，坚持把事情做好

综上所述，价值观认同是激励的前提，高素质是未来产生高业绩的关键成功要素，高业绩是被激励的必要条件。所以，企业家们需要基于企业的现实情况和未来发展，组合使用价值观、业绩、素质这 3 类标准（也可能是 4 类，很多企业为了强调潜力，会将其单独作为一个标准）来识别和选择 345 薪酬体系的激励对象，单独依靠其中的任何一个标准都显得不够全面和完善。

用人才盘点识别价值创造者

要识别企业内部的价值创造者，企业通常都会采用人才盘点方法。"人才盘点"是指通过对组织发展的审视和内部人才多方位的评价，帮助企业管理者清晰地了解组织中的人力资源状况，找出组织的人才现状与未来业务发展要求之间的差距，从而更具针对性地实施组织调整、人力资源管理等措施（见图 2-3）。人才盘点是人才管理的一项基础工作，对于企业来说有着重要意义。通用电气、联合利华、阿里巴巴、华为、平安、联想等诸多标杆企业每年都会进行人才盘点，将其视为人力资源管理的核心工作之一。马云在谈到阿里巴巴的人才盘点时曾经说："阿里巴巴每年有两个最重要的会：一个是人才盘点会议，另一个是战略会议。人才盘点排在战略会议前，先有人，后有事。"

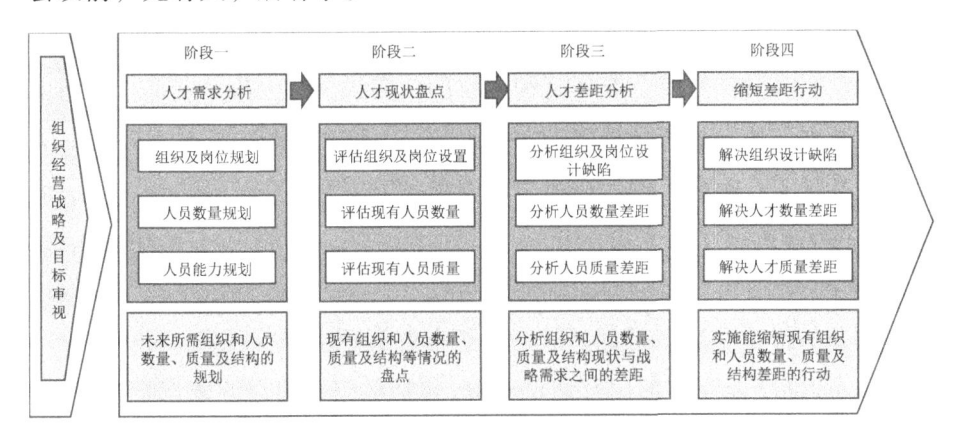

组织经营战略及目标审视	阶段一	阶段二	阶段三	阶段四
	人才需求分析	人才现状盘点	人才差距分析	缩短差距行动
	组织及岗位规划	评估组织及岗位设置	分析组织及岗位设计缺陷	解决组织设计缺陷
	人员数量规划	评估现有人员数量	分析人员数量差距	解决人才数量差距
	人员能力规划	评估现有人员质量	分析人员质量差距	解决人才质量差距
	未来所需组织和人员数量、质量及结构的规划	现有组织和人员数量、质量及结构等情况的盘点	分析组织和人员数量、质量及结构现状与战略需求之间的差距	实施能缩短现有组织和人员数量、质量、结构差距的行动

图 2-3 人才盘点全景图

总体来说，一个完整的人才盘点从解决组织战略发展的诉求出发，是对组织未来经营战略及目标的审视，一般包括4个阶段：①人才需求分析阶段，主要是分析未来发展战略对企业组织设置、人员数量、质量及结构等方面的要求；②人才现状盘点阶段，目标是尽可能充分、翔实、全面地分析现有的组织架构、内部人员数量、质量及结构；③人才差距分析阶段，基于前两个阶段的分析成果，将未来需要与现状之间的差距分析清楚；④缩短差距行动阶段，针对差距着手实施一系列的人力资源行动，尽快弥补差距，从而保证组织战略目标的实现。这4个阶段构成人才盘点完整的闭环，在企业内部循环往复、周而复始地运行，支撑组织目标的实现。一般而言，若无特别说明，本书中所说的人才盘点主要指第二阶段，该阶段也是识别价值创造者的关键阶段，下面将对此阶段进行重点说明。

组织盘点明确人才需求

为了解决组织发展的需要，人才盘点需要对企业的组织架构、岗位设置等现状进行盘点，这种盘点方式也被称为"组织盘点"。组织盘点是管理者对于企业内部组织和岗位设置情况进行的一种审视,盘点内容主要包括治理架构、部门设置、层级结构、职能功能4个方面。

(1)治理架构包括盘点企业所有权和经营权在企业经营中的分配如何,治理架构是否完善。

(2)部门设置是指企业部门和岗位的横向设置,包括盘点部门和岗位的构成如何,特别是实现战略的关键部门、关键岗位设置是否有缺陷,关键岗位有多少,关键岗位人员在岗的需求和空编有多少,梯队是否断层或有明显的结构不合理。

(3)层级结构是指纵向的管理层级数量,包括盘点层级是否过多或过低,信息的传达和决策是否高效,是否存在管理的错位现象。

(4)职能功能是指部门及岗位职责,包括部门和岗位的职责是否明确,未来实现战略的关键职能是否有缺失、弱化等,横向的部门间的权责衔接和协作如何,纵向的部门内的岗位权责衔接和协作如何。

市面上有很多比较成熟的组织审视的模型工具和方法,这些模型为管理者提供了有效的思考角度和方式,帮助管理者更清晰地认识问题。常用的模型有麦肯锡的7S模型、IBM的BLM模型、阿里巴巴的6个盒子、杨三角、德锐咨询人力资源领先战略模型(简称HRLS)等。不同的模型关注的组织要素会有略微的差别(见表2-3),企业在实际的盘点中,可根据需求选择运用。例如,阿里巴巴一直使用"6个盒子"作为组织盘点诊断的工具,帮助业务团队全面了解业务现状,发现问题,盘点现状,打开未来。

表2-3 各种组织审视的模型包含的诊断要素

模型	战略	组织&流程	人才	文化	领导力	其他
7S	战略	结构体系	员工技能	共同价值观	风格	
BLM	市场洞察 战略意图 业务设计 创新焦点	正式组织	人才	氛围与文化		关键任务

续表

模型	战略	组织&流程	人才	文化	领导力	其他
6个盒子	目标	组织/结构 关系/流程			领导/管理	激励 支持&帮助
杨三角	战略	员工治理	员工能力	员工意愿（文化）		
HRLS	愿景/目标	组织	选择、培养和激励	双高企业文化	领导能力	敬业度

组织盘点是人才盘点工作的依据，通过组织盘点可以更加明确组织架构，以及岗位调整和设置的方向，满足组织未来发展的需求；对组织需要的价值创造者的数量、质量和结构也能更加明确。这些信息都是开展后续人才盘点的基础。

人才数量盘点把握人效

对组织现有人才数量及结构的分析我们称为"人才数量盘点"，其目的主要是厘清当前企业人员数量及结构，审视其是否能匹配企业未来发展的需要。粗放的盘点结论可能就是"人员紧缺""冗员""数量匹配"这3种情况，而在实际的人才数量盘点过程中，盘点结论不仅仅是人员数量是否匹配。一般人才数量盘点的内容包括：

- 基础分析：人员总数、人员性别比例、年龄分布、司龄分布、学历分布、职级分布、职类分布、地域分布、管理幅度统计、流失率统计。
- 价值分析：人均销售收入、人均利润、人均用工成本、内部晋升比率、员工敬业度、高潜人才流失率等。

基础分析侧重于企业自然人口特征数据的分析，这是相对浅层的分析维度。从提升人效的角度出发，企业家们更需关注的是价值分析维度，因为此维度直指员工对企业价值创造的影响。需要提醒的是，对人才数量的盘点需要企业结合自身所处行业的特点进行分层分类的结构性分析，并且将分析结构与标杆企业的最佳实践进行对比，以便找出问题。例如，某制造业 A 公司员工工龄结构呈金字塔形分布，而行业最佳实践显示理想结构为纪念碑形（见图 2-4）。这可能说明 A 公司员工组织忠诚度低，人员流动大，内部经验传承不够，会影响 A 公司未来持续稳健地发展。又如，某生产型企业 B 公司，行政管理人员的比例占公司总人数的 15%，技术研发人员占 2%，而行业标杆企业的行政管理人员仅占 8%，技术研发人员占 6%。这可能说明 B 公司内部管理层级过多、官僚化、组织效率不高，同时研发投入少，未来增长潜力有限。

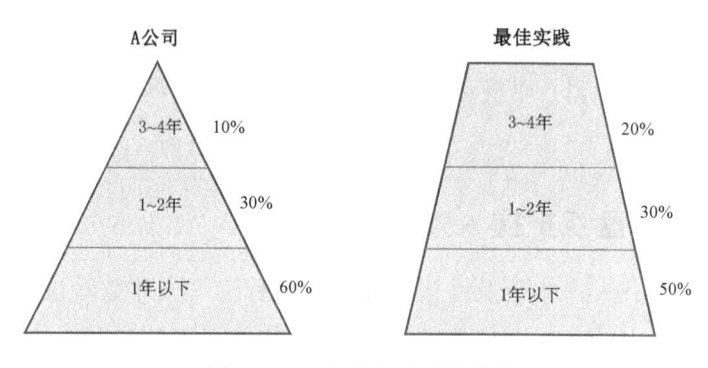

A公司

工龄	比例
3~4年	10%
1~2年	30%
1年以下	60%

最佳实践

工龄	比例
3~4年	20%
1~2年	30%
1年以下	50%

图 2-4　A 公司人员工龄结构

人才数量盘点可以直接从人效的角度审视企业人员数量和结构的合理性，这对于分析企业内部人才结构、人才质量都有重要意义，同时在 345 薪酬体系中，对于判断价值创造者的多寡，以及人员增减方案的设计等方面也都有直接的指导意义。

❏ 人才质量盘点精准识别

对组织现有人员胜任能力、业绩乃至未来潜力状况能否支撑和适应组织未来发展需要的评估被称为"人才质量盘点"，其盘点结果直接表明哪些人是企业当下及未来的价值创造者，所以人才质量盘点是整个人才盘点中的重点和难点，一般包括建立人才标准、实施人才评价和组织人才盘点三大步骤（见图 2-5）。

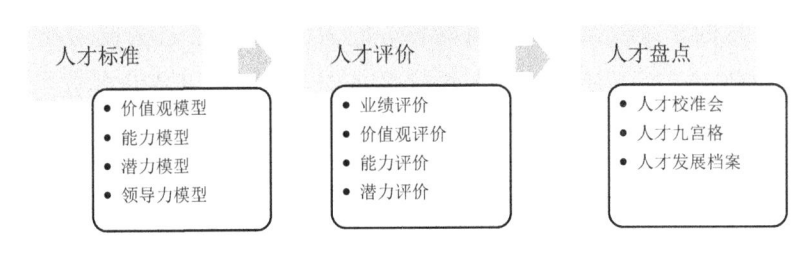

```
人才标准              人才评价            人才盘点
• 价值观模型         • 业绩评价         • 人才校准会
• 能力模型           • 价值观评价       • 人才九宫格
• 潜力模型           • 能力评价         • 人才发展档案
• 领导力模型         • 潜力评价
```

图 2-5　人才质量盘点三步骤

1. 建立人才标准

人才标准明确了组织合适的人的胜任标准，是整个人才质量盘点的基础，也为后续人才评价提供了依据。一个精准全面的人才标准就像把尺子，会让评价者很容易识别出哪些是合适的人。为了能够精准高效地识别员工是否具备高素质，即上文提及的"持续的价值贡献能力"，也为了在人才任用、培养发展等方面更加精准高效，很多优秀标杆企业基于自身未来业务发展的能力需要，都会构建人才标准——素质模型，它是指将持续稳定地驱动员工产生高绩效的知识、技能、能力、个性、内驱力等要素进行集合，并且将其转化成员工具体的行为，达到可测量的目的。如此，企业可以通过素质模型去识别和发现高素质员工。图 2-6 为华为甄别管理者的领导力素质模型。

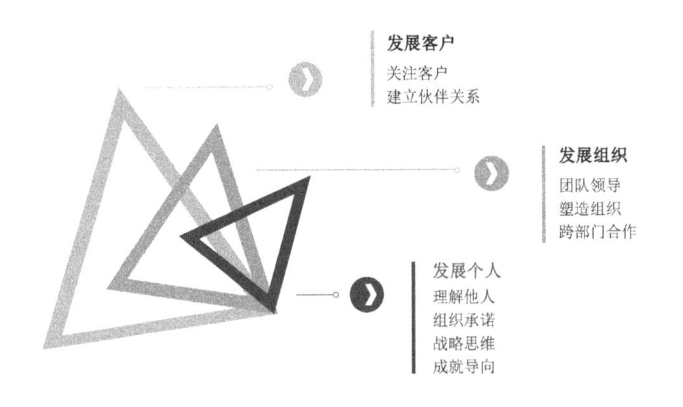

```
                         发展客户
                         关注客户
                         建立伙伴关系

                                        发展组织
                                        团队领导
                                        塑造组织
                                        跨部门合作

                         发展个人
                         理解他人
                         组织承诺
                         战略思维
                         成就导向
```

图 2-6　华为的领导力素质模型

一般来说，素质模型中素质项的主要来源有以下几个方面：一是组织盘点时发现的未来发展需要具备的核心能力;二是企业过去成功及未来长期坚守的独特核心品质;三是各级优秀员工身上沉淀和固化的优秀素质;四是优秀标杆或同行企业成功的基因。根据人才质量盘点的评价对象和精度要求的不同,企业在构建素质模型时一般有以下4种形式(见图2-7):一是针对某一特定岗位(一般是企业内部的关键核心岗位)的素质模型,如销售员、店长、4S店总经理等岗位;二是针对组织内部不同序列类别人员构建素质模型,如营销序列、生产序列、技术序列等;三是针对组织内部不同层级人员构建素质模型(见图2-8),如基层员工、中层员工、高层员工,或者员工级、主管级、经理级、总监级等;四是以序列为主,同时考虑层级差异的综合建模方式(见图2-9)。综合建模方式一般先建立全员核心胜任力模型,适用于全体员工;然后建立领导力素质模型,内容以领导能力和管理能力为主,针对的是管理人员;最后结合组织内不同的序列,针对每个序列建立序列专业素质模型。

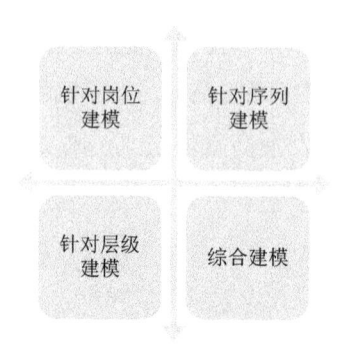

图2-7 素质模型构建的4种形式

根据评价的维度不同,素质模型在很多企业可能又分为价值观模型、能力模型、潜力模型和领导力模型等。顾名思义,不同的模型评价的素质能力有所区别,这在前文有所阐述,在此不再多言。不过从实用落地性角度来说,对于原先没有建立素质模型的企业,德锐咨询建议优先采用层级建模方式,其优点是适用范围较广、建模时间短、操作简单,并且能够快速在全体员工层面建立价值和能力导向。当然,层级建模由于覆盖面广,所以精确度不够高，如果企业对于素质模型有深度应用的需求，一方面需要选择更加精准的建模方式，如基于序列或岗位的建模；另一方面也需要在未来不断优化升级现有的素质模型。

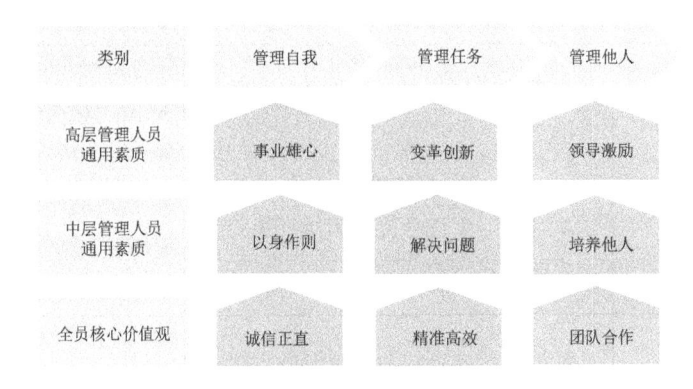

图 2-8　层级建模素质模型（示例）

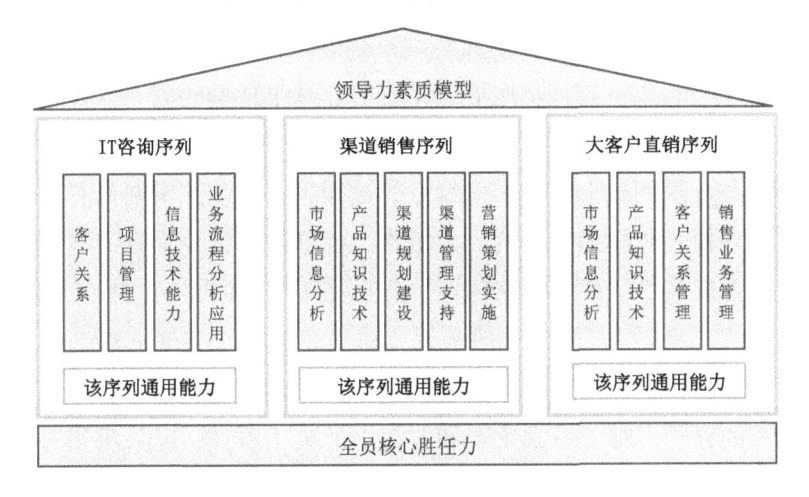

图 2-9　综合建模素质模型

2．实施人才评价

基于素质模型，人才质量盘点的第二步就是针对每个员工个体逐一开展评价。从评价的维度看，一般分为业绩、能力/价值观、潜力和知识/技能4个维度（见表2-4）。对于不同的评价维度，企业采用的评价方法也应该有所不同。

表 2-4　人才评价维度及评价工具

评价维度	衡量内容	评价工具
业绩	当期实际业绩产出与工作表现	• 绩效考核 • 绩效述职
能力/价值观	是否认同价值观、是否具备相关素质能力	• 360度/90度评价 • 结构化面试 • 评价中心
潜力	从动机、个性等方面衡量在组织内的发展空间	• 性格测评 • 个人经历经验调查 • 评价中心
知识/技能	掌握岗位要求的知识技能的程度	• 考试 • 技能测试

不同的评价工具评价的全面性和准确程度不同，与之相应的是其所需要花费的时间和成本不同。例如，评价中心虽很耗费时间，但评价准确度较高；90 度评价非常快捷，但评价的客观性和准确度有局限性。由于企业的资源是有限的，所以在人才盘点的过程中，企业需根据自身需要综合考虑群体规模、时间和投入的人力成本，在追求数据全面性、准确性的同时也要考虑经济性。德锐咨询建议，企业要针对不同类别的员工采用不同的评价方式（见图 2-10）。一般来说，对于企业未来实现战略起到关键作用的员工群体，如中高管、核心岗位员工，需要花费大量时间做精细、全面和深入的评价；对于不太重要和非关键的员工群体，可采用相对粗放但较为快速的评价方式，真正做到核心资源投到关键员工身上。

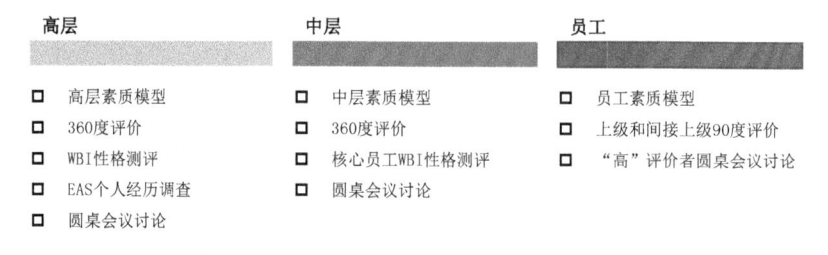

高层
- 高层素质模型
- 360度评价
- WBI性格测评
- EAS个人经历调查
- 圆桌会议讨论

中层
- 中层素质模型
- 360度评价
- 核心员工WBI性格测评
- 圆桌会议讨论

员工
- 员工素质模型
- 上级和间接上级90度评价
- "高"评价者圆桌会议讨论

图 2-10　企业不同类别员工的评价方法

3. 组织人才盘点

人才质量盘点第三步就是将第二步的人才评价信息纳入组织调整和资源配置范畴综合考虑其与人才现状的匹配度，从而输出人才盘点结果。在这个阶段，盘点的主要方式就是召开人才校准会。

在人才评价之后，为了避免评价的误差，保证评估结果的客观性、准确性，同时也为详细充分地讨论人员任用问题，企业还要组织相关人员参与人才校准会，又称"圆桌会议"。在人才校准会上，主持人（一般是人力资源部的人担任）会邀请熟悉和了解被评价者工作表现和能力状况的多位人员参加会议。参会人员以事实为依据，举例子、讲行为，针对被评价者的工作业绩、能力、潜力及未来的任用进行细致和全面的讨论，从而让与会各方清晰、全面地了解人才，最终形成人才九宫格定位（见图2-11）。校准会是整个人才质量盘点的核心环节，在校准会上会形成每个人的评价结果和任用计划，这些信息都是开展后续人才管理工作的基础。

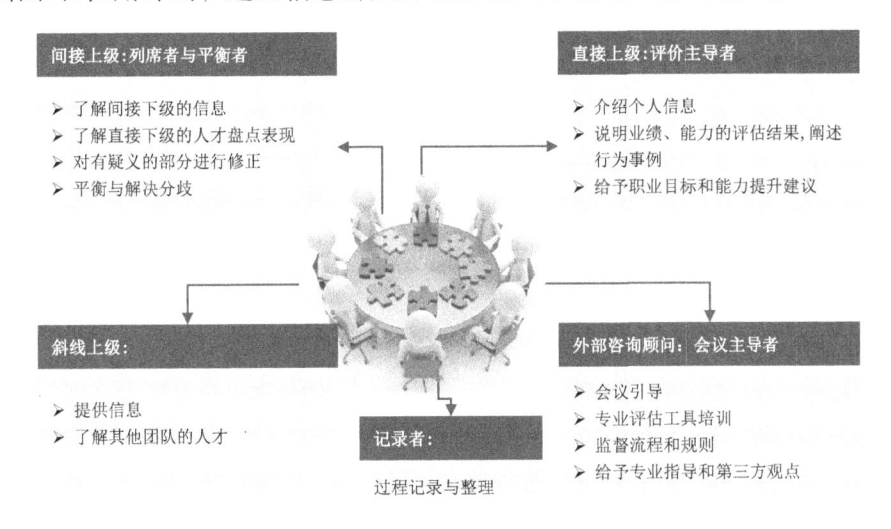

间接上级：列席者与平衡者
- 了解间接下级的信息
- 了解直接下级的人才盘点表现
- 对有疑义的部分进行修正
- 平衡与解决分歧

直接上级：评价主导者
- 介绍个人信息
- 说明业绩、能力的评估结果，阐述行为事例
- 给予职业目标和能力提升建议

斜线上级：
- 提供信息
- 了解其他团队的人才

记录者：
过程记录与整理

外部咨询顾问：会议主导者
- 会议引导
- 专业评估工具培训
- 监督流程和规则
- 给予专业指导和第三方观点

图 2-11　校准会参与人员的职责

根据德锐咨询的经验，一场好的校准会，不仅需要严谨的会议流程，还需要参会者谨遵工作原则，充分发挥各自的工作职责。管理者对人才标

准的认知程度、直线上级对候选人的了解程度及间接上级的参与度这3个方面特别重要。

（1）管理者对人才标准的认知程度。 每位管理者对人才标准都会有自己的认知和理解，如果参会的各位管理者对标准的认知不一致，那么现场就很难达成共识。因此，人才校准会的过程也是纠正每个人对标准认知偏差的过程。很多企业的人才校准会邀请外部咨询顾问参与，这些顾问在现场的一个主要作用就是帮助现场人员对标准有更加一致的理解。同时，企业可以通过对校准流程的设计来纠正对标准认知的不一致。通常来说校准的流程是自上而下的：总经理与高层一起校准中层，高层与中层一起校准基层。通过这种自上而下的校准流程设计，一方面可以自上而下地平衡人才评价的尺度，同时也可以将企业的用人标准进行自上而下的宣贯。

（2）直接上级对候选人的了解程度。 校准会现场需要对每位员工的信息进行充分的讨论，直接上级是校准会的主要发言人，因此在校准会之前，直接上级要对候选人的行为和工作结果的信息进行收集和整理，准备一些关于候选人的典型事例，以便在现场进行讨论。此外，HR代表也要提前准备好被评估人平时工作表现的相关记录，包括工作计划打分表、绩效面谈记录等，以便作为现场人才校准时的参考依据。

（3）间接上级的参与度。 除了直接上级，间接上级也必须参与人才校准会。在阿里巴巴，有个管理方法叫"向下看两层"，就是上级不仅要关注自己直接负责的下属，还要关心间接下属，通过这样的方式，可以对部门的梯队有一个较好的了解。间接上级参与人才校准会有诸多好处：间接上级能够从不同的角度提供相关的信息，帮助直线经理做决策；在校准的过程中，间接上级能平衡各直接上级之间打分的尺度和客观性，将标准和打分的尺度向直接上级进行宣贯，避免有些管理者打分过于宽松（严格）或不客观。

高质量的人才校准会是人才盘点结果有效性的关键保障，在人才校准会后，企业就可以清晰识别出哪些是合适的人。一般而言，人才校准会后至少会有几项重要产出，这些产出对于后续的人才管理活动提供了重要的指导。

（1）**人才九宫格**。人才校准会现场会根据盘点对象的业绩、能力、潜力等，讨论各人员在人才九宫格中的位置。

（2）**优劣势及个人特点**。与会人员会讨论出盘点对象最重要的 2~3 个优势与 1~2 个关键不足，总结其个人鲜明的特点。

（3）**未来发展方向和建议**。根据盘点对象在人才九宫格中的位置、个人优劣势及特点，与会人员会讨论其未来的发展方向和任用建议。

（4）**整体发现**。针对部门、层级、序列的人才现状，特别是关键群体的人才质量现状，与会人员共同审视其是否满足组织发展需求、能否支撑组织未来战略的实现以及未来需要采取的行动和对策。

一次让董事长收获意外的人才校准会

建道公司已经进入创建后的第 9 个年头了。前几年公司抢占市场先机，业绩一路狂奔，在第 5 个年头，销售额做到了 6 亿元。近年来，公司销售额增速呈放缓的趋势，最近一年销售额开始下降。公司分析了很多原因，采取了一些措施，但情况迟迟未见好转。德锐咨询进驻建道公司后通过全面的诊断提出了一系列解决方案，其中一个就是通过人才盘点调整人才的任用。建道公司人才校准会议当天，董事长孙江南为防堵车，提前 40 分钟到了公司，当时德锐咨询顾问还在会议室分装会议开始之前准备好的当天人才盘点会议所用的材料（人才盘点会议的规则、被盘点对象前期完成的基于素质模型的 360 度测评报告、WBI 性格测评报告、过去一年的业绩数据等）。总经理许天和人力资源总监尚晓可也都提前到了会议室。按照人才盘点的参与规则，参与盘点的区域和部门负责人也都被通知到位，他们 9:00 都准时到了会议室。

在人才盘点会议开始之前，咨询顾问介绍了此次人才盘点在整个组织变革中的作用和意义，强调高层参与和深入度是这次人才盘点的保障，说明这次人才盘点的结果将用于接下来的人员解聘、任用、培养、晋升、调薪。需要直接上级详细了解的是两天人才盘点会议的流程、方法和注意点。

关键注意点

（1）直接上级是第一责任人，承担着选人、用人、评价人与培养人的重要管理工作。

（2）遵循原则。

- 近期原则：根据被测评人的实际表现、近期表现（一年内）进行评价。
- 整体状态：根据被测评人整体、大部分情况下的表现进行评价，避免以偏概全。
- 真诚、开放原则：在可靠的保密制度和职业操守保障下，讨论必须是真诚的和开放的。
- 行为事例原则：能力发展和评价以观察到的被评估人的行为作为判断依据。其他个人见解、观点或感觉在没有事例支持时都应该受到质疑或挑战。
- 客观公正：基于本人对被测评人的认知，不受他人对被测评人的评价的影响，给予客观公正的意见。
- 充分讨论：争取达成一致意见。意见在参会成员（对于一个人在人才九宫格中的定位需要直接上级、间接/斜线上级及人力资源部负责人共同参与）之间达不成共识时，会议主持人做最后的裁定，由直接上级做最后的决定。
- 结果保密：对任何没有参加校准会议的人都不能公开会议情况。

（3）达成结果。对素质能力打分和业绩的定位进行判断，由直接上级先发表观点，接着间接上级与人力资源部负责人发表补充意见。参考360度测评报告与WBI测评结果佐证对被测评人的判断，形成人才九宫格。

在此之后，人才盘点会议按照部门顺序开展。

关键情境一：【孙董事长和许总对副总经理和总监等在内的 12 名高管进行评估，此时需要人力资源总监尚晓可回避】

对于市场品牌总监张总的评价，孙董事长与许总形成了一致的观点与建议。在这个过程中，先由许总经理对张总的表现发表观点，可以明显看到他与孙董事长在素质维度的评分明显不一致：许总打的分数落在了低的位置，而孙董事长打的分数落在了高的位置（提前做了 360 度测评）。许总对其的打分解释道：张总虽然是公司的老人，但是近一年的表现，尤其是在"先公后私""培养下属""成就动机"等方面表现较差。这个时候，咨询顾问提示："许总最好能用相应的行为事例支持你的观点。"许总补充道："近一年不断有客户反映，张总利用公司的资源接触很多客户，开设自己的课程，赚快钱；也有下属反映，很多好的创新做法，由于张总的不支持无法落地。他个人不求改进，甚至成为部门发展的瓶颈。"这个时候孙董事长欲言又止，显然不认同许总的观点。咨询顾问这个时候打开了张总的 360 度测评报告，确实看到下属对其的评价分数较低，相应的描述也证实了许总的观点。

在这个过程中，孙董事长的表情逐渐凝重起来，说之前一直不敢相信，自己的老部下应该不会做这种事。他又再一次看了其 WBI 报告，其中学习创新、成就动机明显是短板。最终张总的人才盘点结果落在了"4"（素质能力得分低，业绩中）的位置。

建道公司本次人才盘点的最终结果是高管团队人才九宫格的定位为：1 位高管处在 1 的位置，2+的高管比例为 0，2 位高管处在 5 的位置。看到这样的人才结构，孙董事长与许总陷入了深思。咨询顾问说道："这就不难解释，为何每年的战略目标都完成不了。现有的高管团队对公司的认同度及个人能力匹配不上，接下来的工作重点是从内部选拔出合适的替代人选，同时需要持续加强高管团队的人才储备。"

盘点结束后，孙董事长惊喜地表示："在人才盘点之前，想到用人，我就只看到我周围的副总和总监，感觉公司人才太少了。这次人才盘点后，让我看到了中层，甚至基层的高潜力人才。他们的潜力和激情、他们未来的成长,让我看到人才的后备力量,也感觉到他们的成长使公司有了信心。接下来的一个月,我们会按照你们的要求,根据人才盘点的结果去做,我和许天、晓可的工作重心有两个:一是把现有的高层用好,不适合的人坚决快速淘汰,合适的明确重用;二是对高潜力的中基层骨干实施培养计划,我们每个人都要做10多个人的导师,加速人才培养。公司的中基层,有人才的宝藏需要我们用心去挖掘。"

而且孙董事长说道:"这项工作,以后每年必须做,而且我要全程参与。"

资料来源:李祖滨,李锐. 一次让董事长收获惊喜的人才盘点校准会. 中欧商业评论,2018.

❏ 活用人才九宫格

人才校准会的一项重要产出就是人才九宫格定位。通过人才九宫格,企业可以对内部人才进行分层分类,并且进行结构化分析,从而发现哪些是合适的人,哪些是不合适的人。在典型的人才九宫格中,通常会从"能力""业绩"两个维度评价企业内部员工,并且将员工区分为六大类:超级明星、核心骨干、中坚力量、待提升者、问题员工和失败者(见图2-12)。

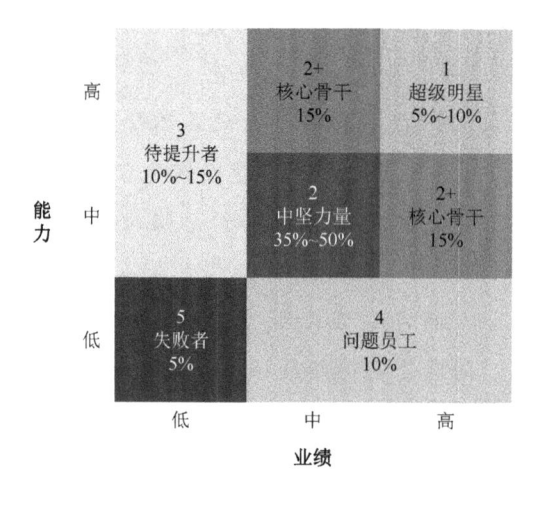

	低	中	高
高	3 待提升者 10%~15%	2+ 核心骨干 15%	1 超级明星 5%~10%
中		2 中坚力量 35%~50%	2+ 核心骨干 15%
低		5 失败者 5%	4 问题员工 10%

能力 / 业绩

图2-12 人才九宫格

- 超级明星（定位为 1）：企业内部的明星，是真正引领企业发展的人员。他们能力出色，创造出高于同岗位人的利润，带领企业超越行业的发展速度。短期内可以考虑给予晋升与激励。
- 核心骨干（定位为 2+）：企业内部的坚实贡献者，胜任当前级别的工作，在 1~2 年可以给予晋升。
- 中坚力量（定位为 2）：企业内部的稳定贡献者，这部分员工所占比例通常较高，能够胜任当前岗位，并且稳定贡献岗位价值。
- 待提升者（定位为 3）：具备一定的能力或潜力，但当期工作业绩不佳，达不到岗位的要求。对这类员工一般会设定期限要求改进，对于一定时期内仍不能提升业绩者，将予以淘汰。
- 问题员工（定位为 4）：工作业绩表现不错，但能力或潜力较差。有些人对企业价值观认同度较低，甚至对组织氛围有破坏作用。这类员工所占比例过多会给企业的稳定性带来隐患。
- 失败者（定位为 5）：既没有能力，当期工作业绩也达不到岗位要求，需要尽快淘汰。

很明显，1、2+、2 类员工就是企业所需要的合适的人，3、4、5 类员工则属于不合适的人。通过人才九宫格这个工具，企业很容易将内部人才进行直观、系统的分类，让企业管理者清晰地了解到企业内部人才的质量和结构状况，对不同类别的员工采取不同的人力资源介入手段。

不过，由于不同的企业对人才评价的关注点有所不同，即使同一企业，在不同的发展阶段对人才评价的关注点也会发生变化，所以在构建人才九宫格时，九宫格两个维度的选择也会有所不同。一般来说，"业绩"一定会占据九宫格的一个维度，因为业绩是相对客观且又有说服力的一项指标，它也是人才激励、人才发展的必要条件；另一个维度一般会在价值观、能力和潜力中进行选择。例如，阿里巴巴尤其看重员工对企业价值观的践行和遵守，因此阿里巴巴构建的是"价值观—业绩"九宫格；联合利华非常注重员工的通用和专业能力的发展，因此其选择构建"能力—业绩"九宫格；华为更加关注员工未来的发展潜力和价值创造能力，因此其选择构建"潜力—业绩"九宫格。

在345薪酬体系下，应该构建哪种类型的人才九宫格呢？基于上文对合适的激励对象的特征的描述，德锐咨询建议企业在选择345薪酬体系激励对象时，将价值观认同定为合适的人的门槛性筛选条件，在此基础上构建"潜力—业绩"九宫格。通过业绩维度衡量员工当下创造的价值，通过潜力维度评估员工未来持续创造价值的能力。345薪酬体系激励的对象可分为以下七大类（见图2-13）：

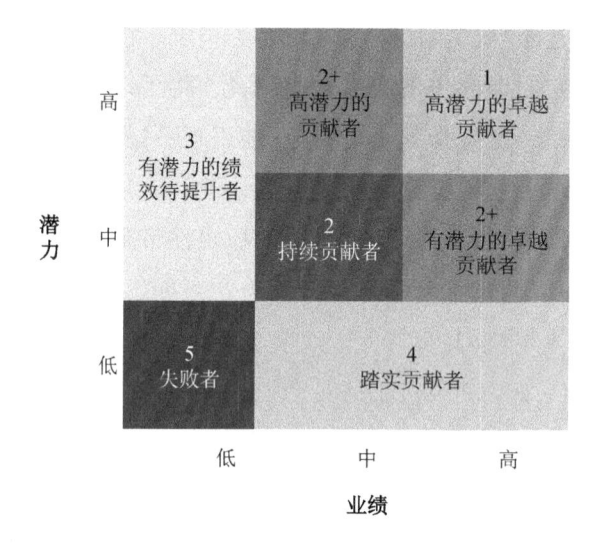

	低	中	高
高	3 有潜力的绩效待提升者	2+ 高潜力的贡献者	1 高潜力的卓越贡献者
中	3 有潜力的绩效待提升者	2 持续贡献者	2+ 有潜力的卓越贡献者
低	5 失败者		4 踏实贡献者

（纵轴：潜力；横轴：业绩）

图 2-13 潜力—业绩九宫格

- **高潜力的卓越贡献者（定位为"1"）**：这类员工潜力高、业绩高。他们不仅是企业现阶段业绩的卓越贡献者，而且也是未来业绩的杰出贡献者。他们在现有的岗位上已有高绩效产出的同时还有高潜力，能快速接受更复杂的工作任务。对于这类员工应给予更好的机会和平台，进行针对性的辅导和培训，甚至是一对一辅导和发展等。
- **高潜力的贡献者（定位为"2+"）**：这类员工潜力高、业绩中。他们有快速胜任更复杂工作的潜力。对于这类员工，需要帮助其寻找绩效改进的空间，提供针对性的辅导和任用计划，提升现有业绩，在此基础上再进行晋升的准备。

- **有潜力的卓越贡献者（同样定位为"2+"）**：这类员工潜力中、业绩高。他们在现有的岗位上是高绩效的，有一定的上升潜力，相比高潜力的卓越贡献者，这类员工的晋升需要进行更早和更充分的准备。

- **持续贡献者（定位为"2"）**：这类员工潜力中、业绩中。他们是企业业绩的持续贡献者和中坚力量，是跟随企业稳步发展的员工。针对这类员工，企业同样需要提供培训辅导和改进建议，但是可能不是"1"和"2+"人员那种一对一的辅导，而是成批地进行培养和发展，从而保证这类员工稳步地跟随企业一起发展。

- **有潜力的绩效待提升者（定位为"3"）**：这类员工有潜力，但是现阶段的业绩产出还没有满足企业的要求。针对这类员工首先要做的就是对其业绩进行分析，找出业绩不佳的原因，然后及时加以调整，辅导其进行业绩改进。因为如果在较长一段时间其业绩还是提升不了的话，会影响员工的积极性，最终导致这部分员工流失。

- **踏实贡献者（定位为"4"）**：这类员工潜力较低，但是业绩能满足企业现阶段的要求，可以在现有岗位上稳定地发展。但是如果对其提出更高的要求，其胜任的难度较大。需要注意的是，如果未来企业持续发展，对人员提出更高的能力和业绩要求，这类员工很有可能业绩达不到要求，成为不合适的人。

- **失败者（定位为"5"）**：潜力较低，当期工作绩效达不到岗位要求。

综合来讲，"1""2+""2"这3类人员不仅是企业当下的价值创造者，而且也是企业未来业绩的主要贡献者，他们在市场上有一定的竞争优势，因此这3类员工是345薪酬体系主要的激励对象，尤其是"1"和"2+"类人员。"4类"人员是企业当下的价值创造者，但是由于潜力有限，他们在未来很有可能跟不上企业发展的速度，因此这类人员在支付薪酬时更多的是依据其当下创造的业绩。"3"类人员由于有潜力成为企业未来业绩的贡献者,因此同样也是 345 薪酬体系的激励对象。对于这类人员企业在激励的同时,要通过辅导、培训、转岗等手段,使其快速地产出业绩。"5"类人员是企业中典型的不合适的人,他们留在企业中只会制约企业的发展,在任何情况下都需要尽快加以淘汰。

淘汰不合适的人

当企业明确了合适的人的标准,也通过人才盘点识别出了价值创造者和非价值创造者,为了保证 345 薪酬体系的成功落地,除了对价值创造者进行肯定和激励,还需要对不合适的人加以淘汰。在这样一个快速发展、竞争激烈的时代,为了取得竞争优势,提升企业运作效率和发展质量,"请不合适的人离开"几乎是优秀企业家们惯用的做法。杰克·韦尔奇在主政通用电气期间,用 5 年的时间裁掉了 1/4 的员工,他坚持遵循"721"原则,淘汰绩效排名后 10%的员工,不断提升用人标准,提升组织能力,优化人员配置,真正做到了在精简人员的同时提高人员效率,提高企业发展质量,最终铸就通用电气 20 世纪八九十年代发展的辉煌。

☐ 让人震惊的薪酬浪费

不合适的人留在企业中是 345 薪酬体系落地最大的障碍。将不合适的人请出组织,可以将有限的薪酬资源集中投到合适的人身上。不合适的人在企业中占据了包括岗位、培训和薪资在内的资源,导致企业内部薪酬资源的分散和浪费。对不合适的人所支付的人力成本投入并未产生预期价值,这些投入对于企业来说就是一定程度的浪费,但许多企业往往轻视了不合适的人所带来的薪酬资源的浪费。

令人触目惊心的薪酬损失

德锐咨询曾服务过一家互联网企业 A 公司。由于该公司还处在商业模式的探索和试错阶段，因此自成立3年来，一直处于亏损状态，而且亏损金额逐年上升，2017年亏损金额达到400万元。同时，公司的人力成本却居高不下，2018年预计人工成本将达到1 700万元，经分析发现，主要原因是在盈利模式不清晰的情况下还持续进行人员规模的扩张。由于商业模式不清晰而导致员工工作内容频繁变动和企业经营持续亏损，现有人员的积极性不高，内部氛围缺乏活力。公司想对部分人员进行激励，但是由于缺乏标准及薪酬预算，激励工作迟迟落实不到位。

德锐咨询通过前期的访谈调研和工作内容分析，确定了 A 公司的素质模型，以此作为人才盘点的评价标准。通过人才九宫格，将内部人员进行系统分类。人才盘点结束后，共盘点出12位不合适的人，他们自入职以来业绩一直不达标，且业绩改进的趋势不明显；同时也盘点出客服、行政等多个后勤岗位存在人员冗余的情况。经过计算发现，仅仅上述这两类人员所占据的薪酬资源就已经达到了250万元（见表2-5）。

表2-5　不合适的人浪费的薪酬资源

人员类别	人数（人）	年度薪酬总额（万元）
不合适的人员（"5"和部分"3""4"类人员）	12	200
冗员（后勤类岗位）	5	50

通过此次人才盘点，德锐咨询帮助 A 公司优化了内部的人员结构，集中薪酬资源，将其向核心人员倾斜，激发了员工的工作热情。

当然，除了直接造成的激励损耗，不合适的人留在企业中还有诸多隐性负面影响。例如，放任他们的存在就是对合适的人的负激励，势必影响价值创造者的积极性，乃至造成"劣币驱逐良币"的现象；很多激励手段如果不惠及不合适的人，他们往往会带有较多的负面情绪，进而影响整个团队的氛围。

❑ 识别不合适的人

通过人才盘点，可以发现在企业中不合适的人大致分为以下3类。

1. 价值观不符——尽快剥离组织

员工的价值观与企业价值观相符永远是第一位的，当价值观相符后再考虑他的能力。如果一个人的价值观与企业不符，即使他的能力再强，在组织中也犹如"不定时炸弹"，一旦爆炸，破坏力无穷，他们给组织带来的危害远大于价值观相符但能力欠缺的人。因此对于价值观与企业不符的人，必须明确其改进方向与建议。如果不改进，需要马上清除掉。

阿里巴巴坚决捍卫价值体系

阿里巴巴B2B公司发现，从2009年年底开始，对平台供应商的欺诈行为的投诉有上升趋势。马云召开紧急会议，委托专门的调查小组，进行独立调查。在调查环节中，有迹象表明B2B公司直销团队的一些员工，为了追求高业绩，故意或者疏忽而导致一些涉嫌欺诈的公司加入阿里巴巴平台，先后有近百名销售人员被认为负有直接责任。阿里巴巴选择开诚布公地向公众说明此次事件原委，并且宣称："截至2011年2月21日，公司清理了约0.8%逾千名涉嫌欺诈的供应商。"公司CEO卫哲、COO李旭晖主动承担责任，向董事会申请辞职，相关的销售员将按照公司制度接受包括开除在内的多项处理。

马云在随后写给员工的邮件中痛斥了这种触犯商业诚信原则和公司价值观底线的行为。卫哲为此次事件进行公开道歉时表示："这四五年里，我刻骨铭心地体会到以客户第一为首要的阿里巴巴的价值观是公司存在的立命之本！尽管我们是一家上市公司，但我们不能被业绩绑架，放弃做正确的事！阿里巴巴存在的第一天就不在乎业绩多少。业绩是结果，不是目标！我学习到作为阿里人要勇敢地面对并承担自己的责任。"

那时候的阿里巴巴刚刚经历了国际金融危机，扛住了外部的经济压力。在那样的大环境下，辞退那么多人是不可想象的。即使这样，阿里巴巴还是坚持捍卫"客户第一"和"诚信"的价值观。马云宣称："对这种违背价值观行为的容忍姑息是对更多诚信客户、更多诚信阿里人的犯罪！"他希望员工具备"面对现实，勇于担当和刮骨疗伤的勇气"，这样才能在艰苦的创业路上"走得更远，走得更好"。

2．业绩达不到要求——明确改进计划

对于虽认同企业价值观，但是业绩达不到企业要求的人员，如果他们安于现状，成长的意愿较弱，或者发展速度明显跟不上企业时，应当立即剔除。对于那些愿意跟随企业一起发展的员工，为了确保他们能跟上企业的发展速度，需要对其进行辅导，明确提升建议和改进计划，并且进行持续跟踪。如果在给予其很多训练和辅导后，仍然无法有效提升工作业绩，根据组织和发展需求，应当尽快做出淘汰的决策。

沃尔玛的 PIP 计划

沃尔玛连续多年荣获"世界500强"第一的称号。在利润率较低的零售行业能取得如此成绩，是很多企业一直想探究并学习的。沃尔玛之所以能有如此的经营成果，除了精细的供应链管理，值得一提的是沃尔玛内部完善的人才管理机制。

沃尔玛的管理人员几乎都是由内部培养晋升的。沃尔玛每年都会针对经理层进行人才评测，以绩效和潜力两个维度将人员分为9类。对不同类别的人员，沃尔玛会匹配相应的管理措施。例如，Q1,Q2,Q3 类人员是重要培养对象，对于 Q9 类人员需要明确其改进计划和建议，即 PIP 计划。除了 Q9 类人员，对于连续两个考核周期业绩达不到要求的人员也必须启动 PIP 计划（见图 2-14）。

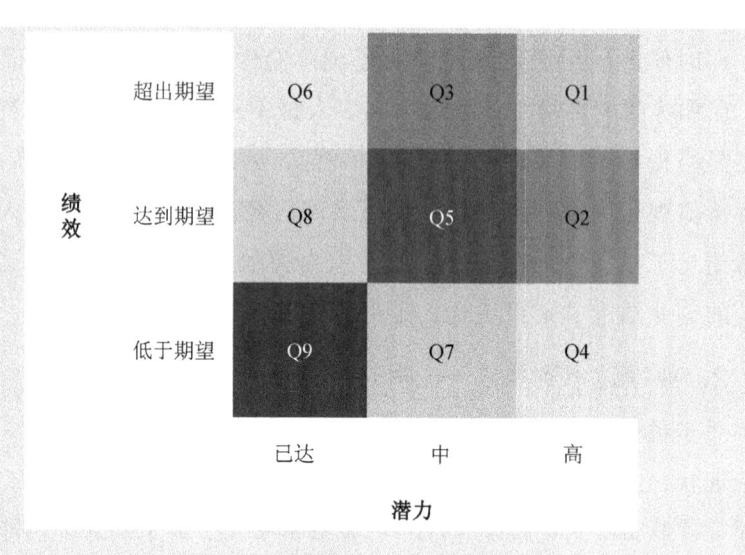

	超出期望	Q6	Q3	Q1
绩效	达到期望	Q8	Q5	Q2
	低于期望	Q9	Q7	Q4
		已达	中	高

潜力

图 2-14　沃尔玛的人才定位图

在 PIP 计划实施的过程中，直接上级需要和下属充分沟通，帮助其分析绩效未达标的原因，并且提出改进方法和具体的建议，在双方同意的情况下签订 PIP 计划。通常来说，PIP 计划执行的周期为 60 天，每月上级和下属需要针对 PIP 计划的完成情况进行回顾。如果 PIP 计划的绩效目标完成了，就可以顺利关闭，否则根据具体情况对 PIP 计划的执行周期进行延长，最长延长至 90 天。如果届时绩效仍达不到预期，则终止 PIP 计划，并且协议解除劳动关系。

3. 冗员——减员增效

冗员指的是员工数量多于企业业务发展所需的数量，这些人员对于企业发展和工作职责来说是过剩的。冗员现象就像一颗毒瘤，会导致企业与员工双方的利益都受到损害。对于员工来说，工作量不饱和，个人的能力和价值无法充分发挥，成长缓慢；对于企业来说，企业资源被大量浪费，成本负担过重，极易造成人浮于事、人均效能低下、企业发展质量不高等问题，最终将导致企业在竞争中被淘汰。所以，冗员一定要进行裁减，否则会严重影响企业的健康发展。

华为的减员增效

在华为,部门经理第一年的主要任务之一就是精简人员,提高效率。减人有可能是减少人员的招聘,也有可能是对现有团队的末位人员进行淘汰。华为对年薪酬包管理坚持的原则:减员,增效,涨工资。华为坚持给核心员工加薪,当薪酬包有空间时,首先要确保优秀员工在业界的薪酬竞争力(涨薪),再考虑人力补充;当薪酬包无空间时,如果当前离职率不超过预警线(10%),采取的措施有调整招聘节奏、停止部分人员的调薪、减少离职补偿和末位清理造成的赔偿等,即使裁员也要保证给核心人员加薪,确保他们的绩效产出。给少数优秀员工涨工资,可以倒逼他们的能力成长,从而更好地完成任务目标,这就是华为的增量绩效管理。

华为认为,很多企业经常犯一个错误:部门绩效越差,就越不给员工涨工资。如果工资不涨,优秀员工肯定要走,剩下的都是比较差的。因此,为了稳住核心员工,让他们有更高的绩效产出,最好的办法就是"减员,增效,涨工资"。

❑ 让不合适的人有尊严地离开

有些人认为,企业主动淘汰人是残酷的。事实上,没有绝对不合格的员工,只有不合适的员工。每个人都有把工作做好的渴望,都希望获得他人的认可和尊重。让一个人待在一个不能让他成长或得不到成就感的环境中,才是对他真正的残酷。因为在这里影响了他个人的成长和能力的提升,最后只会导致他选择的机会更加有限。吉姆·柯林斯在《从优秀到卓越》中讲到,让一个人成年累月地处于不确定中,霸占了他生命中可以用来干其他事的宝贵时光,最终落得一事无成,那才是真正的冷酷无情。杰克·韦尔奇认为,含含糊糊的温暾水式管理,最终吃亏的是员工,这也是对员工不负责任的做法。因此,及时让不合适的人离开,不仅是企业发展的需要,也是员工发展的需要。员工从不合适的岗位上解脱出来,能够及时调整自己的定位，寻找更合适的发展机会。或许这个过程是艰辛的，但最后他一定能找到自己的定位和价值，在合适的环境和岗位上真正地发挥作用。

辞退员工，即便在制度和管理相对完善的企业中，也是一个有难度、有挑战的工作。辞退员工是把双刃剑，做得好能够优化内部的人才结构，为企业发展减负；做得不好，往往会给企业带来多方面的负面影响。所以针对离职员工的处理，企业不得不费一番心思。在辞退员工时要注意方式和方法，维护员工的尊严，降低员工的挫败感，让员工体面地离开。

1. 淘汰要当机立断

马云曾说：如果想要开除一名员工，就直接开除。最怕的就是拉锯战，就像反复拉锯割伤口，想起来的时候锯两下。很多企业即使发现员工不能创造预期的价值，但是仍然愿意给其机会，这个不理智的现象就是"沉没成本谬误"。沉没成本是经济学的概念，是指为某件事情投入的、已经不可回收的支出，如时间、金钱、精力等。企业在员工身上投入的薪酬和培养资源，都是沉没成本。开除不合适的人不仅之前对其投入全部打了水漂，同时可能还要花费一定的离职补偿，企业往往会觉得得不偿失。为了避免损失，反而会选择继续任用，不断给予其机会，这就是心理学上的"损失憎恶"，即损失的痛苦大于得到的快乐。实际情况是拖得越久，损失越大。沉没成本是不可挽回的，管理者在做决策的时候往往会受到沉没成本的影响，陷入损失憎恶的思维怪圈，从而做出不理智的决策。因此，如果想要在日常做决策时更加理性，就应该把沉没成本抛到脑后，设想从零开始，只做对企业发展有利的事，只要发现不合适的人，就要快速决策，请他"下车"。

人确实是情感多于理智的，尤其在中国这样一个讲究人情的社会环境下，许多管理者往往越不过面子这道坎，觉得开除人是拉不下脸做的一件事情。杰克·韦尔奇在《赢》中讲到，分手——解雇别人不是件容易的事情。这就要求管理者在管理的过程中要具有一定的情感强度。所谓情感强度，是指管理者要有准确判断和果断执行的技巧与能力。一个管理者如果缺乏情感强度，就不能诚实地面对自己和现实，也无法对他人做出公平公正的评价。即使理智上知道应该这样做，但情感上往往很难接受。在现实的管理活动中，往往有一个误区，就是将个人情感与企业利益进行交换。企业是一个正式的组织，是以目标、责任、权利来联结人群的，而不是以情感、爱好和兴趣来联结的，后者是非正式组织的特征。因此，在企业中，管理者要避免过度关注情感的因素，而忽略组织的目标和责任。这就要求管理者面对现实，克服个人的情感障碍，做出有助于企业发展的决策。衡量一位管理者，不仅包括团队成员的任用和培养水平，还有一个重要的标准就是"是否淘汰过不合适的人"。

德锐咨询结合实际经验总结出人员去留的经典二问，可以帮助企业家和管理者做出正确的用人决策。

- 问题一：如果再让你做一次选择，你还会聘用他吗？
- 问题二：如果这个人现在对你说他要辞职，你会想挽留他吗？

如果这两个问题回答都是"是"，则重用他；如果这两个问题回答都是"否"，则立即下决心放弃他。在现实情况中，通常两个问题的答案一个是"是"，一个是"否"，这个时候就需要再问一个问题：

- 我想挽留的是他这个人，还是我在他身上的投入？

如果管理者想挽留的是在他身上的投入，那就是沉没成本，不要犹豫，尽快放弃。因为企业在他身上的投入损失已经发生，并没有带来期望的回报，时间越久，损失就会越大。低回报率的投入必须及时制止。

根据以往的经验，企业在处理不合适的员工时往往有很多顾虑，主要包括：

（1）**不愿支付离职补偿金**。企业往往认为，淘汰不合适的人已经造成之前投入的薪酬、培养等资源的浪费，还要支付额外的离职补偿，心有不甘。有些企业为了节省补偿金还会与员工进入长期的拉锯战。如果企业不愿支付离职补偿金而陷入与员工之间的纠缠，这会让企业消耗很多不必要的管理成本，同时还可能给企业带来品牌、声誉等方面的隐性损失。从短期来看，支付这些离职补偿确实是成本；从长远来看，不合适的人离开能够有效地为企业发展减负，企业可能获得的更多。总体来看，金钱成本的损失可能是所有损失中影响最小的。

（2）**缺乏具有信服力的证据**。企业在请不合适的员工离开前，都会进行正式的沟通，一般员工都会选择与企业协议解除劳动关系，接受补偿金，有尊严地离开。企业也需要完善自身的日常管理系统、规章制度和绩效管理体系，加强管理人员对管理体系和工具的应用。这些管理体系和工具的完善能够对员工的胜任状况进行及时的记录并留有痕迹，从而在淘汰员工时增强企业的说服力和公信力，降低企业用人和裁人的风险，保证企业在淘汰员工时的利益和声誉。

（3）**无人顶岗，害怕无法及时增补更好的人**。在《精准选人》一书中，德锐咨询就强调企业发展过程中要关注自身的人才供应链，防止内部人才供应链断裂。企业在发展过程中要有意识地提升自身的竞争力，加强对人才的吸引和保留。如果缺乏这样的意识，往往会导致企业在人才选择上处于被动的位置，陷入优秀人才引进不了而现有人员又不想继续任用的尴尬局面。

（4）**辞退的风险大**。企业都会有一些掌握内部关键信息或资源的人，这些员工在企业内已经创造不了价值，但是清除这些人所带来的风险可能很大。一旦出现这样的状况，企业确实会比较两难。企业在实际的管理过程中应有意识地采取各种措施规避这样的风险，如与员工签订保密协议、竞业协议等，企业经营应更多地依赖企业的管理机制、组织能力，而不是依赖某人或某些人。如果确实已经发生了这种情况，那么就只能采取艺术性手段多管齐下来分摊风险，但原则上这些人最终仍要清除出去。

（5）**碍于情面**。企业里会有关系户员工的存在。当这些员工不能胜任岗位时，企业管理者碍于情面，往往不能将其直接辞退。在这种情况下，德锐咨询建议将其调至一些基础类的岗位上，明确工作的标准，要求他们完成基础性的工作内容即可。如果仍然不能胜任岗位，要坚决让其离开。

不管是以上哪种情况，都需要企业在发展过程中持续关注人才，逐步优化人才结构，否则企业会错失人才选择的主动权，陷入被动的尴尬局面。

2. 离职面谈降低挫败感

辞退员工时最重要的原则就是尊重他人。企业在处理时必须富有人情味，选择人性化的处理方式，多站在员工的角度考虑。硅谷著名创业孵化企业掌门人山姆·奥特曼说过："这个问题最重要的一点是，你要设身处地为对方着想，把对方当作普通人，尽最大努力，让这件事看起来像他们赢了。"企业在请员工离开之前，有必要进行一次正式的面谈。一方面传达公司的最后决策，另一方面也是为了减轻离职对于员工的负面影响，降低员工的挫败感。承担离职面谈的人员主要包括直接主管、部门负责人及HR相关人员，不管由谁来面谈，都要特别注意立场和沟通方式。在尊重员工的前提下，沟通要注意掌握尺度，不宜过于强硬，也不能过于软弱，同时还不要让员工感觉面谈者代表公司站在他的对立面。

在正式沟通前，面谈者要对员工的基本信息和工作表现进行充分的了解。切忌在不了解的情况下就与员工进行面谈，并且要选择一个偏正式且不被打扰的场合。在这种场合下，面谈者更容易保持理性，被面谈者也容易敞开心扉。在开始面谈的前期，为了打消员工的顾虑、缓解紧张的气氛，面谈者需要进行善意的引导，并且强调信息会保密。整个沟通过程中面谈者要本着真诚开放的原则，注意倾听和说话的方式，切忌用训斥、说教的口吻，这样只会让员工更加抵触。

在谈及辞退原因时，一定要就事论事，摆事实讲道理，切忌上纲上线，伤及其人格、自尊心。要承认员工的优势，但必须态度明确，让对方意识到这是最后的决定，没有商量的余地。同时也避免说一些客套的空话，这些话不但起不到安抚对方的作用，还会让对方认为你是"站着说话不腰疼"。所以有效和中肯的方式是帮助员工进行自身优劣势的分析，给出其职业发展的相关建议，真诚帮助员工。不论是在该员工离开前还是离开后，企业都不要在内部散布他的非正面信息，因为这些信息在传播的过程中往往很容易失真。

3. 离职补偿给到位

对于不合适的员工最好的处理方式就是在良好的沟通基础上协商解除劳动合同。虽然最后还是需要支付赔偿金，经济成本也基本一样，对于企业来说风险却不一样。俗话说"员工离职见人品"，企业对于离职员工的处理也同时能看出一个企业的文化。切忌为了降低补偿金，故意安排员工无法胜任的工作或刁难员工，直到员工无法忍受提出辞职。从表面看，企业好像占了便宜，却很容易因此引发劳动纠纷，对企业的品牌和内部文化造成更大的伤害。

一般情况下，在完成离职面谈和补偿金给到位的情况下，员工的离职工作就会进行得比较顺利。这样愉快的"分手"不仅能让员工站好最后一班岗，做好离职交接，还有助于未来双方之间的合作，将离职对个人和企业的负面影响降到最低。另外，有些有资源的企业还可以给员工介绍一些合适的工作机会，甚至还会对离职员工进行专门的管理，建立长久的、相互信任的友好关系。

为了避免管理者在最后"分手"的时候懊悔自己对下属的帮助少，管理者可在日常的工作中加强对员工的指导和帮助。德锐咨询建议管理者可定期与下属进行绩效面谈，就员工当下的工作表现、亮点和待改进之处，进行充分的沟通。通过这样的正式沟通和反馈，一方面能够给予下属工作上的支持，帮助其提高工作能力和绩效表现；另一方面可以合理管理员工的期望，让员工感知到企业的要求，对自己的工作表现有一个较为理性的认知，当听到解雇的决定时，员工不会感到过度惊讶，也降低了离职沟通的难度与成本。

345薪酬体系高效实施的前提就是薪酬支付给合适的人。不合适的人留在企业会影响345薪酬的实施效果。通过人才盘点，企业可以识别内部的价值创造者。企业也要建立人才淘汰机制，将不合适的人请出企业，优化企业的人才结构。请不合适的人离开能够帮助企业减负，集中薪酬资源，加大对合适的人的激励力度,营造优胜劣汰的企业文化,提升组织的效率。只有这样,才能保证345薪酬体系的激励效果。

关键发现

- 345薪酬体系高效实施的前提是薪酬支付给合适的人。
- 345薪酬体系的激励对象有3类人:认同企业的价值观者、当下的价值贡献者、未来持续的价值贡献者。这也分别对应着人才盘点的3个评价维度:价值观、业绩、素质(潜力)。
- 高价值认同度是激励的前提,高素质(潜力)是未来产生高业绩的关键要素,高业绩贡献是高激励的必要条件。
- 一个完整的人才盘点从解决组织战略发展的诉求出发,对组织未来的经营战略及目标进行审视,一般包括4个阶段:人才需求分析阶段、人才现状盘点阶段、人才差距分析阶段、缩短差距行动阶段。
- 一个全面的人才盘点包括组织盘点、人才数量盘点和人才质量盘点三大部分,每个部分的盘点内容对于识别价值创造者、打造高人效的345薪酬体系都有重要作用。
- 基于345薪酬体系的激励理念,德锐咨询建议将认同价值观定为合适的人的门槛性条件,在此基础上构建"潜力—业绩"九宫格,通过业绩维度评估员工当下创造的价值,通过潜力维度评估员工未来持续创造价值的能力。
- 不合适的人留在企业会影响345薪酬体系的实施效果。请不合适的人离开有助于集中企业的薪酬资源,营造优胜劣汰的企业文化,提升组织的效率。
- 薪酬发给合适的人就是人力资本投资,发给不合适的人则是人力资源的浪费。

第 3 章
加大薪酬激励

> 我们在报酬方面从不羞羞答答,坚决向优秀员工倾斜。
>
> ——任正非

管理大师彼得·德鲁克说:一个企业在管理上的成就,并不在于它有多少天才员工,而在于这个企业如何更好地激励员工,发挥员工的优势。随着心理学和组织行为学的发展,员工激励的方式也变得更加多样化、个性化,但是对于企业和员工而言,薪酬仍然是最基本也是最重要的激励手段。现代社会学认为,如果忽略了生存也就是薪酬问题,任何事业都是空中楼阁。松下幸之助在分享管理的成功经验时也曾说道:"如果员工在物质方面的基本需求还没有得到满足,那么即使再强调使命感,也没有人会听得进去。"所以,企业在识别出激励对象后,就要做好薪酬激励,从而提升激励对象的留任意愿,激发他们的工作热情,为企业创造更大的价值。

所谓"操千曲而后晓声,观千剑而后识器",德锐咨询发现,345 薪酬体系下的薪酬策略就是:在以能力、业绩为主要付薪依据的宽带薪酬模式基础上,通过领先于市场的薪酬水平、高固定低浮动的薪酬结构,将薪酬激励资源向价值创造者倾斜。

基于能力的宽带薪酬

薪酬模式的发展大体经历了从雇主薪酬、岗位（也称职务或职级）工资薪酬、薪点制薪酬、传统窄带薪酬到宽带薪酬的历程，设计方式也逐渐从粗放到精细，从简单到规范，从单一到体系化。不同阶段的薪酬模式之间主要的区别在于其设计的理念和付薪依据有所不同。雇主薪酬是最早的薪酬模式，那时劳动者地位比较低下，薪酬主要以雇主支付意愿为依据。在此之后，伴随着工业时代的到来与生产方式的调整，企业内部逐渐出现了岗位和分工。企业通过标准化和精细化的岗位分工与协作提升运营效率，岗位职责的不同基本决定了员工创造价值的高低，所以岗位工资乃至后来的薪点制薪酬开始盛行。第二次世界大战以后，以丰田为代表的很多日本企业的崛起开始让管理学界意识到员工不仅仅是工具，每位员工都是有智慧的，可以为企业的发展贡献自己的思想与经验。因此，在这个阶段，设计薪酬时开始认可员工的能力，即使同样的岗位或职级，不同能力的员工的价值和收入已经逐渐有所差别，窄带薪酬模式开始推行。但是，在这种传统的薪酬模式中，岗位仍然是影响员工价值的主要因素，同一个岗位的薪酬，根据能力的高低，其差异值一般不超过40%。这种以岗位价值作为薪酬支付的主要依据的薪酬模式延续了很长时间，至今国内许多传统制造型企业都在使用这种薪酬模式。

伴随着知识经济的发展，企业竞争日益加剧，组织的转型升级和无边界化成为发展趋势。在这样的环境下，人作为企业一项重要的资本，日益成为企业的核心竞争力，人力资本的价值创造能力在此背景下被凸显和放大，这对传统的薪酬模式提出了挑战。由于企业扁平化的需求，很多岗位被压缩成一个层级；由于组织无边界和工作内容的灵活性，员工因能力差异创造的价值明显不同。因此，这就要求有新的薪酬模式，能进一步彰显能力的差异而非职位的差异。在此背景下，宽带薪酬模式应运而生。

宽带薪酬中的"带"指的是工资级别,"宽带"的意思是在同一个级别中,工资浮动范围较大。这是相对于传统薪酬而言的,传统薪酬模式的工资浮动范围小、级别多(见图3-1)。宽带薪酬模式将原来薪酬各不相同的多个职位和职级归类和压缩为一个职级,同时拓宽每个职级薪酬变动范围,使得在岗位职级不变的情况下薪酬可以随着能力、业绩的提升而大幅提高,激励作用也就显著增强。例如,在宽带薪酬里,那些能力出众、业绩突出的普通级别员工也可以享受与综合表现一般的高级别主管一样的工资,甚至比主管工资还高。而在传统薪酬模式下,薪酬主要由职位级别决定,普通员工能力再强,也很难享受到与主管一样的待遇。由于宽带薪酬有上述优势,自1989年美国通用公司最早实施以来,目前世界500强企业中大约60%都采用了宽带薪酬。

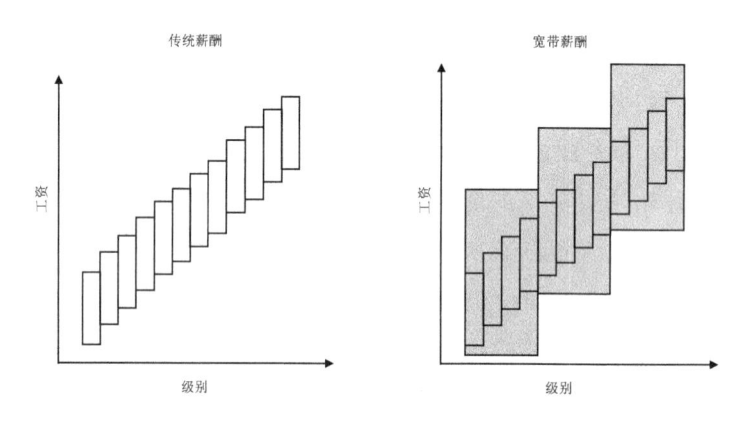

图3-1 传统薪酬与宽带薪酬模式的区别

实质上,宽带薪酬是一种以能力、业绩付薪为主,职位付薪为辅的三元薪酬模式。宽带薪酬通过压缩传统薪酬模式的"带"来减少层级,强调"宽"来增加能力、业绩对收入的影响,同时通过固定薪酬和浮动薪酬的结构设计,在弱化职位对薪酬影响的同时,提高能力、业绩在薪酬中的影响力,使薪酬增长不仅取决于职位等级,更主要由能力和业绩决定,既体现薪酬的灵活性,又增强薪酬的激励性,这对薪酬管理及组织的长远发展具有很大益处。具体来说,主要体现在以下几个方面:

（1）在知识时代中的企业，由于组织扁平化的需求，没有大量的管理岗位，因此晋升机会往往是稀缺资源。这会给人员的留任带来一定的风险，特别是优秀人才的流失风险会提高。宽带薪酬可以在不增加组织架构负担的情况下，通过及时地给予员工与其能力、业绩相匹配的薪酬激励，保留住优秀人才。

（2）宽带薪酬重视人的能力，弱化职位等级。宽带薪酬付薪的主要依据是个人的能力和业绩，薪酬的高低主要由能力和业绩而不是职位来决定的。因此宽带薪酬模式有很好的导向性，可以引导员工将关注点聚焦于能力和业绩的提升，而非职位的晋升。

（3）宽带薪酬基于能力和业绩的激励导向，有利于组织创造学习型和结果导向型的企业文化，也有利于企业内部职位轮岗，从而为员工提供更多的职业发展通道。

然而，宽带薪酬这种先进的舶来品在中国企业运用绝非易事。宽带薪酬在外企的成功是建立在组织架构扁平化、企业管理制度较为系统完善，同时经理人拥有较强管理能力的基础之上的。中国大部分企业从传统管理模式走来，组织架构多为直线职能型或金字塔形的科层结构，管理层级一般较多，职能边界明显，职位价值决定人才价值的管理理念根深蒂固。因此，很多企业，尤其是中小企业，如果没有一些管理机制的配合而贸然实施宽带薪酬的话，不但起不到应有的激励效果，反而会带来种种负面影响。例如，职位晋升空间不足造成优秀员工流失；没有带来经营和管理效率的提升，反而造成人力成本的大幅上涨；内部薪酬的有序性和公平性受到影响等。

不过，345薪酬体系有助于内部管理体系完善和组织能力不断提升，能够满足宽带薪酬对运行环境的高要求。宽带薪酬以能力和业绩为主的付薪理念和付薪逻辑也非常契合345薪酬体系重点激励高素质能力和高业绩者的要求，所以宽带薪酬应该是345薪酬体系中薪酬模式较为理想的选择。

高于市场的薪酬水平

为了提升激励效果，强化对人才的吸引力，提高人才的留任度和敬业度，企业在设计薪酬体系时一定会重点考虑薪酬给付的水平，也称为薪酬水平策略。一般来说，企业的薪酬水平策略主要有以下几种类型（见表3-1）：

- **领先型薪酬策略**。企业采用的薪酬水平在同地区或同行业中处于领先水平。
- **跟随型薪酬策略**。企业采用的薪酬水平紧跟市场或同行薪酬的平均水平。
- **滞后型薪酬策略**。企业采用的薪酬水平一般低于市场或大多数同行薪酬的水平。
- **混合型薪酬策略**。企业根据部门、岗位及人才的差异性，分别采用不同的薪酬策略。例如，对企业发展至关重要的岗位和序列，采取领先型薪酬策略；对简单重复性工作岗位，采取跟随型或滞后型薪酬策略。

表 3-1 不同薪酬策略的区别

薪酬策略	薪酬水平	薪酬成本负担	薪酬投入产出比	员工吸引与保留效果	激励导向
领先型	75/90 分位	高	高	高	价值导向
跟随型	50 分位	中	中	中	成本导向
滞后型	25 分位	低	低	低	成本导向
混合型	—	中	不确定	高	价值导向和成本导向

企业应该采用什么样的薪酬策略，可谓百家争鸣。一般认为，要取决于企业的发展阶段、行业特征、经营状况、所处区域等因素。对于实施

345薪酬体系的企业而言，采取的薪酬策略其实非常明确，就是领先型策略，给3个人发4个人的工资，因为领先型策略更能吸引并保留优秀的员工，更能激励员工提高工作热情和效率，努力创造5个人的价值，这符合345薪酬体系以价值创造为导向的激励理念。

❏ 高水平的薪酬让员工更满意

一般来说，薪酬水平越高代表薪酬竞争力越强，对员工来说，高水平的薪酬肯定会比低水平的薪酬更满意。德锐咨询研究发现，员工对薪酬的满意度很大程度上取决于员工对薪酬的感知，不取决于企业实际支付的水平。感知的薪酬水平越高，员工对薪酬就越满意。员工感知薪酬的水平在市场和心理比较的作用下存在上下两端的放大效应。企业实际支付的薪酬比市场平均水平越高，员工感知的薪酬水平会有正面放大效应，即员工感知的薪酬水平会比企业实际的支付水平更高。例如，当企业实际支付的薪酬高于市场20%时，员工感知的薪酬水平会高于市场30%；当企业实际支付的薪酬高于市场30%时，员工感知的薪酬水平会高于市场50%。当企业实际支付的薪酬水平低于市场平均水平时，员工感知的薪酬水平会有负面放大效应，即员工感知的薪酬水平会比企业实际的支付水平更低。例如，当企业支付的薪酬水平低于市场10%时，员工感知的薪酬水平会低于市场20%；当企业实际支付的薪酬水平低于市场20%时，员工感知的薪酬水平会低于市场30%（见图3-2）。

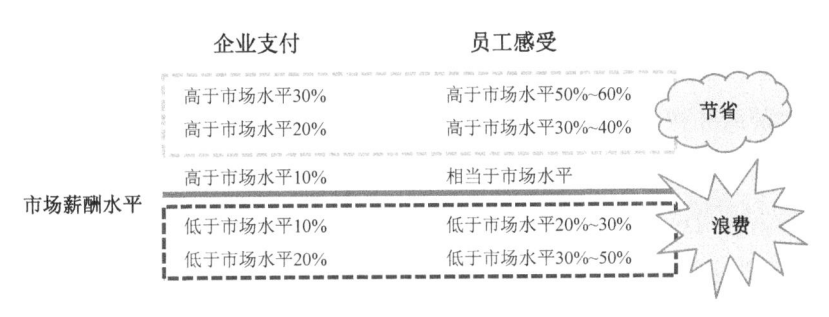

市场薪酬水平	企业支付	员工感受	
	高于市场水平30%	高于市场水平50%~60%	节省
	高于市场水平20%	高于市场水平30%~40%	
	高于市场水平10%	相当于市场水平	
	低于市场水平10%	低于市场水平20%~30%	浪费
	低于市场水平20%	低于市场水平30%~50%	

图3-2 薪酬上下两端的放大效应

基于薪酬上下两端的放大效应，企业家们可以发现，高于市场水平的薪酬反而起到节省的效果，节省部分就是员工感知的薪酬水平与企业实际支付的薪酬水平之间的差值。所以高于市场的薪酬水平更能让员工满意，也就更易于吸引和保留员工。越优秀的员工越需要企业具有这种薪酬竞争优势。

❏ 高水平的薪酬更能创造高产出

超级畅销书《牛奶可乐经济学》一书中提到，竞争性劳动力市场理论认为，提供超过市场水平的奖励工资有助于确保员工的诚实行为，因为有幸能得到这类工作岗位的员工，有着强烈的经济动机，会尽其所能地保住这一岗位。相较于拿到一般市场工资的员工，拿高工资的员工消极怠工的可能性很小。因此，在这种情况下即使企业多支付了工资，也仍能够赚取利润。效率工资理论也表明，员工的生产力与其所获得的报酬呈正向关系。这是因为高于市场水平的薪酬，可以更好地刺激员工付出努力保住现在的工作，并且无形中提高了员工重新找工作的代价，员工一般也就不会选择企业不乐于接受的行动（如偷懒或兼职）而被解雇。所以领先的薪酬水平会促使员工更加努力地工作，不停地提高自己的工作效率，从而创造高产出。从支付的成本看，高于市场水平的薪酬支出负担较高，但从价值产出的角度来衡量，它又是最经济的，因为其投入产出比最高。

❏ 薪酬水平高于竞争对手 10%

345薪酬体系要求企业采用领先市场水平的薪酬策略，具体来说，第一个衡量标准就是高于市场水平的10%，最好采用市场的75分位；第二个衡量标准就是高于竞争对手的薪酬水平，至少高10%。第二个衡量标准对于企业来说可能更有指导意义，因为薪酬保持竞争力的目的是不让内部人才流失的同时还可以从竞争对手那里吸引优秀的人才。那么谁是企业的竞争对手？竞争对手一定是同行业、同区域的标杆企业吗？答案不一定。

谷歌的竞争对手

卫哲曾经描述过，2009年，马云带队去美国考察一些一流的公司，当问到谷歌创始人拉里·佩奇（Larry Page）"谁是谷歌的竞争对手"时，本来以为他会说微软、苹果等。结果拉里·佩奇的答案却是美国国家航空航天局（NASA）和奥巴马政府。他解释道："我的工程师，脸书、苹果来抢，我不怕。我们开更高的工资，给更多的期权、股权就行了。可是我的工程师去NASA，一年薪酬只有7万美元，只有我这里的1/5，我还抢不过。我们谷歌描绘了一个很大的梦想，而NASA的梦想是整个宇宙，更大，做的事更好玩，把我们最优秀的工程师给吸引走了。我们这儿的经理，年薪是几十万美元，结果2009年奥巴马上台，意气风发，很多美国人居然愿意从政了。谷歌很多优秀的经理，放弃几十万美元的年薪，拿5万美元的年薪，为政府工作。"拉里·佩奇的核心观点是：谁跟我抢人，谁就是我的竞争对手。

因此，企业的竞争对手不仅仅是在业务、市场、技术等方面存在竞争关系的企业，只要与企业竞争人才的都是企业的竞争对手。薪酬水平的设定比那些与企业争抢人才的竞争对手高10%，才更富有激励性。企业在进行薪酬外部对标的时候，不要盲目地选择对标行业，而要有针对性地去对标具体的竞争企业。行业数据有助于充分了解外部信息，可以作为决策的参考，同时也必须意识到这些群体性的对标数据具有较大范围的平均属性，缺乏对标的针对性，在一定程度上无法体现所在细分领域的真实薪酬情况。企业应该根据自身的战略定位和竞争策略，甄选合适的对标企业，采用高于竞争对手的薪酬水平来保证在抢人大战中拥有主动权。

竞争对手薪酬数据的真实性和准确性会严重影响企业薪酬策略的准确性，这对企业外部薪酬数据的调查提出了严格的要求。企业了解外部薪酬数据的方法有很多，如第三方调查、熟人打听、了解公开信息或通过应聘者调查等，其中借助专业的第三方薪酬调研机构获取薪酬数据是很多企业目前普遍采用的手段。不过从数据的完整性、真实性和易得性的角度来看，德锐咨询认为，利用应聘者和内部调查是相对最为客观、可控、有效的方式，建议企业广泛使用。

利用应聘者和内部调查这种方式要求企业在日常的招聘面试中重点留意、了解和收集候选人（尤其是关键岗位候选人）目前岗位的薪资情况（包括详细的薪资数据、薪酬结构、福利补贴等）和期望薪资数据。企业可以在职位申请表上附带相关栏目，并要求招聘面试官在面试现场通过提问的方式进一步了解、确认、补充候选人的薪酬信息，同时还可以了解其上下级薪酬信息、对当前薪资竞争力的看法，从而进一步挖掘行业和岗位薪酬水平情况。德锐咨询也发现，背景调查（简称背调）也是验证薪酬数据准确性的有效方式。通常情况下，背调企业的HR人员不会主动提供候选人的薪酬信息，但是他们愿意帮助核实候选人提供的薪酬信息的准确性。如果企业每年的招聘量比较大，通过面试应聘者的现场调查及面试后的背调，基本上可以让企业相对真实、可靠、全面地掌握竞争对手乃至行业的一些关键岗位、流动性高的岗位及其他更多岗位的薪酬信息。

需要提醒的是，在外部薪酬调查的实际操作中，最大的难点就是识别外部数据可信度的高低。德锐咨询建议，为了保证信息的可信度，在实际操作中，可采用多种渠道互相验证的方式。获得的薪酬数据在进行仔细的分析与比对之后，才能确定信息的可信度。这不仅要对数据进行简单的分析和验证，更要了解、分析对标岗位所涉及的工作职责、任职资格、薪酬结构、薪酬发放方式等。只有了解了这些信息，进行数据对比分析才有意义。例如，即使同样的岗位名称，不同的企业对其胜任力要求是不一样的，薪酬肯定有所不同；再如，对于软件工程师岗位，有些企业细分成资深工程师、高级工程师、中级工程师和初级工程师4个职级，有些企业可能就只有高级工程师、中级工程师和初级工程师3个职级。这种岗位的细分会给直接对标带来很大的难度。对于这种情况，企业只能在了解更多关于岗位和薪酬的细节信息之后，才能决定如何对比分析和应用薪酬数据。

高固定低浮动的薪酬结构

要提升薪酬激励效果，除了上面提到的采用领先市场水平的薪酬策略，另一个非常重要的策略就是合理设置薪酬结构，也称为薪酬结构策略。如果说薪酬水平策略解决了支付多少薪酬的问题的话，那么薪酬结构策略解决的就是薪酬组成成分的问题。

员工的薪酬总额往往是由多种薪酬项目组成的，每个薪酬项目都有相应的支付原则和依据，发挥的作用也不尽相同。由于工作性质的差异性和激励方式的不同，不同层级和序列人员薪酬项目的组成、各个薪酬项目占薪酬总额的比例也不尽相同。薪酬结构的设计就是为了通过薪酬结构的调整和优化，增强员工的满意度，更重要的是激励员工创造更高的价值。

薪酬构成要素各司其职

不同企业的薪酬组成差异较大，种类繁多。常见的薪酬项目包括固定薪资（如基本薪资、岗位薪资）、浮动薪资（主要指与业绩相关的绩效工资、奖金、提成等）、福利补贴和长期（股权）激励，每个薪酬项目支付的依据及其在人才激励中的角色和作用各不相同（见表3-2）。固定薪资主要是基于员工能力、职位确定的，定期固定发放给员工，保障员工的日常生活。浮动薪资主要包括绩效工资、提成和各类奖金，是依据个人的业绩贡献来支付的部分，体现的是多劳多得的分配原则，激励员工更多地创造价值。福利补贴一般由员工所在的职级决定，体现的是员工在公司的身份和级别待遇。长期激励是一种面向未来的高级激励手段，员工的收益来自企业未来业绩目标的实现，其激励对象一般是少数具有持续创造价值能力的内部高管和核心人员，而非全体员工。

表 3-2　薪酬项目的支付依据及效果

薪酬构成	支付依据	保障效果	激励效果
固定薪资	岗位/能力	强	弱
浮动薪资	业绩	弱	强
福利补贴	岗位/职级	强	弱
长期激励	未来可持续贡献的价值	弱	强

固定薪资与福利补贴更具有保障性，这两部分薪资能够给予员工安全感，保障员工的正常生活，解决员工奋斗的后顾之忧。浮动薪资及长期激励更偏向于激励性。奖金等短期浮动薪资侧重于对员工过去的价值贡献的肯定，长期激励侧重于激励员工在未来创造价值。根据马斯洛的需求层次理论，人们总会在较低层次的生存、安全需求得到满足之后才会考虑更高层次的社交、尊重及自我实现的需求。因此，要想充分发挥薪酬激励的效果，调动员工的积极性，进而实现组织目标，薪酬结构应该既有充分的保障性，又有很强的激励性；既要肯定员工过去和当下创造的价值，又能激励员工未来创造价值的意愿。

华为的价值分配体系

华为的价值体系——价值创造、价值评价、价值分配，一直都被国内许多企业争相学习。在价值分配方面，华为一直坚持"谁创造，谁分享""薪酬向持续奋斗者倾斜""按贡献合理拉开差距"，要有利于激励优秀骨干员工，避免大锅饭和平均主义。《华为公司基本法》里说，华为"不让雷锋吃亏，奉献者定当得到合理的回报"。

华为内部有一套完整的价值分配体系，通过科学的价值评价体系，保证合理的价值分配，最大限度地做到公平公正。华为坚持价值分配与价值创造相匹配，这是坚持让员工长期艰苦奋斗、激发生命活力的最好方式。

1. 基于能力和岗位的定薪

华为的工资管理遵循"以岗定级，以级定薪，人岗匹配，易岗易薪"，员工工资基于所承担的职位责任、贡献的大小和持续性等任职能力。

2. 基于现有价值创造的奖金和调薪

- 奖金：华为根据当年的公司绩效，确定公司的奖金池；接着根据部门的绩效，确定部门的奖金包；最后根据个人绩效和个人职级对奖金进行分配。
- 调薪：华为根据当年的公司绩效，确定公司和部门的调薪总额。管理团队基于员工个人绩效及个人薪酬水平比率（薪酬渗透率）来确定员工的调薪幅度（调薪比例）。

3. 基于未来价值创造的虚拟股权 TUP

时间单位计划（Time Unit Plan，TUP）的额度是根据部门绩效和个人绩效来分配的，但是 TUP 所获得的分红和增值都是来源于未来的，能激励员工持续创造价值，分享企业未来的收益。

❏ 高固定低浮动最经济

对大多数员工来说，一般提到薪酬都主要指固定薪资和浮动薪资，所以薪酬结构有时直接简称为"固浮比"（固定薪资和浮动薪资在总薪酬中各自所占的比例），固浮比的不同会带来激励效果的差异性。根据固浮比的不同，市场上存在高浮动薪酬结构与高固定薪酬结构两种模式。

（1）高浮动薪酬结构是指薪酬与企业效益高度挂钩，浮动薪酬在总薪酬中所占比例较高。员工能获得多少薪酬主要依赖工作业绩的好坏。

（2）高固定薪酬结构是指浮动薪酬所占比例较低，固定薪酬在总薪酬中所占比例较高。这种薪酬结构具有很强的稳定性，员工的收入非常稳定。

目前国内很多企业的薪酬结构更倾向于高浮动薪酬结构，即把大部分薪酬作为浮动薪酬与绩效挂钩。企业普遍认为，浮动薪酬占比高可以激发员工为了获得高薪酬而更加努力地创造高业绩，员工创造了高业绩，企业自然可以给高薪酬。如果员工没有高业绩，企业也不必付出高薪酬。员工主要从自身创造的价值中赢得奖金，非常公平。这看似很有道理，但在实际的应用过程中，德锐咨询发现，这种低固定高浮动的薪酬结构已经在不知不觉中给企业组织能力的建设造成了诸多破坏力：

- 员工过于关注自己的业绩，不愿意与团队分享和协作，容易导致内部恶性竞争，不利于团队建设，影响企业文化的建设和企业长期业绩的增长。
- 员工过度追求业绩，忽略很多其他不能直接带来业绩但对组织发展有益的工作，不利于组织整体目标的完成和组织能力的建设。
- 员工的薪酬感知差。当个人业绩好的时候，员工觉得源于自己的努力；当个人业绩不好时，员工更多地归咎于市场、竞争对手等客观原因，企业薪酬整体竞争力降低。
- 员工难以与企业形成紧密的情感链接，感觉仅是一纸契约关系而已，归属感低，一旦产生不满，极易离开，不利于对优秀人才的吸引和保留。

怨声载道的薪酬固浮比

A 公司是一家业内小有名气的房地产企业，房地产企业的薪酬结构具有强业绩关联的典型特征，这一特征在 A 公司表现得尤为明显。A 公司的薪酬结构是基本工资+绩效+年终奖。薪酬结构的组成项目比较简单。薪酬结构中的固浮比依据不同层级而变化，高管、经理、主管、专员的固浮比分别为 2:8，3:7，4:6，5:5。员工薪酬结构中，固定部分占比较低，即便基层员工，固定薪资占比也才刚达到 50%（见图 3-3）。

外部薪酬调研发现，A 公司的年薪酬总水平目前处于市场 90 分位。按理说 A 公司的薪酬水平已经很高了，应该非常有竞争力，但公司人员流动性非常大，流失率超过 30%，员工薪酬满意度很低。经过深度调研和薪酬数据分析后发现，由于固定薪资占比较低，导致 A 公司月薪酬水平仅处于 25~50 分位，员工实际感知的薪酬水平很低，高浮动的薪酬结构使得 A 公司薪酬竞争力被严重稀释和破坏。企业内部员工对此怨声载道，用他们的话说："一年当中我们有 11 个月的时间需要勒紧裤腰带过日子。虽然可能整体收入不比同行差，但是我们的安全感太低了，每个月的房贷怎么办？如果我坚持不到年底怎么办？年中公司把我们开除了怎么办？"

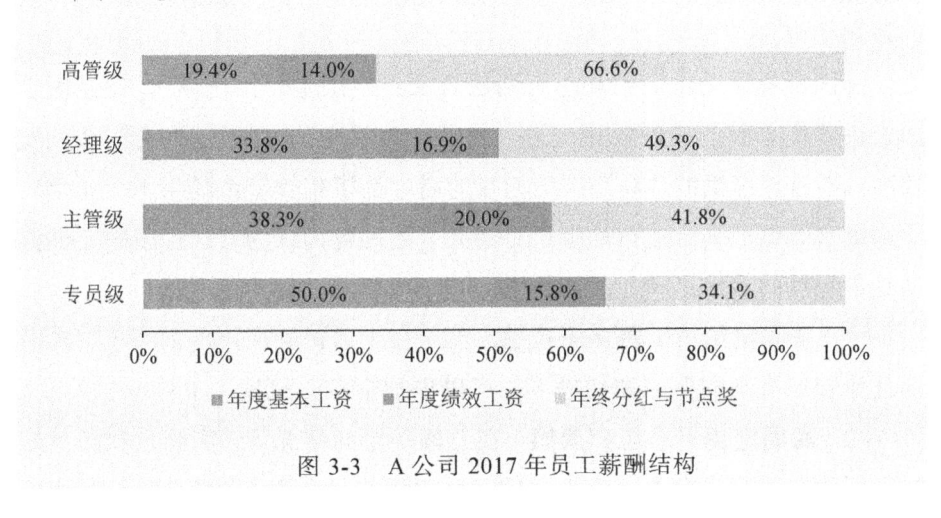

级别	年度基本工资	年度绩效工资	年终分红与节点奖
高管级	19.4%	14.0%	66.6%
经理级	33.8%	16.9%	49.3%
主管级	38.3%	20.0%	41.8%
专员级	50.0%	15.8%	34.1%

图 3-3　A 公司 2017 年员工薪酬结构

上述案例充分说明，企业即使支付了高于市场水平的薪酬，但是如果薪酬结构设计得不合理，也很难带给员工较好的薪酬感知。在过去劳动力供给过剩的工业时代，由于工作内容的单一性和重复性，低固定高浮动的薪酬结构短期内可以体现多劳多得，激发员工危机感，从而提高生产效益。然而在如今这个新经济时代，企业的发展需要更多的知识员工发挥主观能动性。在 345 薪酬体系下，对于严格筛选出来的激励对象，企业要做的是给予其更多的认可、信任和激励，这样才能激发他们的价值创造能力。很多企业用压指标、强奖惩的方式来进行人员管理，最后发现员工没有自我管理的意识，积极性无法调动。这种管理模式已经满足不了时代发展的要求，起不到预期的效果。所以很多标杆企业在薪酬结构上都进行了转变，采用高固定低浮动的结构。华为人力资源副总裁吕克在谈及华为薪酬结构转变时说道：低工资、高奖金？错了！很多企业管理者，包括做人力资源的都会认为，给员工较低的固定工资，他做好了就给他高的奖金，做不好奖金就拿不到，这样员工就想做好业绩。其实这个想法是错误的，华为过去也犯了这样的错。现在我们改了，我们提高了员工的固定工资，浮动比例降低了，激励效果反而增强了。低工资、高奖金是让员工带着低工资的状态去工作，只有低的绩效产出，得到的却是不低的奖金，这是很不经济的薪酬结构。

高固定低浮动中的"高"有两层含义：一层是"占比高"，就是固定薪资占薪资总额的比例较高；另一层是"金额高"，即固定薪资的金额比较高。不过，这里的"高"都是相对的高，是指相较于市场水平、竞争对手水平、历史水平，并不是指绝对的高。德锐咨询认为，这种高固定低浮动是最经济的薪酬结构，主要因为：

（1）**高固定给员工更多安全感**。员工在生活得到保障的前提下，在内部其他管理机制的保障和促进下，可以更加全身心地投入工作。

（2）**高固定提升员工归属感**。在总额一定的情况下，高固定和高浮动的区别就在于薪资在业绩产生之前还是之后支付。高固定就是对员工能力的肯定和信任，在员工产生业绩之前就支付员工薪资，这样的方式有助于提升员工对企业的归属感。

（3）**高固定可以营造正向的团队氛围**。员工不用为了生存而进行恶性的竞争。在这样的激励方式下，员工更加乐于分享，团队协作的氛围更浓厚。

（4）**高固定更能吸引人才**。应聘者在不了解企业内部的实际情况时，与企业间互相没有信任基础，企业对他们的吸引会更多地源自薪资总额及作为保障部分的固定薪资水平。

企业在学习及试图采用这种高固定低浮动的薪酬结构时要注意，高固定可能不需要一步到位，对于历史问题比较严重的企业可以分阶段实行。更重要的是，在调整薪酬结构的同时要逐步建立匹配的精准选人机制、人才管理机制和绩效管理机制等。这是因为如果企业缺乏合适的土壤或必要的管理机制，如人才选择、淘汰、目标管理、全面激励机制等，盲目地将固定薪资调整得过高，反而造成员工追求安逸、出工不出力，滋生大锅饭和平均主义，企业薪酬成本增加但不增收，导致企业出现经营困局。很多世界500强和知名企业采用的都是高固定的方式。这是因为，一方面，企业需要吸引目标人才；另一方面，这些企业也有相应的保障机制，能够确保员工在获得高薪酬时有高的价值创造，进而支持企业实施高固定低浮动的薪酬结构。因此，在日常管理中不能仅依靠薪酬来进行人员管理。人性的本质一面是懒惰和贪婪，另一面是追求成功和成就。企业需要建立正向的企业文化和必要的管理机制，引导员工产生企业想要的行为。

薪酬结构高低有度

高固定低浮动的薪酬结构并不意味着企业内部所有岗位都采取一样的薪酬固浮比。在实际操作中，企业需要根据岗位职责与企业经营的关联程度，同时结合外部的薪酬调查等设计不同的固浮比，以满足企业发展及员工激励的需要。不过基本的设计规则是：岗位对企业经营结果的实现影响程度越大，岗位员工的薪酬浮动比就越高。

1. 不同层级的高固定低浮动

横向来看，如果将企业内部员工按层级划分，很多企业大致可以分为基层、中层和高层这3个层级，或者也可以分为员工级、主管级、经理级、总监级、总经理级。不管是哪种划分方法，基本可以确定的是，随着员工所处的层级越来越高，其岗位、能力和业绩对企业经营结果的影响就越来越大。所以，层级越高，薪酬水平越高，浮动薪资占比也越高。反过来说，相比于高职级的员工，低职级的员工由于个人业绩给企业经营带来的影响较小，因此，薪酬结构中固定部分占比相对较高。同时，低职级员工的薪酬相对不高，高固定薪资更易满足其保障性需要。因此，在设计薪酬结构时，基层、中层、高层员工的薪酬结构中固定薪资占比应逐级递减，浮动薪资的占比则应逐级递增。

根据德锐咨询多年的项目实践与研究经验，建议高固定低浮动在不同层级的比例如图3-4所示。通常来说，基层人员的浮动比例在10%左右相对合理；中层人员的浮动比例建议为20%；高层人员的浮动比例可以为30%~40%，不要超过40%。各企业可以结合自身所在的行业和竞争对手情况，以及实际支付的薪酬水平等情况进行调整。

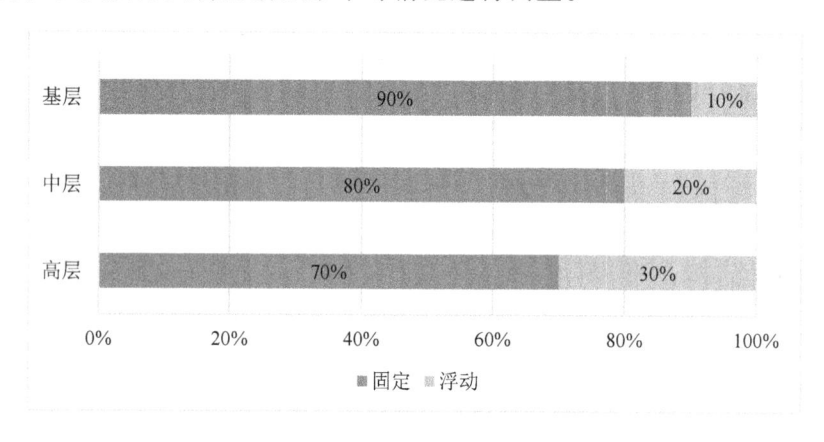

图3-4 不同职级薪酬固浮比

2．不同序列的高固定低浮动

纵向看，企业内部不同类别的岗位承担的角色也大相径庭。按岗位职责大致可以分为以下6个序列（见表3-3）。

表3-3 不同序列释义

序列名称	序列含义及代表岗位
管理序列	对经营与管理承担领导职责、主要通过管理他人的工作为企业创造效益的岗位，如CEO、总监、部门经理等
研发序列	负责公司产品的需求分析、设计、研发、技术、测试，确保任务高效完成的岗位，如CTO、研发工程师、测试工程师等
技术序列	通过专业技术工作创造价值，对产品生产、工艺、质量管控和改进承担直接责任的岗位，如工艺工程师、设备工程师等

续表

序列名称	序列含义及代表岗位
营销序列	通过产品销售创造价值和利润,对产品的市场占有率、销售完成率和客户服务满意度承担责任的岗位,如销售经理、销售员等
职能序列	为主价值链的高效运作提供指导、服务与支持等工作,从而实现企业产品与服务的价值的岗位,如行政专员、人力资源专员、会计等
操作序列	从事现场生产等操作性工作,对企业产品生产承担直接责任的岗位,如维修工、操作工等

不同序列在企业的经营管理过程中对于企业业绩的贡献方式也不同,主要可以分为业绩的间接贡献者和业绩的直接贡献者。业绩的间接贡献者指企业经营管理过程中的重要支持者,诸如技术人员、职能人员等;业绩的直接贡献者,一般指企业的管理者及业务人员,他们的工作绩效直接决定企业的业绩表现。

业绩的间接贡献者的工作以提高经营管理效率为主,他们更适用于较高的固定薪资占比,以此给予他们充足的安全感,保障企业后台的稳定性。业绩的直接贡献者可以适当提高其浮动薪资占比,过分刚性的薪酬结构不利于业绩目标的达成,也不利于内部公平(见表3-4)。企业需要根据不同序列的差异来设计合理的薪酬结构,从而保证薪酬激励效果最大化。

表3-4 不同序列薪酬固浮比

岗位类别	岗位序列	固定薪酬	浮动薪酬
业绩的间接贡献者	职能序列	高	低
	操作序列	高	低
	研发序列	高	低
	技术序列	高	低
业绩的直接贡献者	管理序列	中	中
	营销序列	中	中

在很多企业中，销售人员多数都是低固定高浮动的薪酬结构。德锐咨询建议，即使销售人员，也可以实行高固定低浮动的薪酬结构。例如，高佣金制在房地产界非常普遍，但在龙湖地产，个人高佣金制被视为毒药。龙湖地产的销售顾问说："我们希望当一个人去厕所的时候，不用担心自己跟踪已久的客户被切单；我们希望当一个同事生病的时候，有同事去照顾他。"龙湖地产采用的是高固定薪酬加绩效奖金的薪资体系，"绩效奖金占的比例比较低，而且最关键的是其关联的不是个人的业绩，而是团队的业绩。"原龙湖地产执行董事秦力洪说。这一点得到了原龙湖地产人力资源部总经理李朝江的证实。李朝江说："佣金制是一个短期的效益激励，销售员会受引导更愿意待在好卖的项目上。当项目不好卖时，他们可能就打算离开换个新公司。而我们对他们的期待不仅仅是做一个置业顾问，我们希望他们在这里不断得到晋升。"

综上所述，高固定低浮动的薪酬结构设计须结合企业内部不同层级、序列，乃至所在行业、竞争对手等情况综合考虑，不能"一刀切"。其最终要满足两个要求：第一，在完成保障功能的前提下能提升激励满意度，避免因为结构设计不当而导致员工的各种寻租行为，提升组织能力；第二，能充分调动和激励员工的价值创造能力，助推组织目标的实现。平衡好薪酬保障功能和激励功能之间的关系是保证薪酬激励发挥作用的关键。

薪酬向价值创造者倾斜

所谓薪酬激励资源，不仅包括通常大家所说的工资，还包括福利、股权、晋升机会、培训等物质和非物质的用于员工激励的一切企业资源。企业在分配这些激励资源时，最担心的是由于分配不合理而带来内部不公平，使得企业虽然付出了高昂的薪酬成本，员工的感知却很差，不但没有带来激励效果，反而造成负面影响。员工"不患寡患不均"，不能将薪酬激励资源进行"雨露均沾"式的分摊，而要真正按照员工对企业价值贡献的多少进行匹配性的分配，要强化多劳多得、少劳少得甚至不得的原则，只有这样才是真正的对价值创造者的公平，也只有这样才能体现对他们的重视，激发他们更大的价值创造能力。

薪酬资源的差异化分配

彭剑锋教授在分享华为人力资源管理体系成功经验时曾说道：华为做得最好的就是价值评价体系。给谁钱？给多少？这个标准不是来自领导的个人好恶，而是有明确的评价标准的。正是这样的标准让员工觉得分得有依据，让人感到公平、公正。《华为基本法》中早就明确了价值评估的四要素：岗位价值评估、能力评估、绩效评估和劳动态度评估，不同维度的评估结果对员工的晋升、加薪、奖金分配都有不同程度的影响。在345薪酬体系中，严格应用人才盘点结果指导薪酬等激励资源分配是实现人才高满意度和持续提升人效的关键（见表3-5）。

表3-5 依据人才盘点结果分配激励资源

人才九宫格	薪酬调整	奖金系数	人才关注度	人才晋升	人才培养
1	15%~20%	1.5	高	1年内考虑晋升	基于晋升的需要设计培养方案
2+	12%~15%	1.3	中	1~2年内可考虑晋升	给予更多的磨炼机会，如转岗、扩大工作职责、授权等
2	8%~10%	1.0	低	保持不变	培训或业绩辅导，使其转化为明星员工或骨干
3	3%~8%	0.6	低	必要时转岗	查找原因，移去障碍，进行适当的工作调整
4	3%~8%	0	高	可能淘汰	分析原因，3个月内加以处理
5	0	0	高	淘汰	分析原因，3个月内加以处理

从表3-5中可以看出，薪酬激励资源的不平均分配不仅指要给优秀的

价值创造者更多的激励，还要做到对"不合适的人"要少给甚至不给，从而在企业内部形成明确的激励导向。由于企业内部激励资源在一定时期内是有限的，通过这种激励资源的分配方式可以在提升激励作用的同时，控制企业激励成本的快速提升，从而实现员工与企业共赢。

B公司的超额利润分享

B公司在年终超额利润分配上，根据岗位类型的不同和员工在利润创造中所发挥的作用不同，采用系数法计算员工超额利润的分配额度（见表3-6）。

表3-6 分配因素系数

职级	职级系数	九宫格定位	九宫格定位系数	序列	序列系数
6	20	1	2	管理	1.2
5	16	2+	1.5	研发	1.2
4	10	2	1	营销	1.1
3	6	3	0.6	职能	0.5
2	4	4	0	操作	0.6
1	2	5	0	—	—

每个员工分配额度具体计算公式为：

个人超额利润分配额度=超额利润总额×

（个人激励系数/公司总激励系数）

其中，公司总激励系数=个人激励系数总和；个人激励系数=职级系数×九宫格定位系数×序列系数。

从表3-6和分配公式可以看到，员工职级越高、岗位序列对利润创造越重要，其分配系数就越高；人才盘点的结果——九宫格定位越好，九宫格定位系数也就越高。其中，职级和人才盘点结果对利润最终分配结果影响最大，这也体现了激励额度向关键岗位、价值创造者倾斜的原则。

调薪矩阵

在人才评价之后，依据人才评价结果，沃尔玛、龙湖地产等很多优秀企业一般都通过调薪矩阵来实现调薪资源的差异化分配。所谓调薪矩阵就是采用人才盘点的结果——九宫格定位，结合"薪酬渗透率"，共同决定企业调薪资源的分配和员工的调薪比例（调薪比例可根据企业状况和当年度调薪资源总额进行调整）。其中，薪酬渗透率（Penetration Rate，PR）主要体现了员工薪酬在对应职级薪酬范围内的相对位置。

$$PR = \frac{员工当前薪酬-当前职级薪酬最小值}{当前职级薪酬最大值-当前职级薪酬最小值} \times 100\%$$

正常情况下，员工薪酬的 PR 值在 0~100%。如果员工当前的薪酬过低、不在所处职级薪酬范围内，那么 PR<0；如果员工当前的薪酬高于所处职级薪酬的最大值，则 PR 值超过 100%。PR 值越高说明员工的现有薪酬在当前职级中的水平越高，竞争性越强。同理，PR 值越低则说明员工的现有薪酬在当前职级中的水平越低，竞争性越弱。使用 PR 值作为调薪依据，是为了在以价值创造为调薪导向时兼顾薪酬内部的公平性（见表 3-7）。

表 3-7 调薪矩阵示例

人才盘点＼薪酬渗透率	PR<0%	0%≤PR<25%	25%≤PR<50%	50%≤PR<75%	75%≤PR<100%	PR>100%
1（超级明星）	25%	20%	18%	15%	13%	不调薪或按特殊情况实施个性化的薪酬调整
2+（核心骨干）	18%	15%	13%	11%	10%	
2（中坚力量）	15%	13%	11%	9%	8%	
3（待提升者）	9%	7%	5%	0	0	
4（问题员工）	5%	3%	0	0	0	
5（失败者）	0	0	0	0	0	

从表 3-7 调薪矩阵示例可以看到，当 PR 值相同时，人才盘点的结果越好，说明员工在当前岗位上创造价值的能力越强，其调薪的比例就越高。当然，如果企业期望薪酬资源向价值创造者进一步倾斜，可以拉大不同人才盘点结果之间调薪比例的差距，对于 4 类或 5 类这些不合适的员工，很多企业的调薪比例都设置为"0"甚至降薪。如果人才盘点结果相同，PR 值越低，调薪的比例越高。因为同样的人才盘点结果说明员工的价值创造能力趋同，那么对于现有薪酬水平较高的人员其调薪比例可适当缩小，现有薪酬水平较低的人员调薪比例可适当拉大，最终使得同一职级上价值创造能力相近的人员薪酬水平趋同，从而保证薪酬分配的内部公平性。通过这样的调薪矩阵，企业可以根据不同类型的价值创造者的差异性分配调薪资源。

宽带薪酬设计方法

为了更好地体现宽带薪酬的核心理念，帮助企业设计出匹配 345 薪酬体系的宽带薪酬模式，德锐咨询基于大量的咨询项目实践，总结出以下设计方法和步骤（见图 3-5）。

以岗位定职级   以能绩定薪酬

以市场定分位

图 3-5 宽带薪酬设计三步法

☐ 以岗位定职级，设计职位等级

在宽带薪酬模式中，为了实现"岗变薪变"的原则，一般宽带数量是与企业内部的职位等级数匹配的，因此，职位等级体系就成为薪酬体系设计的基础。职位等级体系设计大体可以分 3 步进行：首先从横向上，依照岗位性质对企业内部不同岗位进行序列划分，一般分为管理、技术/研发、营销、职能、操作等；然后从纵向上，依据企业规模大小及各类别岗位工作复杂度、难易度将各序列进行级别划分，每个序列一般以5级为基础上下浮动；最后，以管理序列为锚定标准或以岗位价值评估为依据，规范各序列不同级别之间的对应关系，从而形成职位等级体系（见图3-6）。职位等级体系不仅使整个企业员工层级和类别清晰化，明确了各岗位类别人员在企业内部的职业发展通道；而且解决了薪酬设计中内部公平性的问题，使得价值贡献差异不大的岗位保持在一个职级水平上。

职级	管理序列	技术/研发序列	营销序列	职能序列	操作序列
9	总经理				
8	副总经理	总工程师			
7	总监	副总工程师	区域销售总监		
6	高级经理/厂长	资深工程师	高级销售经理		
5	经理/副厂长	高级工程师	区域销售经理	资深专员	资深技师
4	主管/工段主管	工程师	高级销售员	高级专员	高级技师
3		助理工程师	销售员	专员	技师
2				文员	技工
1					辅助工

图3-6 职位等级体系示例

❑ 以市场定分位，设计薪酬宽带

以职位等级体系为基础，每个职级确定一个标杆岗位，基于外部薪酬调查数据分析，采用市场领先的75分位薪酬策略（至少是50分位以上），确定每个职级薪酬宽带的中位值（也称中间值），提升薪酬的外部竞争力。然后基于新的职位等级对企业薪酬现状进行分析，根据每个职级现有薪酬范围并结合各职级薪酬未来的提升空间，逐一综合确定新的各个职级薪酬宽带的宽幅，进而初步构建一个宽带薪酬体系雏形（见表3-8）。

表 3-8 宽带薪酬体系　　　　单位：元

职级	最低值	中点值	最高值	宽幅
8	19 200	28 800	38 400	100%
7	12 800	19 200	25 600	100%
6	9 100	13 700	18 200	100%
5	6 800	9 800	12 900	90%
4	4 500	6 500	8 600	90%
3	3 400	5 000	6 500	90%
2	2 700	3 800	4 900	80%
1	2 300	3 200	4 100	80%

宽幅的计算公式为：

$$宽幅 = \frac{同等级薪酬最大值 - 同等级薪酬最小值}{同等级薪酬最小值} \times 100\%$$

如图 3-7 所示，根据宽幅计算公式，可以得出此条薪酬宽带的宽幅为 50%。

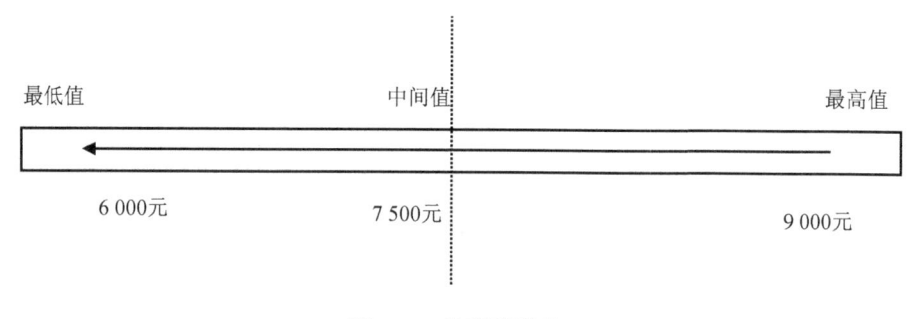

图 3-7 某薪酬宽带

传统薪酬模式中，同等级的薪酬宽幅一般不超过 40%，而宽带薪酬模式的宽幅一般为 50%~200%，企业需要根据自身情况设计宽幅。设计宽幅时主要考虑的因素是不同岗位能力差异对于绩效产生的差别，如果差异越大，那么宽幅就要设置得越大。通常来说，随着职位等级的上升，宽幅逐渐增大。这是因为等级越高，同一职级上不同任职者能力差异带来的贡献的价值差异就越大；职级越小，岗位贡献的价值差异就越小，薪酬宽幅也就越小。另外，设计宽幅时还要考虑企业薪酬现状，新的宽带薪酬模式要能够包含大部分现有职级上员工薪酬的最低值和最高值，从而使得企业原有的薪酬模式能够顺利转换到新的宽带薪酬模式中。

在宽带薪酬模式的设计过程中，还有两个重要概念：一个是级差，另一个是重叠度。级差是指相邻两个职级薪酬宽带中位值之间的递增幅度，级差确定了整个薪酬宽带的走势，其计算公式为：

$$级差 = \frac{高一级薪酬宽带的中位值 - 本级薪酬宽带的中位值}{本级薪酬宽带的中位值} \times 100\%$$

在外部薪酬调查数据比较有限、不能通过市场数据确定每个职级薪酬宽带中位值的情况下，可以通过合理的级差设置来推算各个薪酬宽带的中位值。传统窄带薪酬中由于"带/级"数量比较多，级差一般在10%左右；而宽带薪酬已经将职位等级的级别进行整合与压缩，因此宽带薪酬中的级差较大，一般在30%以上。通常来说，随着职级上升，级差也会越来越大（见图3-8）。

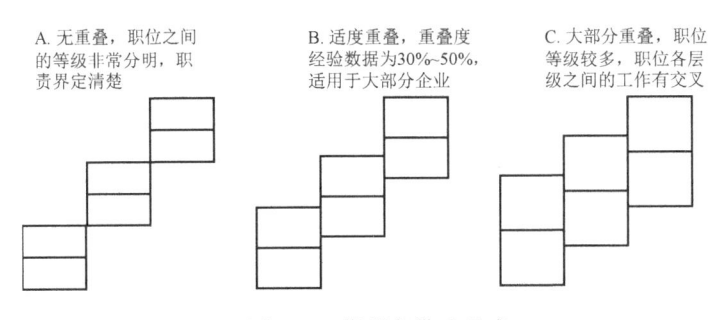

图3-8 薪酬宽带重叠度

重叠度是指相邻两个职级薪酬重叠比例，计算公式为：

$$重叠度 = \frac{低一级薪酬最大值 - 高一级薪酬最小值}{高一级薪酬最大值 - 高一级薪酬最小值} \times 100\%$$

345薪酬体系下的薪酬适度重叠，以体现只要个人能力强、业绩好，即使低级别的员工也能拿到高收入。从经验值来看，宽带薪酬重叠度一般在30%~50%，低职级重叠度较高，职级越高重叠度越低。

基于初步的宽带薪酬体系，综合考虑宽幅、级差和重叠度的大小，反复调整薪酬体系，最终在符合企业价值导向的前提下实现薪酬体系的合理平衡，这样宽带薪酬体系就基本设计完毕了。

设计好的宽带薪酬体系在实际使用时通常有两种方式：一种称为纯宽带薪酬体系，如表3-9所示。这种宽带薪酬体系的每个薪酬等级只区分了最低值、中位值及最高值，员工的薪酬只要在这个区间内即可。显而易见，这种宽带薪酬体系在使用时灵活性比较高。当然，劣势在于此宽带薪酬体系对于管理环境、管理水平和管理者的素质能力要求较高，管理者需要具备客观评估员工、进行薪酬沟通和绩效反馈等能力。

表3-9 纯宽带薪酬体系　　　　单位：元

职级	级差	宽幅	最低值	中点值	最高值	重叠度
9	40%	140%	41 200	70 000	98 900	
8	40%	140%	29 400	50 000	70 600	51%
7	40%	140%	21 000	35 700	50 400	51%
6	40%	140%	15 000	25 500	36 000	51%
5	30%	140%	10 700	18 200	25 700	51%
4	30%	120%	8 800	14 000	19 400	58%
3	30%	120%	6 800	10 800	15 000	58%
2	30%	100%	5 500	8 300	11 000	51%
1		100%	4 300	6 400	8 600	56%

另一种为职级薪档宽带薪酬体系，如表 3-10 所示。它是根据薪酬宽带的最大值和最小值，按照每个宽带内一定的薪酬变化率，将宽带切分成 N 档，每个档都对应一个具体的薪酬值。N 一般为奇数，$(N+1)/2$ 档为该薪酬宽带的中位值。这种宽带薪酬体系使用时对于管理者要求低，管理人员只要按照企业的规定对人员进行定薪和调整即可，但该方法灵活度不够高，员工定薪额只能按照体系表中给出的金额来确定，不允许设置其他金额。

表 3-10 职级薪档宽带薪酬体系　　　　　　　　　单位：元

职级	级差	宽幅	档差	重叠度	薪级/薪档	1	2	3	4	5	6	7
9	40%	140%	9 600		9	41 200	50 800	60 400	70 000	79 600	89 200	98 900
8	40%	140%	6 900	51%	8	29 400	36 300	43 200	50 000	56 900	63 800	70 600
7	40%	140%	4 900	51%	7	21 000	25 900	30 800	35 700	40 600	45 500	50 400
6	40%	140%	3 500	51%	6	15 000	18 500	22 000	25 500	29 000	32 500	36 000
5	30%	140%	2 500	51%	5	10 700	13 200	15 700	18 200	20 700	23 200	25 700
4	30%	120%	1 800	58%	4	8 800	10 600	12 400	14 000	15 800	17 600	19 400
3	30%	120%	1 400	58%	3	6 800	8 200	9 600	10 800	12 200	13 600	15 000
2	30%	100%	900	51%	2	5 500	6 400	7 300	8 300	9 200	10 100	11 000
1		100%	700	56%	1	4 300	5 000	5 700	6 400	7 100	7 800	8 600

以能绩定薪酬，确定员工位置

宽带薪酬体系设计完成后，最后一步就是完成员工每个人的定薪。345 薪酬体系要求员工的定薪要按照能力、绩效或潜力进行，向价值创造者倾斜，从而解决企业内部公平性的问题。

无论是上述哪种宽带薪酬体系（纯宽带薪酬或职级薪档宽带薪酬），在每个职级的薪酬宽带中，企业大致可以按照薪酬水平从低到高将其分为 4 个区间，每个区间的薪酬水平对应的员工能力和绩效等级都是有所差别的。例如，某个职级的新进入者一般定薪在宽带的第一区间，他们刚刚跨入该职级，在该职级上的能力需要培养和锻炼，业绩尚未体现。而能力强、业绩优的员工一般定薪在宽带的第三和第四区间，他们是该职级上的骨干，是主要的业绩贡献者（见图3-9）。企业在给员工定薪时，可以结合自身情况和人才评价结果进行综合考虑，从而体现以能力和业绩定薪的原则。

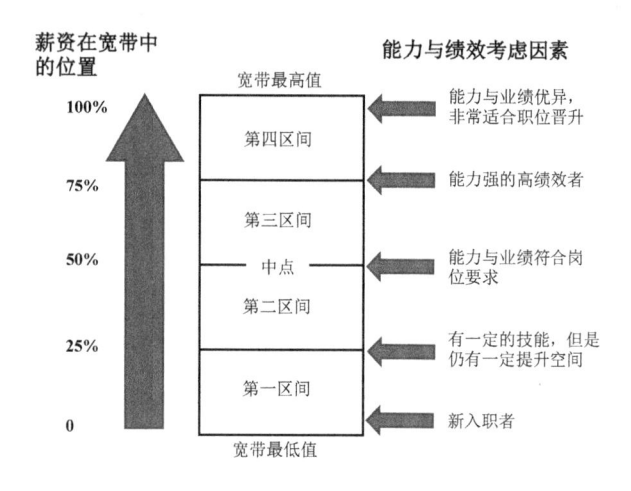

图 3-9 宽带薪酬定薪依据

在此设计阶段，企业还要进行薪酬结构的设计，主要依据企业状况确定薪酬的固浮比，并且将薪酬各个组成部分与企业的任职资格管理体系、人才盘点机制、绩效管理体系强关联，依据员工的能力和业绩最终确定薪酬水平。

通过上述三大步骤，企业基本可以应用宽带薪酬体系实现对价值创造者加大薪酬激励的目的，从而能够更好地调动员工的工作积极性，持续为组织创造价值。德锐咨询建议，企业在调整和优化薪酬体系的过程中，不能仅仅学习如何设计宽带薪酬，更重要的是要理解和领会宽带薪酬的理念和激励导向，逐步构建与之匹配的人才和组织管理体系，否则只能学之形而失之神，起不到持续提升人效的目标。

关键发现

- 345 薪酬体系的薪酬策略是：在宽带薪酬模式基础上，通过领先型的薪酬水平策略、高固定低浮动的结构策略，实行薪酬激励资源向价值创造者倾斜的支付策略。
- 宽带薪酬以能力和业绩为主的付薪理念和付薪逻辑非常契合 345 薪酬体系所强调的重点激励高素质能力和高业绩者的要求。
- 从价值产出的角度衡量薪酬成本支出，领先型的薪酬水平策略和高固定低浮动的薪酬结构是最经济的，对员工的激励效果更好，投入产出比更高。
- 竞争对手不仅仅来自业务和市场方面，谁跟企业抢人才，谁就是企业的竞争对手。
- 从薪酬结构策略角度来说，良好的薪酬结构应该既有充分的保障性、又有很强的激励性；既要肯定员工过去和当下创造的价值，又能激励员工未来创造价值的意愿。
- 薪酬激励资源的不对称分配不仅要给优秀的价值创造者更多的激励，还要做到对"不合适的人"少给甚至不给，从而在企业内部形成明确的激励导向。
- 要以岗位定级、以市场定位、以能绩定薪来设计 345 薪酬体系下的宽带薪酬。

第 4 章

薪酬之上的激励

有时,非经济激励作用非常强大,以至于似乎可以从根本上取代经济激励,但它是经济激励的补充而非完全替代物。

——斯蒂格利茨

美国商业巨子李·艾柯卡曾说:企业管理无非就是调动员工的积极性。在当今社会,非物质激励已成为调动员工积极性的重要手段。全球著名的猎头公司瀚纳仕在《2018 年亚洲薪酬报告》中调查了员工留任当前岗位的原因,如图 4-1 所示,薪酬仍然是员工留任的关键因素,但是员工也越来越关注企业所提供的工作生活平衡、工作保障/稳定、职业发展、工作地点、管理风格与企业文化、培训或发展机会等薪酬之外的其他因素。

薪酬是激励员工最基本和最直接的形式。但是,伴随着经济社会的发展、员工需求层次的增多,仅用薪酬作为激励的主要方式已经不能满足员工的需要,尤其是现今 90 后的新生代员工已成为职场的主要力量,他们的需求更是呈现出个性化和多元化的特征,对自我发展、自我价值实现的需求不断提升。他们工作看薪资,更看心情、看兴趣。如果工作顺心,薪资少点无所谓;如果工作不顺心,即使薪资高也不感冒。因此,企业要想吸引、留住人才,充分激励并调动员工的积极性,除了加大薪酬激励,还必须采用更加多样化的激励方式,这样才能有效地激励员工为组织创造价值。

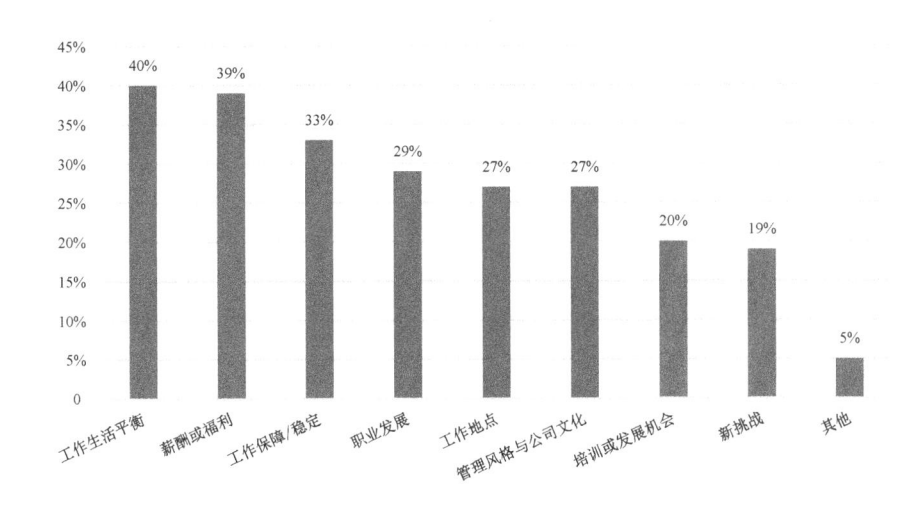

图表数据(员工留任当前岗位原因):
- 工作生活平衡:40%
- 薪酬或福利:39%
- 工作保障/稳定:33%
- 职业发展:29%
- 工作地点:27%
- 管理风格与公司文化:27%
- 培训或发展机会:20%
- 新挑战:19%
- 其他:5%

图 4-1 员工留任当前岗位原因

全面激励体系

金字塔的建造者是谁?

1560 年,瑞士钟表匠布克在游览金字塔时,做出一个石破天惊的推断:金字塔的建造者,绝不会是奴隶,只能是一批欢快的自由人。很长的时间,这个推论都被当作一个笑料。然而,400 年之后,即 2003 年,埃及最高文物委员会宣布:通过对吉萨附近 600 处墓葬的发掘考证,金字塔是由当地具有自由身份的农民和手工业者建造的,而非像希罗多德在《历史》中记载的由 30 万名奴隶建造的。

历史在这里发生了一个拐点。穿过漫漫的历史烟尘,400 年前,那个叫布克的小小钟表匠,究竟凭什么否定了伟大的希罗多德?何以一眼就能洞穿金字塔是自由人建造的?埃及国家博物馆馆长多玛斯对布克产生了强烈兴趣,他一定要破解这个谜团。真相一步步被揭开:布克原

> 是法国的一名天主教信徒，1536年，因反对罗马教廷的刻板教规，锒铛入狱。由于他是一位钟表制作大师，囚禁期间，被安排制作钟表。在那个失去自由的地方，布克发现无论狱方采取什么高压手段，自己都不能制作出日误差低于1/10秒的钟表；而在入狱之前，在自家的作坊里，布克能轻松制造出误差低于1/100秒的钟表。为什么会出现这种情况呢？布克苦苦思索。起先，布克以为是制造钟表的环境太差。后来布克越狱逃跑，又过上了自由的生活。在更糟糕的环境里，布克制造钟表的水准，竟然奇迹般地恢复了。此时，布克才发现真正影响钟表准确度的不是环境，而是制作钟表时的心情。
>
> 在布克的资料中，多玛斯发现了这么两段话："一个钟表匠在不满和愤懑中，要想圆满地完成制作钟表的1 200道工序，是不可能的；在对抗和憎恨中，要精确地磨锉出一块钟表所需要的254个零件，更是比登天还难。"正因为如此，布克才大胆推断："金字塔这么浩大的工程，被建造得那么精细，各个环节被衔接得那么天衣无缝，建造者必定是一批怀有虔诚之心的自由人。难以想象，一群有懈怠行为和对抗思想的奴隶，绝不可能让金字塔的巨石之间连一片薄薄的刀片都插不进去。"

任正非说："要相信人内心深处有比钱更高的目标和追求，愿景、使命、价值观才能更好地激发人。"相信那些建造金字塔的快乐自由人正是有了愿景和使命感，才创造了世界建筑史上的奇迹。基于马斯洛需求层次理论，每个人的需求像阶梯一样从低到高按层次分为5种，分别是生理需求、安全需求、社交需求、尊重需求和自我实现需求。在底层的需求得到满足后，其他需求将成为更重要的激励因素。薪酬更多的是满足员工生理和安全需求。在生理和安全需求得到满足后，薪酬将不再成为激励因素，社交、尊重和自我实现这些更高层次的需求需要薪酬以外的激励方式来满足。所以全面激励体系概念开始得到广泛的认可和全面的实践应用（见图4-2）。

第 4 章 | 薪酬之上的激励

```
        自我
       实现需求

       尊重需求

       社交需求

       安全需求

       生理需求
```

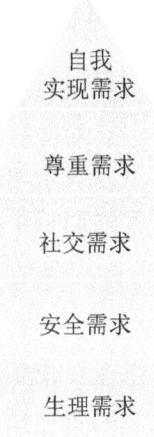

图 4-2　马斯洛需求层次

全面激励体系不同于以往过于强调薪酬这种单一的物质激励方式，其主张充分利用员工从企业得到的一切使他们感受到获益的东西满足员工多层次需求，实现饱和激励。全面激励体系包含物质和非物质（精神）激励两大类，具体分为有竞争力的薪酬、有安全感的福利、有成长感的职业发展、有归属感的企业文化 4 个方面（见图 4-3）。

薪酬
- 基本工资
- 短期浮动工资
- 特别奖励
- 延迟薪酬
- 长期激励计划

职业发展
- 工作内容的意义
- 有挑战性的工作任务
- 职业发展晋升
- 学习培训机会

全面激励体系

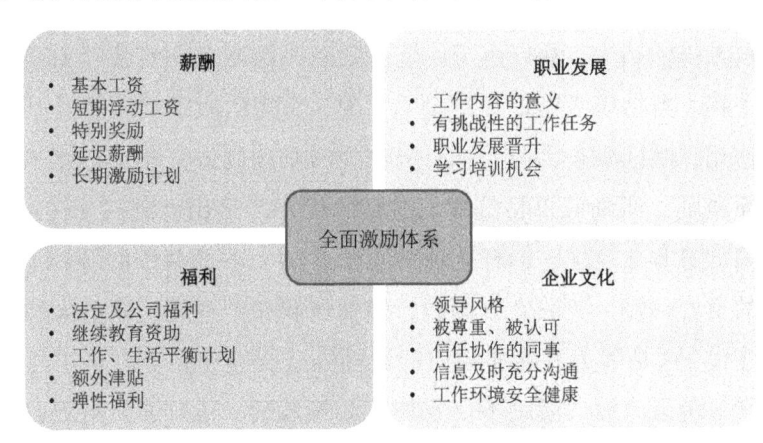

福利
- 法定及公司福利
- 继续教育资助
- 工作、生活平衡计划
- 额外津贴
- 弹性福利

企业文化
- 领导风格
- 被尊重、被认可
- 信任协作的同事
- 信息及时充分沟通
- 工作环境安全健康

图 4-3　全面激励体系

（1）**有竞争力的薪酬**。薪酬作为最直接的经济收入，保障了员工的物质生活水平。高于市场平均水平的薪酬可以有效提升激励效果。

（2）**有安全感的福利**。福利为员工提供了基本的生活和工作保障，企业一般会根据实际情况、自身的业务特点实行差异化的福利项目，提升员工的安全感。

（3）**有成长感的职业发展**。所有有关激励的理论中，不论是马斯洛需求层次理论，还是双因素理论，都强调了个人成长对于员工的重要性。每位员工都有成长的需求与渴望，企业要做的就是让员工在工作中得到快速成长。

（4）**有归属感的企业文化**。企业文化是一个组织的独特气质，对员工既有凝聚和激励作用，也有导向和约束作用。企业要营造一种积极向上的企业文化，引导员工行为，激发员工内在驱动力。

在全面激励体系中，薪酬福利是物质激励，职业发展和企业文化是非物质激励。薪酬福利是全面激励的基础，在物质需求没有被满足的情况下，薪酬福利发挥的激励作用较大。随着物质激励不断得到满足，其激励的边际效应不断减小，非物质激励作用逐渐增强，尤其是物质激励已经被较好地满足后，非物质激励就会逐渐成为激励的主导力量。

全面激励体系中的各种激励方式在员工激励中都发挥着不可替代的作用，四者相辅相成，缺一不可。全面激励体系要求物质激励和非物质激励达到平衡。当物质激励低于市场水平时，非物质激励就会缺乏土壤甚至起到反作用，激励效果大打折扣；当物质激励达到或高于市场水平时，加上非物质激励，激励效果将倍增，激励的投入产出比会更高。在推行345薪酬体系的过程中，优秀标杆企业热衷于在加大薪酬激励的基础上，让激励方式的重心向图4-3的右方倾斜，特别强调和重视员工职业发展、企业文化的建设，这是因为这些非物质的激励方式能够让企业与员工建立强的情感纽带。所以，加大激励不仅要加大薪酬激励，还要加大对更聪明、更经济的非物质激励方式的投入。企业，特别是中小企业，如果能够善用这种不花钱的非物质激励，那么在保证激励效果不变的前提下，也能够缓解和降低员工对薪酬、福利等物质激励的刚性要求，从而降低激励成本，企业也就能有更多资源投入发展当中。

淡化福利支出

福利是指员工所能享受到的工资之外的间接收入。作为全面激励体系的一种激励方式，它在满足员工需求上发挥着作用，所以很多企业本能地认为，给员工提供越多而全的福利项目，员工的满意度会越高，工作积极性会越大。但德锐咨询基于大量的项目实践和标杆企业研究后认为，很多企业应该从沉重的福利包袱中抽身，淡化福利支出。

依照三次分配理论，员工的工资收入是员工通过提供劳动为企业创造价值而获得的报酬，属于一次分配；福利属于企业让渡自己的经营利润对员工进行的再激励，属于二次分配。德锐咨询发现，目前国内很多企业出现的员工积极性不强、满意度不高其实是一次分配出现了问题，要么工资过低，要么收入分配不合理。企业只要将一次分配问题解决好，就能很大程度上解决员工满意度不高的问题。如果企业一次分配问题没解决，指望通过福利这种二次分配来解决，基本不可能。同时，过多的福利项目会大量侵占企业利润和一次分配资源，削弱企业的可持续发展能力和收入的竞争力，而一次分配中存在的问题依然会使企业进入恶性循环。

此外，高福利项目和额度也会给企业发展带来很多弊端。首当其冲的就是企业生存经营成本上升造成企业竞争力下降；其次，福利项目设置不当也会让员工产生安逸的思想，滋长懒惰和不思进取的思想。从某种意义上讲，优厚的福利是一种"大锅饭"，会使许多人失去忧患意识，上进心减退，不劳而获思想日益严重。欧洲许多经济实力不强却推行高福利的国家目前出现的社会和经济发展危机，如高财政负担、高失业率等都证明了上述观点。

> **华为：精简的福利**
>
> 　　华为的薪酬体系相对比较简单，除了基本月薪、年终奖和股票，还有一些福利和补助。华为的福利不算太多，这是因为任正非一方面注意通过薪酬制度确保员工的工作动力，另一方面又非常警惕不让华为成为一个养老机构，不能染上"福利病"。据说有员工曾经建议公司建造华为大厦，让大家免费居住，允许员工免费在食堂吃饭，但任正非坚决反对，认为这反映了员工的太平意识，这种意识会导致公司走向没落。
>
> 　　即便并不丰富的福利，华为也主要是以货币形式支付的。例如，华为每个月会根据工作地域的不同，给员工的工卡中打一笔钱（目前大约是每个月800~1 000元），员工可以用这笔钱购买班车票、在公司食堂就餐，以及在公司小卖部购物，但不得取现。若每年年底卡中的钱高于一定数额或员工离职，可以一次性取现，但要扣20%的税。此外，华为还会对员工支付以下4类基本的补贴：国内出差补助、国内离家常住外地补助、海外出差补助和海外长住补助。

　　对国内大多数企业来说，聪明的做法是淡化福利，强化收入这种一次分配的公平性和竞争力，员工的激励满意度一定会提高。当然，淡化福利支出不是说不需要福利，企业的福利应该更加聚焦在保障员工生活的基本诉求和工作的高效开展上。

❑ 法定福利充分保障

　　法定福利是国家要求企业强制为员工提供的福利，是一种基本保障性福利，如表4-1所示。法定福利的主要目的在于降低员工在遭受工伤或失业的时候陷入贫困的风险，确保员工在退休之后维持收入水平。法定福利包括养老保险、医疗保险、失业保险、工伤保险、生育保险、住房公积金。除此以外，国家也会统一规定用以进行庆祝及度假的休息时间，如法定节假日、公休假日、婚假、产假、工伤假、探亲假、年休假、陪产假等。

表 4-1　法定福利类型

类　型	福利项目	具体形式
法定福利	社会保障	养老保险、失业保险、医疗保险、工伤保险、生育保险、住房公积金
	假期	法定节假日、公休假日、婚假、产假、工伤假、探亲假、年休假、陪产假等

法定福利是企业福利项目设置的基本要求和底线要求，也是对员工生活的基本保障，保障员工应享有的权利，解决员工生存、安全等后顾之忧。同时，由于法律的强制性，任何企业都应该遵守法律规定，因此企业在进行法定福利设计的时候要遵循以法律要求为准绳全面履行的原则。随着社保征收制度的改革，企业法定福利保障势必更加透明化和合规化，这不仅可以将企业的管理风险降到最低，也能够保障员工的基本生活，为员工创造安全感。如果企业在基本法定福利上不能给员工充分的保障，不仅员工的激励满意度不高、工作积极性无法调动，而且会将企业置于巨大的法律风险之下，严重的可能直接影响企业经营，得不偿失。

❏ 少而精的自主福利

自主福利是企业根据实际情况和员工的需求，自主建立的、在法定福利之外，向员工提供的一系列福利项目。自主福利的形式千差万别，如大部分企业提供的劳动保护类的福利，诸如体检、工作服、取暖费等；也有针对特殊/高端人才的特色福利，如购房免息贷款、车贴、住房补贴等。很多企业试图把福利打造成企业的竞争优势之一，但很多时候力不从心，结果往往适得其反。

在淡化福利的前提下，德锐咨询建议企业围绕让员工更放心地生活、更高效地工作这两大原则来设计和提供少而精的自主福利项目。

> ### "费力不讨好"的福利
>
> A公司的福利体系一直让老板引以为豪，老板自认为在福利方面从未亏待过员工。企业设置了多种全员普及性福利，主要由法定福利及各项自主性福利组成。除了基本的五险一金，公司还为全体员工增加了餐费补贴、通信补贴、交通补贴、书报费、洗理费、防暑降温费、取暖费、全员体检、商业保险、子女教育基金等。通信及交通补贴按照行政级别会有一定的差异。员工本人的商业保险由企业购买，员工家属购买享受五折优惠。其他福利项目全员享受同样的标准，福利体系可谓十分完善。然而，现实中A公司员工激励满意度却一般。A公司的薪资水平处于市场平均水平，很多福利都是现金发放，所以每位员工的月度总收入其实并不低，但员工总抱怨自己的薪资没有竞争力。当公司开始意识到问题的存在，并试图对现状进行改变时，又发现员工对福利的期望较高，改变福利标准很有可能引起员工的反对和不满。老板为此也是伤透了脑筋。

A公司在福利设计方面为什么费力不讨好？本质上是A公司对于激励的原理和本质认识不够清晰。A公司福利项目种类较多，但多为普惠性分配，缺乏明确的激励导向，不具有明显的激励作用，只能实现基本的保障激励效果。并且，福利等保障性激励因素具有刚性，即只能升不能降，降低福利会导致员工不稳定，激励满意度更低。另外，普惠性福利项目的激励效果与薪资激励的效果相比，成本高收益低，激励反射弧较长，效果不佳。所以，多而全的福利项目激励效果不一定好，并且占用企业的激励资源，成为企业前行的包袱。

Fesco（北京外企人力资源服务有限公司）福利调查结果也显示，员工对福利的满意度正在逐年降低。福利年年发，年年都一样，没有惊喜，也没有变化。企业要减少众多普惠性福利项目，不求多，贵在精。要想达到精准的激励效果，企业就必须"走心"地设计，了解员工的真实需求，使激励措施真正起到为公司创造价值的效果。

用产品思维设计福利的腾讯

互联网企业为了保持对新型人才的吸引力,在员工福利方面有诸多创新和个性化设计,其中,腾讯的福利体系是很多企业研究的对象。

腾讯公司非常关注福利的需求,通过各种内部渠道,收集意见。腾讯的员工可以在公司内部论坛发表对福利的意见,相关部门必须听取并尽力解决,每天都会在下班前回复这些意见。每位进入腾讯的员工,都会领到一副福利扑克牌,每张牌代表一种福利,王牌就是"10亿安居计划",除此外,还有家属开放日、30天全薪病假、15天半薪事假、中医问诊、各种保险、腾讯圣诞晚会、各种节日礼包、各种协会等。这些项目在腾讯内部专门的福利网站上,被归类为三大块——财富、健康和生活,分别由不同的小组负责。

2017年11月12日,腾讯官方微信公众号发布消息:从11月13日开始,早上8:00—9:30,腾讯正式、外包员工均可凭借工卡免费享用早餐,包括深圳、北京、上海和成都的腾讯大厦等地点。虽然有网友表示,腾讯之所以提供免费早餐,是因为员工工作性质所决定的,上班时间差别很大,早上提供早餐可以刺激大家早点来上班。但是在该条消息下方的评论区,我们可以看到这种做法还是得到了员工的广泛赞赏。

据说,这一福利是11月10日腾讯总办谈话时提出的,仅3天之后就开始全面执行了,这也反映了腾讯对员工需求的及时关注和快速响应。

企业不需要像腾讯这样设计这么多元化的福利项目,但要学习腾讯在福利方面的方式和态度。腾讯将"以客户体验为中心"的产品思维应用在福利体系的设计上,用心去设计,让员工体验到企业的关爱和关怀。腾讯很好地让大家看到,福利体系设计更重要的是员工体验,要直接帮助员工解决现实问题,方便员工更好地工作。

总结起来，企业在设计福利项目的时候，应该注意：

（1）**重视沟通，强化感知**。企业福利往往被低值化，其实企业每年在员工福利方面都会花费大量的资金，但很多企业忽视了对福利项目的宣传和沟通，员工不清楚企业福利或感知体验较差，导致员工对企业给到的福利不甚关心，也就起不到相应的激励作用，这使得福利的投资回报率大打折扣。因此，企业要通过多种途径和渠道，包括新员工培训、海报、品牌宣传等，提高员工对于企业福利的认知和参与度，增强员工的满意度。

（2）**忌平均主义，追求全而美**。普惠福利只会被员工当作基本保障，难以激励员工的工作积极性，而且过多的福利也会给企业带来过度的成本支出。比起多元化的福利，直击痛点的、用心的福利设计更能让员工满意。

（3）**既为员工，更为企业**。福利项目设计的最终目的是提升激励效果，更好地让员工为组织创造价值。所以福利项目要能解决员工工作障碍和瓶颈，而不是简简单单地提供一项进账。

更快速的职业发展

《管人的真理》一书中提到，有详细的研究表明，高绩效可以给员工带来更高的工作满意度。企业提供给员工最好的福利就是工作本身，包括工作内容，以及工作所带来的加薪、晋升和团队之间的信任等。当员工的满足感来源于工作本身的时候，员工会更享受工作，更能发挥自身的主观能动性，更容易被激励，从而取得更好的绩效。哈佛大学教授、美国著名心理学家麦克利兰将人的驱动力或成就需要分成3种：

（1）**成就需要**。对成功的渴望，希望做到最好的需要。

（2）**权力需要**。影响或控制他人且不受他人控制的需要。

（3）**亲和需要**。建立友好亲密的人际关系的需要。

有强烈成就需要的人，能够将事情做得更完美，提高工作效率，他们追求克服困难和解决问题之后的成就感。更快速的职业发展就是为了满足员工的成就和权利需要，让员工从成长中获取自信，从而激发员工的内在驱动力。员工的快速成长也是345薪酬的内在诉求，员工只有快速成长了，才能为企业创造更多的价值，从而保证企业更快速地发展。

❑ 让合适的人有舞台

在员工成长方面，企业一方面要为员工搭建清晰的职业发展路径，另一方面也要提供必要的培训、辅导和支持，帮助员工在职业路径上更快、更稳地发展。著名猎头公司Michael Page《2017年中国薪资与就业报告》显示，吸引并留住人才排名前三位的举措为职业发展、加薪、学习与发展。这也说明了国内人才市场的一个发展趋势：与薪资一样，较好的职业发展前景和培训机会成为吸引人才的关键因素。

职业发展路径描绘的就是员工在企业内部岗位的晋升路径，包括纵向发展和横向发展。通常来说，企业可以将内部的岗位分为专业序列和管理序列两大类，两类序列的起点都是一样的，但当员工有了一定经验后就会出现一个分水岭，员工可以选择在专业序列上发展，也可以选择走管理序列，两个通道之间在未来也可以转换。专业路径一般培养的是专才，员工一般专注在某个技术领域的积累，越往上发展，说明在该领域内专业性越强。另一个是管理通道，未来通过带领团队、管理他人来完成工作，该序列对于员工的领导能力要求越来越高。对于员工来说，纵向的晋升通道不是唯一的路径，不同的纵向通道之间可以横向发展，例如，专业通道的人可以转向管理岗位，这就是熟知的双通道或多通道的晋升（见图4-4）。员工可以根据自身能力现状和组织发展需求，选择最合适的发展路径。

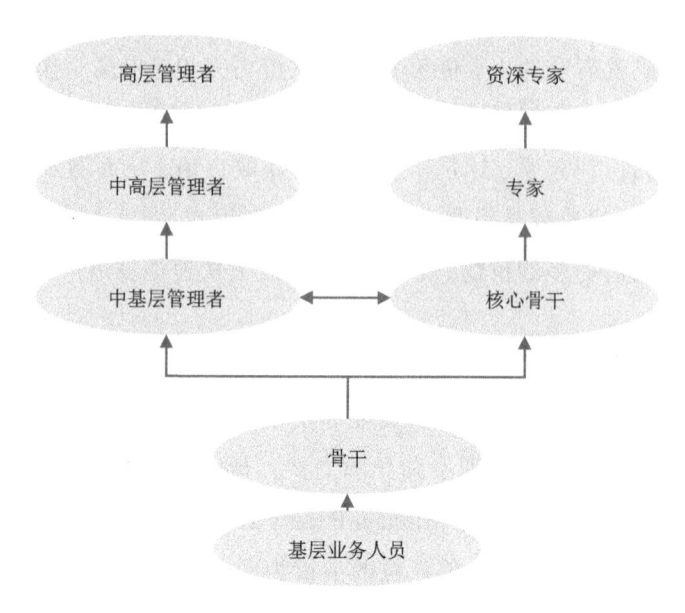

```
        高层管理者              资深专家
           ↑                      ↑
        中高层管理者              专家
           ↑                      ↑
        中基层管理者  ←→      核心骨干
              ↑              ↑
                  骨干
                   ↑
               基层业务人员
```

图4-4　职业发展双通道

　　职位等级体系的设计能够让员工知道自己未来发展和改进的方向，引导员工提升。由于企业所处的发展阶段和岗位类别不同，每个企业的职位等级体系也有所不同，企业要建立符合企业发展及员工特点的职业发展路径。对于企业来说，职业发展路径的描述只是第一步，更重要的是让员工知道每一级别的标准和要求。同时企业应该在职位晋升体系中设立科学的评估体系，对每位员工进行合理的评估，了解员工能力现状，明确差距和改进方向，并且通过培训发展体系给予员工能力提升支持。只有这些体系逐渐建立和完备，才算真正为员工搭好了一个供其发展的大舞台。

❏ 在实战中培养人才

　　为了帮助员工在职业发展路径上发展得更快，企业需要提供必要的培训与指导。提到人才培养，管理者第一个想到的就是"721学习法则"。721学习法则认为成人学习70%来自真实生活经验、工作经验、工作任务与问题解决；20%来自他人的反馈及与其他角色榜样一起工作并观察和学习该榜样；10%来自正式培训和自我学习。3种方式任何一种单独使用都不能取得培养最大化的效果，需要有机地整合在一起。

德锐咨询通过实践发现：高效的培养方式是以实践培养为主、培训为辅，遵循"理论与方法论学习—实践应用与检验—经验总结与复盘"这一逻辑过程的。员工根据理论学习内容，在岗位中边应用边总结，不断调整，形成可靠的经验与技能。在众多实践性的发展项目中，"挑战性任务"和"轮岗"是两种最常用、效果也相对最为显著的人才培养方式。

美国哈佛大学教授威廉·詹姆斯通过对员工的激励研究发现：按时计酬的职工每天一般只需发挥 20%~30%的能力就足以保住饭碗。但是，如果能够充分调动其积极性，那么他们的潜力能发挥到 80%~90%。给有强大学习能力的高潜力人才分配挑战性的任务，能够使其在压力下激活内在动力和潜力，在不断挑战新任务的过程中脱胎换骨，实现能力的突破。很多企业在培养高潜人才和领导者时都普遍采用挑战性任务，如万科的"珠峰行动"、通用电气杰克·韦尔奇创造的"爆米花摊"。

岗位轮换也是被证明能够快速提升员工能力的实践性发展方式之一。岗位轮换有利于员工了解不同岗位的工作内容，培养人才的多角度思考能力。在进行梯队人才培养时，企业必须量身定制轮岗路径，轮岗的岗位必须让培养对象充满挑战感和紧迫感。相比于其他传统的培养方式，轮岗所需的资源更多、难度更大，所以更适用于少部分重点人员的培养，并不是所有人都需要轮岗，也不是所有人都适合轮岗。为了保障轮岗的顺利实施，轮岗设计还需要遵循一些实施步骤，如轮岗实施的预评估、轮岗对象的选择、轮岗周期的选择、轮岗路径的设置等。只有精心地设计轮岗，才能提高轮岗的成功率和人才培养的速度（见表 4-2）。

表 4-2 轮岗和传统培养模式的区别

主要差别	传统培养模式	轮岗培养模式
注重的方面	投入，培训课时，培训经费，自设企业大学，主管开发课程	产出，真正培养需要的人才
资源需求	培训费用	被培养对象上级领导的关注与精力

续表

主要差别	传统培养模式	轮岗培养模式
资源分配	过度分散，普遍撒网	重点培养一部分真正有领导潜质的人才
主要负责人	人力资源部	上级领导是主要责任人，人力资源部负责监督、支持与协作
培养要求	对所有领导人才的能力及特质，制定整齐划一的要求	因人而异，根据每个领导人才的特点，如领导才能及技巧，制定不同要求
培养重点	强调课堂培训和工作经历的多样性	在工作实践中，有意识地历练自己
轮岗安排	制定标准化的职业发展路径，等职位空缺时，再安排轮岗机会	针对每个领导人才的成长需求，为其量身选择最合适的岗位，必要时调整现有的岗位，甚至设置新的岗位

❏ 授权与指导相结合

在《聚焦于人：人力资源领先战略》一书中，德锐咨询提到高效的人才培养模型包括4个部分：培养值得培养的人，培养能够培养的能力，在实战中培养人才，让有培养能力的人成为管理者。管理者是人才培养的具体实施者和第一责任人，处于核心地位，他们的培养能力直接决定了人才培养的效果。

"人"的时代对管理者的要求变得很高，现在的管理更讲究赋能与指导、尊重与授权、共创与共享，管理者必须转变命令式任务管理的思维。知识型员工和优秀的员工都有个性和主见，他们希望在工作中得到一定的授权，能够按照自己的想法开展工作。优秀的管理者会给予员工为实现远大目标而重新定义工作内容的自由；让员工自由选择，用最合适的方式开展工作；给予员工平衡短期发展与长期发展的自由。管理者们要做的就是明确目标，在过程中进行跟踪、辅导和评估。跟踪的不仅仅是工作进展，还有员工的工作方法和心理状态，尤其关注风险点的把控。管理者也必须适时地给予指导，通过一些正式和非正式的沟通，对员工的阶段性工作进行总结，帮助其快速提升能力（见图4-5）。

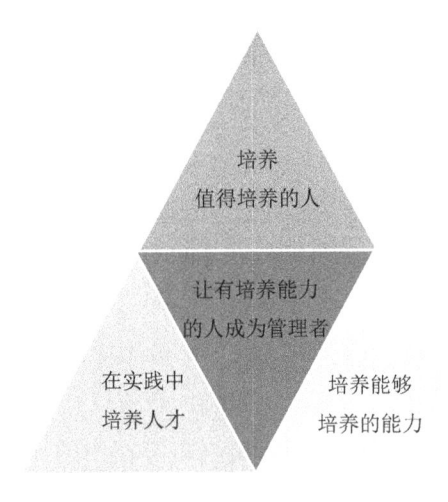

图4-5 德锐咨询高效人才培养模型

阿里巴巴的全方位职业发展体系

阿里巴巴将人视为最宝贵的财富，始终坚持"知行合一"的学习培训体系，每位阿里人的个人能力成长融为持续的组织创新实践和集体文化传承。阿里巴巴通过新老员工经验交流、高管面对面等方式，一方面传递了阿里巴巴的精神和价值观，另一方面也建立了新员工与公司历史、文化的连接，让新员工更快速地融入公司。在人才培养上，阿里巴巴建立了专业系、管理系及在线学习平台，为不同类型和需求的员工提供多元化的学习机会。例如，阿里巴巴的"技术大学"提供面向专业技术领域人才的培养体系，"罗汉堂"为一线且入职3年以上的员工提供通用能力的培养；湖畔大学为高级管理者提供成长培养。阿里巴巴的培训学习体系中浸透了阿里巴巴的业务场景和公司历史，既为员工提供了

> 能力提升的平台，也让员工增加了对阿里巴巴的了解和认可。与多元化培训体系相对应的是管理序列和技术序列的人才双轨制晋升通道，为员工提供了畅通的发展道路，增强了员工的归属感，打破了人才晋升的条条框框，通过内部竞争上岗等方式，让优秀的人才脱颖而出，真正体现"让有能力的人有舞台"的人才发展理念。

更向上的企业文化

美国知名管理行为和领导权威约翰·科特教授与其研究小组用了11年时间完成了"企业文化对企业经营业绩影响力"的研究，结果证明：凡是重视企业文化因素特征（消费者、股东、员工）的企业，其经营业绩远远胜于那些不重视文化建设的企业。同时，商业巨作《基业长青》中，作者研究了包括沃尔玛、通用电气、丰田汽车等在内的18家卓越非凡、长盛不衰的企业后发现，正向的企业文化是这些卓越企业的共性。

伦敦商学院的康戈尔教授曾说："文化非常像鱼缸里的水，尽管它在相当大的程度上是不易被人重视的，但是它的化学成分，以及其中能够支持生命的元素深深地影响着鱼缸里的生物。"这也说明了企业文化虽然不容易具象化，但是对内部员工的思想和行为有着深刻的影响。正向的企业文化不仅能帮助企业牵引员工行为，同时能提升员工的归属感和责任感。

345薪酬就是在塑造双高文化

Netflix（奈飞）是一家颇具传奇色彩的企业，它与Facebook、Amazon及谷歌并称为"美股四剑客"，是众多企业竞相效仿的对象，它独特的企业文化更是让其名声大噪。Netflix的前CHO和CEO在一份被Facebook COO桑德伯格称为"这可能是硅谷最重要的文件"——《Netflix文化：自由与责任》中阐述道："文化就是你的公司用哪些人，辞退哪些人，给谁发钱，扣谁钱。"

345薪酬体系的实施前提是"人"，它要求对合适的人进行激励，对不合适的人予以处理，塑造优胜劣汰的组织氛围，这是高严格的部分；同时345薪酬也要求对价值创造者要加大激励，资源向优秀的人倾斜，这体现的是高关怀的部分。因此345薪酬体系的实施需要企业具备高严格和高关怀的文化基础。同时345薪酬体系的实施也在不断强化和塑造高严格和高关怀的双高企业文化（见图4-6）。或者，345薪酬体系本身就是一种企业文化，一如奈飞上述对企业文化最朴素的理解。

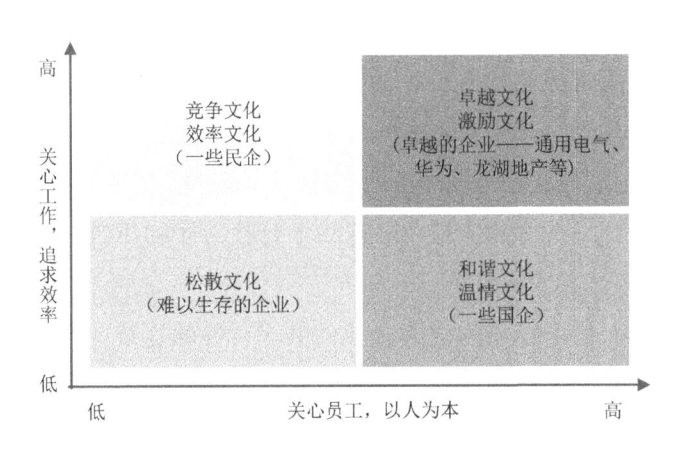

图4-6 德锐咨询双高企业文化模型

在《Netflix文化：自由与责任》的开篇中，作者就写道：奈飞在寻找一种能够帮助企业达成卓越的企业文化，最后，发现这样一种文化的特征就是"自由"和"责任"。"责任"包括对于高绩效的追求及对纪律的严格遵守；"自由"包括对员工创新的尊重和包容。这种"自由与责任"文化就是高严格和高关怀共存的一种文化形态。

在双高企业文化模型中，德锐咨询提到，高严格是指对高远目标的追求、对内部规章制度的遵守，特别是对违背价值观的零容忍，将企业打造成一个精密的组织机器，顺畅、高效、完美地运行，使整个组织变得整齐划一。在《Netflix文化：自由与责任》中，作者也对其做出了解释："纪律是保证企业正常运转的重要防线，有了纪律，全体员工才能够步伐整齐地往前走。"事实上，高严格不是制度上的硬性约束，而是旨在通过价值观、目标及规范营造一种向上的工作氛围，牵引全体员工的行为，激发其强烈的责任感和使命感，为企业持续地创造价值。奈飞认为："最好的文化氛围不在于漂亮的办公室、上好的咖啡、盛大的派队和日本料理，而是拥有一群超级棒的同事。当然我们也会提供以上提到的这些，因为这样才能吸引到这群超级棒的同事。"

高关怀的企业文化最主要体现在对合适的人的高激励，帮助合适的人快速获得职业发展，给予合适的人更多的尊重、信任、授权。这些全面的激励方式的应用将调动优秀员工的工作积极性，让他们人尽其才地发挥才能，为组织创造价值。对于优秀员工来说，关怀可能就是企业能够尊重个体的意见和声音，提供公平健康的工作氛围和环境，在做出业绩后被认可，遇到困难时能获得帮助和支持等。这些不要钱的非物质激励，企业更应该积极地给予。

双高企业文化已经成为优秀企业的共识。谷歌连续4年被《财富》杂志选为美国最适合工作的企业。很多人对谷歌的高度人性化早有耳闻：高额的工资，丰富多彩的办公环境，免费的餐食，随处散落着的健身设施、按摩椅、台球桌等有趣的东西，自由安排工作时间，甚至还允许带宠物上班等。谷歌通过各种人性化的规定充分给予员工自由、平等、尊重，让员工充分发挥他们的能动性、创造性。但许多人在称赞谷歌高人性化的同时选择性地忽略了谷歌对于人才和工作成果的高标准要求。谷歌坚持选用"最聪明的工程师"，这群员工有着非常强的成就动机和高度的自律，这也意味着高强度的工作和对高目标的执着追求。谷歌正是通过对这种双高企业文化的塑造，实现了企业与员工的双赢。想要实行345薪酬体系的企业就是要在内部塑造这种双高企业文化，唯此才能实现员工的高激励、企业的高成长。

关键发现

- 企业要想吸引和留住人才、充分激励并调动员工的积极性,除了加大薪酬激励,还必须采用更加多样化的激励方式,从而更加有效地激励员工为组织创造价值。
- 优秀标杆企业热衷于在加大薪酬激励的基础上,将激励方式的重心向全面激励体系右方倾斜,特别强调和重视员工职业发展、企业文化建设。
- 加大激励不仅要加大薪酬激励,还要加大投入那种更聪明、更经济的非物质激励。
- 中小企业如果能够善用不花钱的非物质激励,那么在保证激励效果不变的前提下,也能够缓解和降低员工对薪酬、福利等物质激励的刚性要求,从而降低激励成本。
- 很多企业应该从沉重的福利包袱中抽身,淡化福利支出。
- 企业要围绕让员工更放心地生活、更高效地工作这两大原则来设计和提供少而精的自主福利项目。
- "挑战性任务"和"轮岗"是两种最常用、效果也相对最为显著的人才培养方式。
- 345薪酬体系的实施需要企业具备高严格和高关怀的双高企业文化基础;同时,345薪酬体系的实施也在不断强化和塑造双高企业文化。
- 345薪酬体系本身就是一种企业文化。

第 5 章
管理好薪酬期望

> 过度的希望，自然而然地产生了极度的失望。
> ——博尔赫斯《巴别图书馆》

薪酬管理绝不仅仅是简单地发工资，它是集薪酬制定、执行和完善于一体的系统化管理工作。345薪酬体系激励理念的核心内涵是识别合适的人并给予强激励，以促使他们持续创造价值。如果企业仅是给予强激励而缺少后续有效的薪酬管理，那这种不加管理的给予起到的激励效果很可能大打折扣。德锐咨询经过大量的项目案例研究发现，很多企业存在"薪酬浪费"现象。所谓薪酬浪费，举例来说，就是企业支付了1 000万元的员工激励成本，但没有起到1 000万元乃至800万或900万元的激励效果，大量的激励资源在没有精益的管理下被浪费掉（我们估计至少在1/3以上），从而导致企业付出了高昂的激励成本，但员工的激励效果差，企业激励投入产出比低的双输结果。

安高的薪酬之痛

安高公司是一家千人规模的机械制造企业，在企业的发展过程中曾多次面向内部员工进行股权募资，导致企业的股权结构较为分散。由于发展需要，企业在2015年实行了MBO（管理层收购）和薪酬补偿。由于当时企业的经营状况良好，员工对本次股权收购和薪酬补偿有较高的期望。为了实现企业的平稳过渡，在评估了企业实际资产和外部薪酬水平之后，企业按照高于市场水平的价格对员工实行了股权收购和薪酬调整。安高管理层自认为此次方案员工应该相当满意，所以在没有经过前期充分沟通和说明的情况下在企业内部推行该补偿方案。在推动方案实施过程中，员工纷纷认为薪酬调整水平较低，表示自身权益未得到保障，企业侵害了他们的利益。他们自发组织了工厂罢工，甚至发生了少数几个人对公司高管进行人身控制的失控局面，后经过公安机关的介入，再次调高薪酬方案之后失控局面才得以解决。从此以后，公司薪酬被列为高度机密，不允许相互打听，同时对于薪酬管理也极为敏感，在接下来的3年中都未曾进行过薪酬的调整和变化，这也导致安高后期人员流失严重，员工士气低落，公司发展面临瓶颈。

薪酬激励的效果取决于员工对薪酬的满意度。薪酬满意度是一种心理体验，是个体对自己薪酬的感知与心理预期之间的匹配程度。学界普遍认为，员工内心期望收入和实际感知收入的差异性决定了个体薪酬的满意度和激励效果。从激励期望公式可以看出，员工感知薪酬水平越高，而心理期望越低，薪酬激励的效果或满意度就会越高（见图5-1）。因此，企业在薪酬管理中可以从以下两方面来确保和提升薪酬的激励效果。

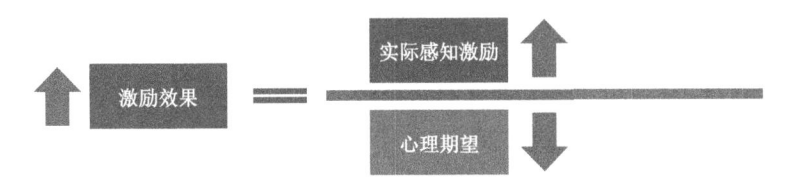

$$\text{激励效果} = \frac{\text{实际感知激励} \uparrow}{\text{心理期望} \downarrow}$$

图5-1 激励期望公式

（1）提升薪酬的实际感知。研究表明，员工对薪酬的感知一方面取决于员工的内隐知觉，另一方面取决于员工对薪酬制度的认知知觉。内隐知觉是指员工对于事物评估判断的态度，是员工在过往的成长经历中形成的对事物的判断依据。薪酬制度的认知知觉，是指员工对薪酬制度的感知度和接受度。这一方面取决于薪酬机制本身的合理性，另一方面取决于员工对于制度的了解程度。企业较难改变员工的内隐知觉，却可以通过机制的设置提升员工对薪酬制度的感知度和接受度。

（2）合理管理心理期望。心理学研究显示，员工对于自我的认知会有普遍偏高的现象（心理学上称为"乌比冈湖效应"）。同时公平理论也表明，员工会普遍认为自身的付出会高于所得。因此，无论是自我认知的偏高还是付出认知的偏高，都会让员工对薪酬的心理预期普遍偏高。俗话说"希望越大，失望越大"，心理期望越高，激励效果越差。因此企业要对员工的心理期望进行合理管理，使得其心理预期能够趋于正常、合理的水平。

被忽视的感知薪酬

研究表明，企业实际支付的薪酬并不等于员工感知到的薪酬水平，实际薪酬与员工感知薪酬之间存在巨大的偏差。从图 5-2 的调查结果看，即使企业提供了高于市场平均水平的薪酬，也只有 20% 的员工感知到自身的薪酬水平是高于市场的，高达 1/3 的员工拿着高于市场水平的薪酬却觉得自己的薪酬低于市场水平。企业明明支付了高于市场水平的薪酬，大部分员工却没有感知到企业薪酬的竞争力，这对企业来说就形成了巨大的薪酬浪费。

德锐咨询研究发现，造成员工对薪酬感知出现偏差的原因主要有两方面：一方面是薪酬机制本身的问题，如不合理的薪酬结构、支付方式、调薪方式会使得员工没有正面感知，甚至造成负面感知。另一方面是薪酬机制相关信息没有被员工准确理解，如薪酬政策透明度不够、薪酬支付水平信息不全面、薪酬信息传递不对称乃至失真，使得薪酬没有被员工以正确的渠道和方式获悉、理解和接受。

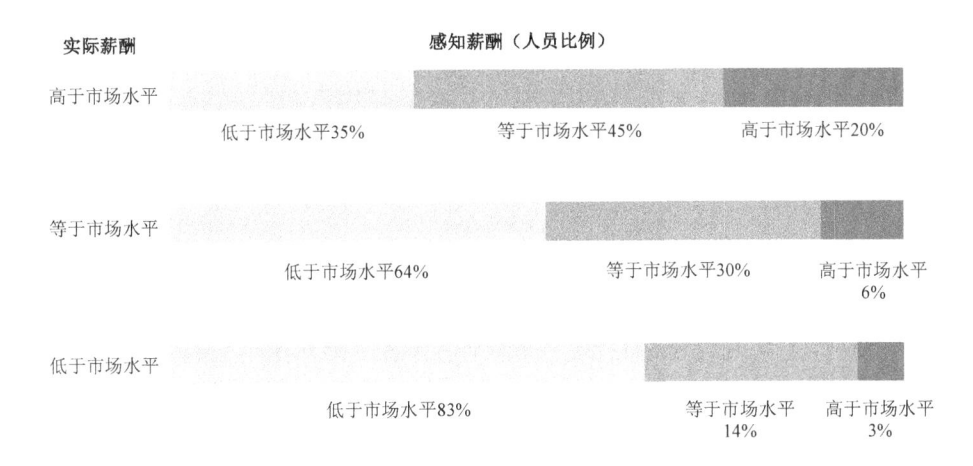

实际薪酬	感知薪酬（人员比例）
高于市场水平	低于市场水平35%　等于市场水平45%　高于市场水平20%
等于市场水平	低于市场水平64%　等于市场水平30%　高于市场水平6%
低于市场水平	低于市场水平83%　等于市场水平14%　高于市场水平3%

图 5-2　实际薪酬与感知薪酬对比（资料来源：《哈佛商业评论》）

不合理的薪酬机制

薪酬策略的选择、体系的建立、结构的设计、调薪机制等内容都在传达企业的薪酬管理理念，不同的薪酬机制给员工传递的信息是完全不一样的，所以345薪酬体系机制的设置基于对心理学和组织行为学的研究，不断促进员工为组织创造价值。翰威特多年的研究表明，员工对薪酬表征的说辞、抱怨和矛盾，分析其深层次原因都是来源于对薪酬分配机制的不满。不合理的机制将不能很好地被员工理解和接受，造成员工感知的偏差、激励效果差。

期望理论阐述了员工受到激励的逻辑："评价能够客观公正地衡量自己的实际表现，并基于该评价而获得及时的奖励，而这种奖励又是员工所期望的。这三个环节只有环环相扣，才能真正产生激励的效果。无论上述哪个环节有断裂，都难以达到激励的效果。"这说明激励发挥作用要基于"公平客观的评价"（公平性）和"符合并及时兑现的激励手段"（激励性）。大量的研究也证实，薪酬的"公平性"和"激励性"是两个影响员工行为的最重要变量（见图5-3）。

| 345 薪酬：提升人效跑赢大势 |

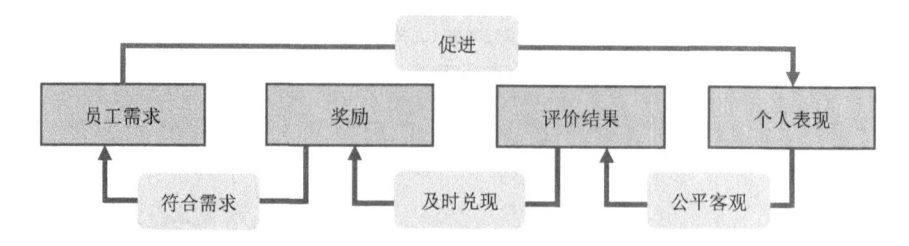

```
员工需求 ← 促进 → 个人表现
       奖励   评价结果
  符合需求  及时兑现  公平客观
```

图 5-3　激励动因分析

激励性是薪酬设计的目的，公平性是薪酬发挥作用的前提。公平理论告诉企业家，公平是一种主观感知，是一个人的主观判断，绝对意义上的公平是不存在的，但是企业可以通过机制设置，提供合理的判断标准，公平感就会出现，员工也就可以获得公平的感知效果。所以企业需要通过对薪酬机制的设置，营造激励性、公平性组织环境，提高员工对薪酬机制的接受度。在德锐咨询的项目经验中，我们发现很多企业都存在影响员工薪酬感知偏差的行为而不自知，这些行为的共同特征就是违背了"激励性"和"公平性"，这些行为常见的有以下几种。

（1）低于市场水平的薪酬。薪酬上下两端的放大效应早已言明，低水平的薪酬会造成员工感知薪酬负面放大效应，即员工感知的薪酬水平会比实际支付水平更低，自然其激励性就会更差。在《聚焦于人：人力资源领先战略》一书中，德锐咨询曾提到"低工资会造成薪酬浪费"，原因主要有两方面：一是低工资的激励效果差，员工的敬业度不高，员工工作质量差和工作效率低；二是低工资难以吸引和保留优秀的人才，优秀人才的大量流失，影响企业长期发展。

（2）不合理的薪酬结构。企业薪酬项目组成名目繁多，结构复杂，各个组成部分支付依据标准模糊、规则不一，肯定会造成员工对薪酬理解困难、感知变差。低固定高浮动的薪酬结构不但没有激励性，严重时还会影响员工对企业的归属感和安全感。

性要求,"裁人也要给核心员工涨工资",这样才能保留优秀员工支撑企业的发展。

（6）工资或奖金延迟支付。支付给员工的激励要及时兑现,很多企业各类奖金总是发一半留一半,或者隔半年再发,忽视了工资延迟支付对于员工的心理影响。可能企业采用这些做法是为了更好地留住员工,但在员工的心理感受上,这种做法更像一种"绑架"。

（7）不发工资条。员工感知薪酬最直接的方式就是工资条,从工资条上员工可以了解到薪酬结构、组成、扣减项等。根据德锐咨询以往的项目经验发现,很多时候,企业如果不发放工资条,员工多会产生一种错觉,认为自己的工资发少了,动不动就来人力资源部"兴师问罪"。因此,不发工资条这样的小事也会影响员工对薪酬的感知。

❏ 不重视政策宣贯和薪酬沟通

即使薪酬机制设置合理,但如果没有全面、透明的薪酬政策宣贯和薪酬沟通,员工的薪酬感知一样会很差。在这方面,企业经常会犯的错误主要有以下几个方面。

（1）很多企业由于对薪酬保密的错误理解,对薪酬制度根本不做宣传或是隐晦式宣传。因此,员工很难全面清晰地了解企业的薪酬结构、付薪依据、激励导向、定薪原则和调薪机制等规则信息,员工所获得的薪酬信息是模糊的、片面的甚至是歪曲的。因为企业薪酬政策透明度不够,员工对企业的薪酬感知自然会降低,也很难出现企业期望通过薪酬机制引导员工产生的行为。所以,企业要对薪酬机制进行定期的宣贯和必要的解释,以确保薪酬信息准确地传达给员工,提升员工对薪酬政策的了解程度,消除因信息不对称给员工造成的感知偏差。

（2）企业上级领导欠缺与员工进行坦诚、良好的薪酬沟通。很多企业没有通过有效的薪酬沟通机制让员工全面、真实地了解员工薪酬的真实水平、定薪原则、调薪依据等薪酬内容。以薪酬水平沟通为例,员工感知的

> **不合理的薪酬结构带来的弱感知**
>
> 华丰是一家国企背景的企业,其多年来一直沿用了集团制定的薪酬体系。由于集团原有的薪酬管理办法已经满足不了华丰的发展需要,同时集团也一直未对薪酬体系做过调整。为了激励和留住人才,华丰在集团薪酬体系的基础上,衍生出了很多福利项目。这些福利项目没有明确的执行标准,随意性较大,导致工资标准比较混乱,基本上是一个人一个标准。2018 年,华丰进行市场化改制之后,邀请德锐咨询为其设计薪酬体系。在访谈中,员工普遍反映"工资低,福利好"。但是其实这些福利多数是作为员工工资收入的一部分,以现金的形式直接支付的。德锐咨询在对其薪酬数据进行市场比对后发现,大部分员工的现金总收入(包括工资和福利)在市场上还是比较有竞争力的(50~75 分位)。但是由于薪酬结构设计不合理,使得员工的很多收入被认为是企业福利,从而使得员工感知到自身的薪酬水平是较低的。

(3)不公平/公正的评价结果。评价结果是薪酬发放的依据。过高的绩效目标、不公正的评价标准、程序和管理者,都会让员工对评价结果的准确性产生怀疑。当评价结果难以反映员工的真实表现时,激励的公平性也就大大减弱。

(4)薪酬与能力、绩效之间的关联性弱。如果员工没法确切地感知到能力、绩效与薪酬之间的联系,那就会给员工带来"做好做坏一个样、做多做少无不同"的感受。这会让能力强、绩效优的员工觉得受到了不公平的待遇,从而影响激励的效果。

(5)缺乏固定的调薪机制。在德锐咨询过往的案例中,很多企业没有固定的调薪机制,员工甚至核心人员有 2~3 年都没有进行过薪酬调整,这是严重影响薪酬激励性的行为。如果员工不能享受企业经营成果,优秀员工得不到应有的薪酬涨幅,那势必会带来人才的流失。在华为,即使在企业或部门业绩不好的情况下,核心员工的工资也是必须要提高的,这是刚薪酬很多情况下是发到银行卡上的税后工资，而企业实际支付的是税前的应发工资，实发工资和应发工资的差距就可以通过薪酬沟通来填平。此外，为了让员工更快成长，企业还提供了大量培训机会、快速的职业发展机会和平台，忽视这些广义薪酬的沟通，也弱化了员工对企业的感知薪酬水平。

德锐咨询建议，当企业薪酬水平具有外部竞争力的时候，可以及时地将这样的信息准确传达给员工，让员工对自身的薪酬有直观的感知。被称为"流媒体帝国"的奈飞公司，甚至提倡员工向外部猎头了解其自身的市场价值，然后奈飞会以更高的工资留住优秀员工。通过这种特殊的方式，奈飞让员工清楚地知道，企业给出的薪酬具有较强的竞争力，从而打消员工"这山望着那山高"的想法。

（3）上级领导薪酬沟通能力较差。与员工进行坦诚的高质量的薪酬沟通也是一种无成本提高员工敬业度的方式。Dave Smith 调查了 71 000 名雇员，研究薪酬和员工敬业度之间的关系。其研究结果表明：在影响员工情绪（包括"满意"和"离职意愿"）的指标中，其中一个最重要的是"与员工薪酬沟通的能力"。德锐咨询发现，很多企业的直线经理没有经过专业的薪酬沟通培训，导致直线领导在与员工薪酬沟通的过程中不注意方式方法，就薪酬谈薪酬，没有合理的依据和理由说服员工，也未能给员工未来发展希望，更有甚者连薪酬数据、结构等基本信息都未能沟通清楚。直线经理与员工薪酬沟通往往不欢而散，员工心存不满，这也大大降低了员工的感知薪酬水平。

被拉高的心理预期

心理学研究表明，人都有自我抬爱的现象，对自己能力的认知普遍高于他人的认知。由于这种认知偏差，在薪酬方面，人们会普遍认为自己的收入低于自己的贡献和付出。如果企业缺乏对员工正确的引导和自我认知的反馈，员工的薪酬期望就会高于其理当所得。在现实中，德锐咨询见过很多企业本意是要激励员工，但是某些不合理的做法使得企业即使支付了较高的薪酬，员工还是对薪酬不满，因为这些不合理的做法抬高了员工对于薪酬的心理预期。

❏ 缺少绩效反馈和面谈

管好员工心理预期的核心在于帮助员工实现清晰、准确的自我认知，了解自己的能力、贡献及企业的要求和期许。在人才竞争时代，期望薪酬是每个员工对自己能力和劳动付出的估值，如果自我认知不太准确，那员工对薪酬的预期肯定就会有偏差。德锐咨询发现，很多企业缺少固定的绩效反馈机制，而直线领导也没有定期地与员工交流面谈的意识。由于缺少绩效反馈和面谈，直线领导就不能帮助员工正确客观地认知自我，了解自己的能力特征、周围同事及企业对自己的评价，同时也就不能有效地帮助员工持续不断地提升能力、改善绩效，从而更快地发展。情商大师丹尼尔·戈尔曼（Daniel Goleman）认为，自我认知是情商的关键基石。有研究也表明，准确的自我认知是成功商业领袖的关键特征。所以，无论是从合理管理员工期望的角度，还是从发展员工提升绩效的角度来说，企业都应该建立定期的绩效反馈和面谈机制。

企业管理者通常不喜欢做绩效评估，其中一个最重要的原因是：当面指出员工工作的不足之处，管理者会感到很不自在，也不便于后面的管理。但管理大师斯蒂芬·罗宾斯在《管人的真理》一书中提醒企业管理者，在绩效评估方面"最好的惊奇是没有惊奇"，不要年终算总账。管理者们要在日常的管理过程中就时常反馈对员工的评价和认知，从而能够让员工清晰地了解自身的优缺点和业绩状况，不断修正自我认知。罗宾斯告诫管理者不应该回避绩效反馈，相反，应该持续进行绩效反馈，并应该就如何进行建设性的评估接受培训。

❑ 慷慨随意的承诺

随意承诺与激励效果南辕北辙

远程贸易公司老板王总为了激励员工完成年度挑战性经营目标,在公司大大小小的会议和正式、非正式的场合总是不断告诉员工,只要大家工作努力并完成经营目标,年终奖金一定不会让大家失望。有了这番铺垫,员工工作激情大幅上涨,高度投入,经过一年的努力果然实现了当年的挑战性经营目标,甚至有一定幅度上升。王总也如约根据目标完成情况兑现了超额的目标奖金。但当年终奖金发放到员工手中时,很多员工感到非常失望,纷纷表示:我们今年目标完成得这么好,年终奖金就这点,完全没有达到预期。很多员工甚至认为老板是在欺骗和压榨,不仅私下里抱怨连天、负能量满满;更有甚者一气之下离开了公司。王总也觉得非常冤枉,年终奖发的比往年有大幅增加,也不比竞争对手少,怎么员工还不满意呢?

慷慨的承诺是不计后果的一时兴起,而"随意"也意味着缺乏明确的要求和标准。案例中王总承诺奖金却没有具体的支付标准和额度,这样只会增加员工的想象空间,导致员工的预期不受控制。老板和员工之间的雇佣关系决定了老板的预期与员工的预期难以达成一致,老板认为自己已经兑现了承诺,支付了明显高于过去、高于竞争对手的年终奖,但员工感觉完全没有达到预期。老板觉得冤,给了钱还落了个坏名声,吃力不讨好;员工则更觉得委屈,付出了努力没得到应有的回报。年终奖发完了,老板和员工都不开心,落了个双输的结果,只因为老板的随意承诺。

虽然作为企业的最高管理者,可以为鼓舞士气而向员工承诺,但绝对不能口头上随意承诺,而要通过制度化的机制对承诺的实现予以保障。通过机制,企业可以明确用人标准和业绩要求,让员工清晰地了解其工作的方向和目标。同时,承诺应该是相互的行为。员工也需要跟企业签订绩效目标责任书,明确规定其绩效指标、目标值及相应的考核方式。心理学研究发现，大多数人对自己公开的承诺更有兑现的意愿和倾向。因此，企业可以采用仪式化、公开化的方式与员工签订绩效目标责任书，让员工做出公开承诺。通过机制的设置，明确激励的标准和规则并严格执行，这也是企业对员工真正的承诺。

❏ 薪酬调整靠谈判

薪酬确定和调整是一项涉及一系列管理规范的工作，包含了岗位评价、人才评价和绩效评价等内容，需要企业有较好的人力资源管理基础。德锐咨询发现，很多企业因为人力资源管理的不成熟都不具备明确规范的定薪和调薪机制。很多企业在管理上"偷懒"，为了缓解员工对薪酬不满意的现状，往往通过与员工的薪酬谈判来进行薪酬的确定和调整。

企业与员工进行薪酬谈判就会存在一个问题：谈判能力强的人调薪幅度可能高；谈判能力不强的人，则往往会比较吃亏，薪酬调整比较有限。谈判能力成为调薪的一个依据。一旦企业释放出"薪酬是可以谈的"信号，员工会认为薪酬不是干出来的，而是谈出来的。在谈判中，即使企业占了上风，看似节省了成本，但也失去了人心；如果企业处于下风，员工薪酬得到大幅调整，却失去了内部公平性。企业一味地妥协让步也只会让员工对薪酬的不合理预期节节升高，薪酬的激励效果难以为继。那些在谈判中获利的员工也不会因此感恩企业，反而会认为加薪是理所当然的，从而变本加厉。所以，不论谈判的结果好坏，薪酬谈判对企业和员工来说都会带来很多负面影响。企业要做的是建立规范的定薪和调薪机制，实行"法治"而不是"人治"。

❏ 高频率谈论薪酬

高频率谈论薪酬，意味着在企业内部，员工之间、员工与上级之间，经常性地就薪酬给付的高低问题进行公开或私下的讨论和沟通。公平性理论指出，人们总会自觉或不自觉地将自己的付出和所得与他人的付出和所得进行比较,也会将自己现在的付出和所得与自己过去的付出和所得进行比较,这种比较的结果就会形成员工对公平性的感知。由于员工心理上的优越感和自我的高认同,造成与他人的比较在多数情况下会导致员工产生不公平感。一旦员工产生不公平感,即使企业给予员工再高的薪酬,员工内心对薪酬的满意度也会下降,工作积极性也随之降低。进而,员工会产生一种不合理的预期,希望企业提升自身的收入或者降低他人的收入,否则,就会通过消极怠工或发泄不满来平衡内心的不公平感。因此,过多地谈论薪酬会引发员工的薪酬攀比,让员工产生不合理的心理预期,进而影响员工对薪酬公平性的感知。

被踏破的人力资源部门槛

山美公司是一家致力于废气处理的环保设备制造企业,杨华作为人力资源部的薪酬主管,常常被员工的询问和来访搞的莫名其妙。

"都是去年一起进来的研究生,为什么他的薪资比我的多了300元?"

"他才来一年,怎么工资就有12 000元,比我高出那么多,你们人力资源部是怎么定工资的?"到访者气势汹汹地说。

"你是听谁说的,如何得知这些信息的?这些都是不真实的信息。"杨华耐着性子回复。

"你别管是谁说的,就说有没有这个事,要是没有那你把工资表拿出来给我看看。"到访者步步紧逼。

"薪酬信息是个人的隐私,也是公司的机密,你没有权力查看他人的薪资,不服气的话你可以申诉!"杨华的严肃回应稍微起了一点作用。

到访者不服气地说:"那我去找老总。"说着,"砰"的一声关上了门,生气地走出了人力资源部。

案例中的对峙场面经常在山美公司的人力资源部上演。人本身的好奇心和好胜心会促使员工乐于打听他人的薪酬,一旦员工心理有不公平感就更倾向于在企业内部私下传播不满情绪。在信息的传播过程中，经过层层过滤和添油加醋，真相会产生扭曲，甚至背离原始信息，最后导致企业内部负能量满满。所以企业必须通过相关机制的设置来降低员工谈论薪酬的机会和频率，杜绝私下议论薪酬的行为，减少不合理的攀比行为。

保障激励的满意度

企业加强了高激励却没有起到应有的激励效果，这是薪酬管理中的巨大浪费。管理薪酬期望就是为了保障高激励实施的效果，实现员工激励满意度的提高，进而驱动员工不断地为组织创造价值。要实现激励效果的提高，根据激励期望公式，就必须提高员工的薪酬感知并合理管理员工的期望。德锐咨询实践发现，提高员工薪酬感知就是让员工拥有看得见、摸得着和数得清的薪酬体系；合理管理员工期望则是通过必要的机制设计，让员工不断清晰自我认知，并在组织中获得积极的希望。

❏ 看得见、摸得着和数得清的薪酬

杰克·韦尔奇说：我的经营理论是要让每个人都能感觉到自己的贡献，这种贡献看得见，摸得着，还能数得清。所谓"看得见"就是员工全面清晰地了解企业的薪酬构成，无论是物质激励还是非物质激励，员工都一清二楚；"摸得着"是指员工通过自身能力的提升和业绩目标的达成，确实可以拿到更高的薪酬水平，激励目标的设定不会让员工感觉可望而不可即。最后，"数得清"是指员工可以根据自己的能力水平和业绩贡献轻松地计算出自己应该获得的薪酬水平，甚至不需要别人告知。如果企业的薪酬体系设计和执行符合这个特点，那员工的感知薪酬一定会达到甚至超过企业实际支付的激励水平。要做到这点，德锐咨询建议企业可以从三处着手建设。

1. 理念清晰的薪酬体系

提高员工对薪酬的感知,其前提是整个薪酬体系的设计要先进清晰、科学合理,并基于此建立起一整套薪酬管理和运行机制。员工对薪酬的完整感知正是建立在规范的薪酬体系运作之上的。基于前文和前述章节的分析,345薪酬体系的整体设计涵盖了激励理念、薪酬模式、薪酬水平策略、结构策略、定薪调薪机制、发放保密机制等(见表5-1)。清晰规范的薪酬体系设计并经薪酬制度固化,可以从源头上最大化地提升员工的薪酬感知,同时方便企业在后续薪酬制度宣贯和薪酬沟通过程中,对员工的激励理念进行正向影响和说服。也只有经过这样规范化的设计和建章立制,才能让员工真正拥有看得见、摸得着,还能数得清的薪酬。

表5-1 薪酬体系设计要素

薪酬体系设置	345薪酬体系倡导做法
激励理念	全面激励,物质和非物质激励互相补充
薪酬模式	基于能力、业绩的宽带薪酬
薪酬水平策略	高于市场平均水平的领先型策略
薪酬结构策略	高固定低浮动的薪酬结构;简化薪酬项目和结构,明确各部分决定要素,让员工知道"劲儿往哪处使"
薪酬支付策略	向价值创造者倾斜
定薪/调薪机制	基于能力和业绩的定薪;基于人才盘点结果的调薪。固定调薪时间窗口
薪酬发放	及时兑现工资,发放工资条
薪酬保密机制	制度公开、金额保密的秘薪制

2. 公开透明的薪酬制度

心理学上有个"曝光效应",就是人们对熟悉的事物会产生偏好,通过增加事物的曝光频率来增加人们的熟悉度,可以获得广泛认可。所以建立起清晰的薪酬体系只是第一步,企业要重视薪酬制度向全体员工的公开宣贯,目的是让每个员工都能最大限度地知晓和理解企业的薪酬管理原则、薪酬结构、福利规定、定薪调薪机制、薪酬发放规定等相关条款,从而获得员工的认同。很多企业会在 OA 等内部管理系统上公示薪酬制度,并附有针对性的说明和解释,供员工随时登录系统查看。除此以外,企业还可以通过逐级召集员工进行政策讲解和答疑的方式,让员工深入了解企业的薪酬制度。企业宣贯薪酬制度的方式有很多,不管选择何种方式,一定要做到政策公开透明、导向清晰明确。

除了加强对老员工的宣贯,企业也要关注新员工对薪酬制度的理解。在很多企业的入职培训中,薪酬福利制度的培训都是非常必要的。比如,沃尔玛对新员工的薪酬制度培训贯穿其整个新员工培训周期,以期最大限度地让新员工了解企业薪酬制度、薪酬核算、薪酬调整等信息,避免后续管理过程中出现频繁的解释和说明(见表 5-2)。

表 5-2 沃尔玛"369"入职薪酬制度培训

培训时间	培训内容
入职第 1 天培训 (半天)	• 企业薪酬福利制度、考勤制度、请假制度、加班制度、夜班制度,以及迟到、早退、请假的扣薪规则,加班费、夜班费、季度奖的发放规则 • 福利介绍(五险一金缴纳和功能详细介绍)、薪酬保密规定
第 30 天培训 (60 分钟)	• 工资结构详细介绍:如何看懂工资单 • 工资、全勤奖、迟到早退请假扣薪酬的算法、加班费、五险一金个人缴纳计算、五险一金企业缴纳计算、个人所得税计算
第 60 天培训 (60 分钟)	• 人员评估的做法和个人调薪
第 90 天培训 (60 分钟)	• 如何晋升和晋升加薪、转职机会和转职调薪

3. 正式明确的薪酬沟通

一般而言,员工在定期的薪酬调整之后,企业需要安排直线经理单独与每个员工进行一次正式的薪酬沟通,一方面是将企业的薪酬制度,以及员工个人的定薪信息和调整规则准确无误地传达给员工,并与员工交流、交换意见;另一方面是与员工进行反馈面谈,提升员工自我认知,并提出未来发展目标和期许。薪酬沟通是一个比较正式、敏感的话题,为了确保面谈的顺利进行,在面谈前,管理者要进行充分的事项准备,包括:

- 预约沟通时间。预约沟通时间而不是临时安排体现了双方对于薪酬沟通的重视,同时让双方有充分的时间来准备和思考。管理者在面谈前需要提前思考本次的调薪结果是否符合员工预期,员工的绩效表现是否与调薪结果相吻合。
- 汇总绩效和历史调薪数据。管理者要从HR部门收集员工过去一年的绩效表现或人才盘点数据。通常来说,人才盘点是企业薪酬调整的依据,收集这类信息可以让结果更有说服力。如果企业有计划管理或绩效面谈的记录的话,也可以作为面谈的参考资料。同时,管理者也要关注员工加入企业后每次的薪酬调整和变化趋势。
- 解读薪酬和调薪机制。管理者要汇总企业的政策和员工薪酬信息,在沟通中向员工详细讲解员工的薪酬数据、结构、调整比例等内容,并反馈相关的原则和依据。

整个薪酬沟通要基于真实、客观的数据和行为事例,这样才能让沟通过程更加顺畅。同时,管理者在薪酬沟通中也要遵循以下四大原则(见图5-4)。

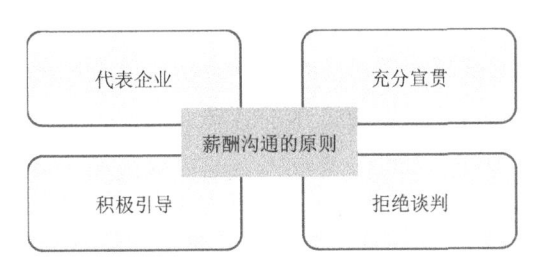

图5-4 薪酬沟通原则

- 代表企业。管理者要摆正自身的定位,要从企业和管理的角度,客观、公正地传达信息。

- 充分宣贯。管理者要将企业的薪酬理念、薪酬结构、调薪的依据和实际情况一一向员工说明，以帮助员工更好地理解调薪额度的合理性。
- 积极引导。通过沟通，管理者要让员工不要过于纠结这一次的调薪结果，要以发展的眼光看待薪酬的变化，引导员工从业绩提升、能力提升和岗位晋升等多方面获得更多的薪酬调整。
- 拒绝谈判。除非计算性的错误，否则坚决对员工个人提出的调薪想法不予接受，对薪酬谈判零容忍。

薪酬沟通案例

说法一："小王，公司调薪结果下来了，你这次加的不多，这也没办法，你也知道我们公司，一向都是成本为先，这次你加这些也是费了好大劲儿。不过话说回来，你自己几斤几两重，你也知道，调了这些，你就知足吧。什么！你觉得太少了？那这样吧，我再考虑考虑，看能不能再和公司争取争取。"

说法二："小王，公司调薪结果下来了，你知道我们公司的调薪理念是能力为先，能力强业绩高，肯定会加薪。你也参加了我们这次的人才盘点工作，调薪主要依据的是人才盘点的结果和现有的薪酬水平。你这次调薪幅度是8%，总体来说是比较合适的，你各方面表现都不错，但刚来一年多，还有很大的发展空间，目前看来，公司认为你是有潜质可以做得更好的，希望接下来继续努力。公司每年都会做人才盘点，只要能力提升、做出成绩，公司是不会亏待你的。"

请注意，薪酬沟通绝不是简单的薪酬数据的反馈和呈现，沟通过程中更多的是需要管理者帮助员工分析业绩、能力现状，明确未来提升改进的方向，并结合能力、业绩的表现沟通定薪和调薪的结果。所以很多企业的薪酬沟通是与员工的评价反馈结合在一起进行的，薪酬沟通绝不是就薪酬谈薪酬，不然管理者很可能与员工产生争执。

❑ 让员工充满积极的希望

每个员工对自己的能力、业绩现状和未来发展都有认知和期许，正是这种认知和期许形成了员工对薪酬的期望。企业管理者要做的就是通过规范的机制设计帮助员工认知自我，产生合理的期望。同时，员工又能够对未来充满希望，由更多的期望产生持续的动力，实现激励效果的持续提升。为此，除了明确激励标准、固化定薪和调薪机制，企业管理者应该至少还可以建立下述两大机制。

1. 定期的评价反馈

无论是从让员工提升自我认知管理期望，还是从发展员工提升绩效的角度出发，企业管理者都应该定期、高频地对员工进行评价反馈（也称绩效反馈）。领先的企业尤其强调评价反馈在日常管理中的地位：德勤要求经理和员工每周进行一对一沟通面谈；谷歌、Facebook 根据实际情况，进行单周或双周一对一的沟通面谈。所谓评价反馈是指在员工绩效管理过程中，部门主管与员工针对某个周期内的绩效表现及员工个人成长，结合工作目标及员工个人发展计划进行面对面的交流与讨论，从而指导个人绩效持续改进及成长的一项管理活动。评价反馈可以大致依照下述三个步骤逐步展开：

（1）阐明标准和要求。重点向员工阐明企业的评价标准，包括以素质模型为核心的能力要求，以及基于企业战略目标的个人业绩要求。管理者在与员工沟通的过程中需要双方互动，就评价标准达成共识。管理者需充分听取员工表达的意见和建议，同时表达出企业对员工的信任和认可，使员工对企业的目标和要求更加认同。

（2）讨论现状分析差距。管理者帮助员工分析当前的能力、业绩现状，在实事求是的基础上进行正向的、积极的、开放的引导，尽量避免批评、责怪、推卸责任的语言风格，帮助员工分析成绩及不足。在提供员工的成绩时，让员工知道他的表现达到或超过对他的期望，让员工知道他的表现和贡献得到了认可。在提到员工需要改进的方面时，注意用员工过去实际发生的行为和结果进行说明，陈述事实并提供改善的建议，而不是主观评价和推卸责任。帮助员工更好地意识到改进的必要性，同时提供建设性的改进建议。这样在帮助员工提升自我认知的同时，也能让其感觉到有上级和企业的支持而对改进的目标充满信心。

（3）明确目标制订计划。在未来目标和差距分析的基础上提出改进的方向，管理者与员工讨论沟通提出实现目标具体的建议并达成共识。同时，管理者可以明确在未来目标达成的前提下薪酬、职业发展等激励资源提升的额度和可能性。

通过上述定期评价和反馈循环机制的建立，员工既有了合理的期望，同时对未来充满希望，企业对员工的激励效果自然就会得到提升。

2. 薪酬保密机制

针对薪酬是否应该保密的问题，国内一直都有争议。支持的一方认为，薪酬保密可以减少员工之间不合理的攀比，有利于稳定员工情绪和员工队伍。反对的一方认为，公开薪酬可以让员工真实了解自身的绩效与机制，了解自身在企业的定位，从而知道自身的努力方向。这两个看似矛盾的观点，却有着一个共同的目的：如何更好地激励员工，让员工更努力地工作。

猎聘网2017年发布的一份《职场人对薪酬保密制与薪酬公开制的支持度调研报告》中指出，超过八成职场人表示自己所在的企业实行了薪酬保密机制。可以说，薪酬保密已经成为很多企业恪守的法则。无论文化多么"开放"的企业，但在薪资上都实施严格的"背靠背"（薪酬保密制），比如，谷歌就曾经开除过一个在公司内网上晒出自己工资单的员工。

德锐咨询也强调企业薪酬必须保密。因为薪酬不保密带来的负面风险是影响员工对薪酬公平性的感知，同时会扩大员工对薪酬不合理的预期，严重影响薪酬的激励效果。前文的很多分析早已证明，薪酬公开就会造成相互比较，因为自我认知偏差和"乌比冈湖效应"的存在，使得薪酬比较最后都会走向同一个结果——对薪酬的不满意，进而造成员工消极和低落的情绪。薪酬保密的目的并不是追求薪酬百分百的保密，而是建立起薪酬保密的企业文化，将薪酬讨论的频率和攀比的机会降到最低，减少滋生不满的土壤，使员工的视角从他人转向自身，更多地和自己比，从而更好地激励员工。从人性的角度来说，尽管薪酬保密也会带来一些流言和猜忌，但总体上来说是利大于弊。

为了做好薪酬保密，需要理解薪酬保密的八字要诀——制度公开，金额保密（见图5-5）。"制度公开"是指所有关于薪酬的制度规定向全员公开，让员工理解企业的薪酬管理原则、薪酬结构、福利规定、薪酬发放等相关条款，最大限度地让员工了解企业的规范和要求。"金额保密"就是员工个人薪酬具体金额要严格保密，只有员工本人、部门负责人和薪酬管理人员知晓，个人和知情者均不允许向非相关方公开或传递薪酬金额的具体信息，一旦违反相关规定员工就要接受惩罚。

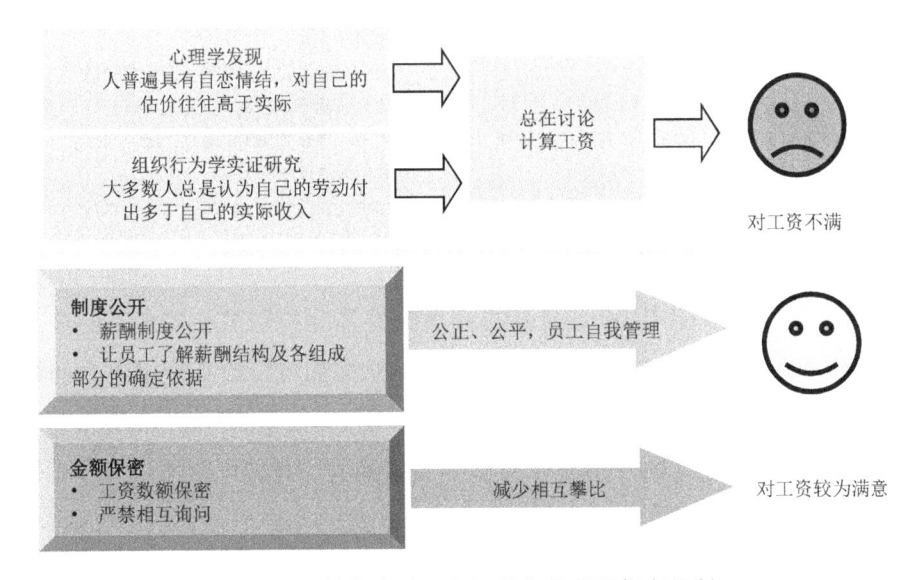

图 5-5 制度公开、金额保密的薪酬保密机制

企业要在薪酬制度中详细注明泄密惩罚条款，一般是扣罚工资奖金，如果情节恶劣、散播谣言，则可解除劳动关系，而且要追究其直接上级的连带责任（见图5-6）。当然，薪酬保密的相关要求要在薪酬管理制度、员

工手册和劳动合同中注明。此外，薪酬保密义务并非法定义务，而属于约定义务，所以企业在与员工签订劳动合同时，可单独与员工签署保密协议，并与员工进行充分沟通，在双方理解的基础上达成一致。

第七章 薪酬保密	
第十八条 权限说明 公司实行薪酬保密制度，公司员工仅在以下情况可以知晓薪级薪档和工资金额情况： 1. 公司总经理、人事部门负责人及付薪人员知晓公司所有员工的薪级和薪酬数据，部门负责人可知道部门人员的薪级和薪酬数据。 2. 员工个人只知晓自己的薪级薪档和工资金额，如有疑问，向直接上级询问，如直接上级也有疑问可向公司负责薪酬的相关人员询问。 3. 员工对薪酬数据产生异议时，可以向直接上级或人事部门负责人查询。 4. 绩效奖金系数、年终奖及每年的调薪情况均属保密范畴。	**第十九条 惩罚措施** 有以下行为者将扣除当月绩效奖金，并视情节给予处分，行为特别严重者可解除劳动合同： 1. 打听或传播其他员工薪级薪档、工资金额、绩效工资系数、年终奖金额、福利项目和福利金额。 2. 将自己的薪级薪档、工资金额、绩效工资系数、年终奖金额、福利项目、福利金额或范围透露给公司其他员工或公司以外的人员。 3. 公开讨论公司员工薪酬、制造薪酬谣言、传播不实言论、蛊惑人心者。 4. 对有上述行为员工的直接上级、间接上级给予连带处罚。

图 5-6　薪酬保密在薪酬制度中的规定示例

为了管好薪酬期望，企业要从提高薪酬感知和控制员工对薪酬的合理预期两个角度同步开展工作，任何一方面的缺失都将导致企业付出去的薪酬所获得的激励效果大打折扣，管理好薪酬期望，是确保 345 薪酬体系健康良性运转的重要基础，是企业和员工双赢的有力保障。

关键发现

- 如果企业仅是给予强激励而缺少后续有效的薪酬管理，这种不加管理的给予起到的激励效果很可能大打折扣。
- 激励的效果=感知薪酬/心理预期，企业可以通过提升实际感知薪酬和降低薪酬期望两方面来提升薪酬的激励效果。

> 实际薪酬与感知薪酬有巨大的偏差，薪酬管理如果不具备公平性和激励性两个特征的话，将严重影响员工的实际薪酬感知水平。

> 如果企业某一职位的薪酬低于市场平均水平，但企业能够明确沟通低薪的原因，也能显著降低低薪的负面影响。

> 在人才竞争时代，期望薪酬是每个员工对自己能力和劳动付出的估值。

> 提高员工薪酬感知就是让员工拥有看得见、摸得着和数得清的薪酬体系；合理管理员工期望则是通过必要的机制设计，让员工不断清晰自我认知，并在组织中获得积极的希望。

> 薪酬沟通绝不是简单的薪酬数据的反馈和呈现，沟通过程中更多的是需要管理者帮助员工分析业绩、能力现状，并明确未来提升改进的方向。

> 薪酬保密的目的并不是追求薪酬百分百的保密，而是建立起薪酬保密的企业文化，将薪酬讨论的频率和攀比的机会降到最低，减少滋生不满的土壤。

第 6 章
让组织瘦身

过去 30 年求规模、求速度的发展模式,让中国 90% 以上的企业患上了组织肥胖症。

——李祖滨

持续打造奋斗者乐园

任正非说:在互联网时代,让华为在对手和行业中脱颖而出的是因为华为非常重视内部管理。华为 CFO 孟晚舟曾在华为财务发布会上说:"华为全球业务实现稳健增长的根本原因有两点:一是'以客户为中心,以奋斗者为本,长期坚持艰苦奋斗'的核心价值观文化建设;二是不断在内部推进管理和组织变革,提高效率,激活组织。华为的长期顾问彭剑锋教授将华为不断的管理升级称为'持续创造奋斗者乐园',即华为长期致力于为奋斗者搭建激情人生与成功人生的大舞台,创造奋斗者成长和事业成功的沃土,激励奋斗者不断开发潜能,持续创造高绩效。"对任何一家企业来说,对内要激活价值创造,对外要保持持续竞争力,就要持续创造以奋斗者为本的组织环境和土壤,将懒人、庸人、不创造价值的人淘汰出局,让奋斗者和价值创造者快乐并脱颖而出,只有这样才能持续激发他们的活力,从而实现组织目标。

从让"345薪酬体系"落地实施,真正发挥效用的角度来说,经过人才盘点和全面激励措施实施后,要让"3个人"创造"5个人"的价值,企业就必须为合适的人创造充分施展才华、贡献价值的组织环境,否则,即便识别并激励了优秀人才,如果企业没有合适的舞台供其发挥和施展,3个优秀人才也不可能创造出"5个人"的价值。

优化组织环境,用马克思政治经济学的经典观点看,组织属于生产关系范畴,而每种生产关系所能容纳的生产力的空间是有一定限度的。当生产关系不能促进甚至成为生产力发展桎梏的时候,需要通过变革来改变生产关系,促进社会的发展。组织发展的核心是如何提升组织能力实现组织进化,即如何通过生产关系的调整与优化去促进生产力的发展,但凯文·凯利在《失控》中说"进化的代价就是失控",想发展就必须进化,而进化的过程又很难控制。其实对于组织环境优化,很多企业家又想做但又怕做。根据对阿里巴巴、海尔、美的、华为等标杆企业组织变革的研究发现,标杆企业在组织能力进化的每个阶段都伴随着组织架构的调整、流程的优化,同时在每个阶段,不断使其达到最优状态,这是它们组织变革的两大法宝(见图6-1和图6-2)。

图6-1 华为历年重大管理变革

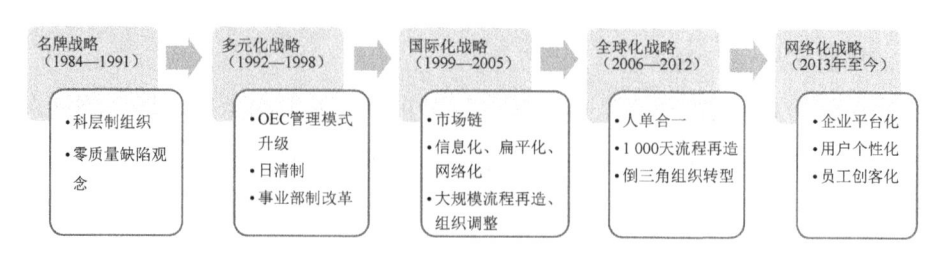

```
名牌战略          多元化战略         国际化战略         全球化战略         网络化战略
(1984—1991)      (1992—1998)      (1999—2005)      (2006—2012)      (2013年至今)

•科层制组织        •OEC管理模式      •市场链            •人单合一          •企业平台化
•零质量缺陷观      升级              •信息化、扁平化、  •1 000天流程再造   •用户个性化
 念               •日清制            网络化            •倒三角组织转型    •员工创客化
                  •事业部制改革      •大规模流程再造、
                                    组织调整
```

图 6-2　海尔的五次战略转型

❏ 组织架构的调整

金刚石和石墨虽元素相同，但由于碳元素之间的组合结构不同，导致两者的性能产生了巨大的差异。相同的人才，在不同的连接方式下，就会呈现出不同的组织能力、不一样的企业文化和不一样的组织氛围。德锐咨询发现，现在许多企业的经营问题，很多实质上源自组织架构的不合理。当前的中国正处在瞬息万变的时代发展大潮中，企业内外部环境正发生着巨变，企业的组织架构不应该固守其刚性或过去的成功路径，更应该进行匹配性的调整，否则一定会限制员工潜力的发挥和释放，进而影响企业目标的实现。管理大师德鲁克说："充分发挥人的长处是组织存在的唯一目的。"当企业经过人才盘点，选择出合适的人，剔除了不合适的人后，必然要进行组织架构的调整，从而做到因才任用，人尽其才。

❏ 管理流程的优化

管理流程建设的目的，从竞争性来讲，是使整个组织运作达到从发现机会到实现机会更短的时间；从企业宗旨来讲，就是更快速地实现为客户服务。当前组织设计的趋势越来越强调企业内部各部门间在横向协调上进行无缝隙的优化，通用电气杰克·韦尔奇力推无边界和柔性化管理，就是想完全打破组织部门之间的壁垒，实现生产、采购、营销及其他部门之间自由流通、完全透明。当通过人才盘点选出合适的人，裁减冗员，再加强对合适的人激励后，企业自然希望建立一种更紧凑、高效的横向组织，从而实现使组织流程变得更加灵活、快捷、富有柔性，更快速地实现价值创造的效果。

让组织快速瘦身

改革开放至今的40年是中国企业快速发展的40年。在改革红利大风劲吹的40年，很多企业靠关系、靠政策、靠机遇、靠点子、靠赌性发展，由于遍地机会，大部分企业的发展模式是粗放式发展，只追求横向多元化扩张，产业贪多求全，很少有企业依靠精细化管理，不断修炼内功以求精益发展，所以很多中国企业呈现出大而不强、多而不精的竞争特点。相伴而来的是，很多企业在组织上呈现机构臃肿、人员冗余、组织层级过多，内部官僚化，特别是行政管理机构不断增多，行政人员不断膨胀，但组织效率越来越低下，这就是俗称的"大企业病"。

很多中小型企业，美其名曰强化内部精细化管理，深受泰勒"科学管理"思想影响，内部专业分工过度细化，职责条块分割严重，部门设置重重，壁垒严重，部门协作、组织运作的效率也比较低下，很多企业也患上了"小企业大组织"的毛病。

这两种病症已经成为当前很多中国企业较为普遍的组织问题，造成组织内部每个人都越来越远离市场，听不到客户的声音，感知不到市场的压力，人浮于事，严重影响了企业在当前这个时代的竞争力，甚至造成生存危机。德锐咨询认为，要想在当下这个时代生存并可持续发展，很多企业都需要做一个动作，那就是"瘦身"——精简组织机构，优化流程。

美军与"基地"组织对比

2003年，斯坦利·麦克里斯特尔就任美军驻伊拉克联合特种作战司令部司令，他发现自己面临一个前所未有的战场：推翻萨达姆政权之后，美军的主要对手变成了伊拉克"基地"组织。

美军武装到牙齿，"基地"组织似乎是一群乌合之众，按常理，美军应不费吹灰之力就能灭掉"基地"组织武装分子，但现实是美军在交战前期吃尽了苦头：

单月阵亡人数一度突破1000人，完全超过了初期与伊拉克正规军作战的伤亡。原因是对手完全"不按规矩出牌"，防不胜防：

（1）战略战术无规律可循，完全根据实际需要随时调整。

（2）没有传统意义上的组织架构，头目和成员之间没有清晰界限。整个组织看起来更像一种网状结构，看似混乱无序，但是打起仗来灵活自如、进退腾挪、难以预测。

（3）组织内部通过手机、互联网通信工具联络，信息分享传播非常快，每个人都可能掌握大量信息，每个人都具有同样的威胁性。

面对糟糕的战况，麦克里斯特尔进行了深刻反思，认为问题的根本出在美军自身的组织模式上。他认为美军有如下严重问题：

（1）联合特种作战部队的组织机构已变得日益庞大臃肿，上下层级森严，汇报反馈路线太长，官僚主义盛行。比如，美国中央情报局有一次发现了"基地"分子行踪，想要调遣无人机去轰炸，但经过冗长的审批签字流程，无人机派遣到位时，基地分子早已无影无踪。

（2）内部各部门之间相互信任度不够，信息缺乏互通。相互之间争夺资源，逃避责任，部门本位主义同样明显。比如，海豹突击队从战场缴获了大量有价值的情报，但后方无人重视这些信息，只好束之高阁，很久之后才发现这些情报的重大价值，但时效已过，类似情形屡屡出现。

有鉴于此，麦克里斯特尔提出了解决问题的指导思想：向对手学习。学习包括两个层面：

（1）在意识形态方面，要向"基地"组织学习他们在信仰和思想方面的高度统一，即美军也要强化思想统一。为了让信息在组织内部充分流动，麦克里斯特尔拆除了所有办公室的物理隔断。每周两小时跨部门例会，专门用于各部门之间互通情报，协调资源，统一行动。

（2）在执行操作层面，向"基地"组织学习他们"聚则能战，散则不见"的组织模式，即把传统的管理和控制型结构变成团队嵌套型结构，一线部门可以在一定授权并充分掌握信息的基础上，及时决策。同时，加深跨部门的信任和互通互联，包括人员嵌入制度、关键联络官制度。

美军经过这样的学习与变革之后，到了2006年、2007年，在相同条件下，任务的行动速度比之前快了17倍，成功扭转了战场局势。

凯文·凯利总结了新时代的三大特征：零距离、去中心、分布式。这三大特征为这个时代的组织瘦身和组织设计提供了总体指导原则和方向。从组织发展的角度来说，随着社会需求变化越来越快，要求企业对外部市场的敏感度越来越强，对客户的响应速度越来越快，那就强调组织特别是一线业务部门贴近客户，让一线指挥组织内部的资源调度，此视为"零距离"；为了让业务部门更高效地调动资源，必须打破原先命令集中于金字塔顶端一点的科层式组织，建立各业务的多个指挥链，各业务既各自独立也相互协同式的发展，此视为"去中心、分布式"。在先进科技手段的加持下，很多企业在组织架构和流程上更有手段和条件进行"去中心化"式的变革，建立分布式自治型组织成为很多企业组织变革的目标，从而大幅提升组织运行效率。为精简组织，优化流程，对组织进行"瘦身健体"，提升内部效率，总体可按照纵向压缩、横向协同来进行。

精简组织，减少层级

传统科层式的组织架构由于层级设置过多就容易形成"隔热层"。所谓"隔热层"是指因组织层级设置问题导致各层级责权利边界不清，同时由于由上而下的命令链条过长造成信息失真，从而导致组织反应迟缓。从纵向上来说，组织精简就是通过组织结构的扁平化和对员工的信任授权来实现组织管理层级的压缩，决策点前移，从而实现整个组织的"扁平化"（见图6-3）。

图 6-3　组织扁平化

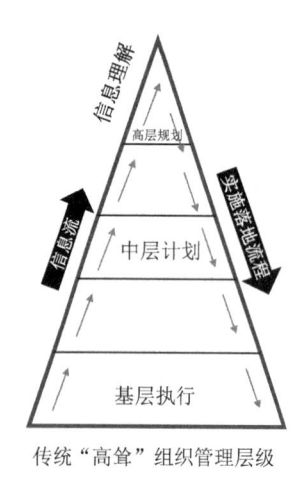

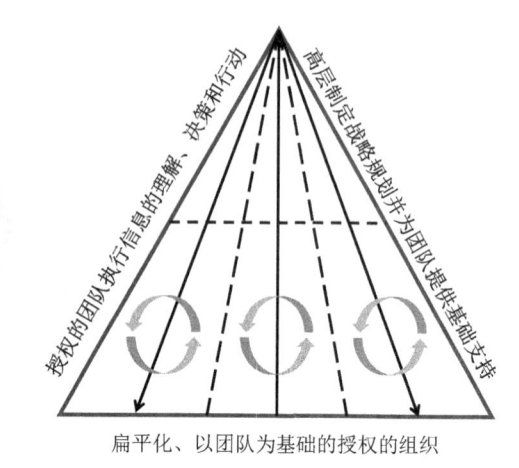

▢ 增加管理幅度，压缩管理层级

管理幅度和管理层级对于组织来说一般是相伴而生的，要提升内部运作效率，就要减少信息传递的节点，增加管理幅度、压缩管理层级，企业在这方面的变革俗称"扁平化"。德锐咨询在很多案例中发现，目前很多企业都有内部管理层级过多的问题，400~500 人的企业，从总经理到基层员工有 6~7 级，总监以上的管理者管理幅度都非常小，只有 2~3 人，这种多管理层级、窄管理幅度的架构是很多中等规模企业比较普遍的现状，严重影响了组织运行效率。

通常来说，管理幅度与管理层级呈现负相关性，管理幅度越大，管理层级就会越少。但是不同管理情境下的管理幅度不同，管理幅度受到工作任务类别和工作量等多方面因素影响，没有一个确切的标准可以测算出具体的管理幅度。通常来说，工作任务的标准化程度越高，管理的幅度越大；需要监督协调的工作越多，管理幅度越小。一般认为一个管理者正常的管理幅度是 7~13 人，如果管理人员能力越强，下属岗位复杂度差异性不大，其管理幅度可以更高。对于基层岗位管理幅度一般可以超过 20 人。在管理层级方面，对于 500 人以内的企业，德锐咨询建议管理层级不要超过 3

级，不到 1 000 人的企业，管理层级不要超过 4 级。通过增加管理幅度来压缩管理干部的数量，加强专业及业务工作的序列人数，减小非生产人员的比例（原则上低于 10%），避免组织出现官僚化。另外，组织成功实现扁平化的前提是"人"，小米的扁平化是基于其相信优秀的人本身就有很强的驱动力和自我管理的能力，因为小米早期几乎所有主要的员工都来自谷歌、微软、金山、摩托罗拉等企业。雷军每天都要花费一半以上的时间用来招人。所以，企业在进行"扁平化"变革的过程中，一定要注意淘汰不合适的人，敢于任用价值认同度高、业务能力强的人并赋予更大的管理职责和权限，达成"扁平化"的目标。

小米和京东组织的扁平化

小米科技成立于 2010 年，雷军把小米成功的秘诀总结为七个字："专注、极致、快和口碑。"在管理上小米奉行极致的扁平化，整个公司只有"创始人—部门负责人—普通员工"三层组织架构，雷军及其创始人团队直接负责相关业务部门，各业务部门只有一个没有职级的负责人。这种架构一直持续到 2016 年，小米发展到 7 000 人左右的规模。同为互联网公司的京东，在管理上同样奉行"扁平化"，其内部要求：管理人员下属管理幅度不低于 8 人，否则不设置管理者岗位；实线管理幅度超过 15 人时才能设置平级或下级部门；基层管理幅度不低于 8 人及实线下属多于 50 人时才能设置平级、下级部门和副职；管理决策，尽可能两级内解决。

需要提醒的是，组织扁平化绝对不是简单地压缩层级，要知道企业各个层级都有自身的定位和分工，不能为了实现扁平化而对层级进行"简单粗暴"式的压缩，否则很可能失败，进而影响企业正常经营。德锐咨询曾经服务过的一家客户企业，在组织扁平化调整之后，却招致了很多员工的抱怨，员工纷纷要求恢复之前的架构。后经调研才发现，调整后的架构虽然层级减少了两层，却导致了上下信息链条之间的衔接障碍，造成了信息链的断裂，企业运作混乱。

企业扁平化遵循的原则是什么？美国斯隆管理学院提出一种"安东尼结构"的管理层次结构，即企业内部的分工定位可分为战略规划层、战术计划层和运行执行层，这三个层次即可完成组织任务。战略规划层即高层，主要职责是设定目标，明确目标实现的关键路径。战术计划层即中层，主要职责是管理，包括计划、组织、领导、控制。运行执行层即基层，主要承担具体的执行和作业。德锐咨询的一家客户企业就是因为在层级压缩时造成高、中、基层员工职责和定位不清晰，最终导致内部运营效率不升反降。陈春花教授在《管理的常识》中也曾说过：高、中、基层的职责一旦错位或不清晰，就容易引起组织混乱。所以，企业在进行组织扁平化变革，压缩管理层级时，必须保证每个层级的职责和定位非常明确清晰。

❏ 集分权适度，下放管理权限

一百多年前，马克思·韦伯和亨利·法约尔的行政组织理论就已经告诉我们，效率来自分权。德锐咨询服务过很多企业，如果从管控上来看，大都采取的是高度集权的管理模式，通常是"总经理一支笔"，这种模式直接带来的是流程审批环节冗长，实际管控形同虚设，管理责任上交，总经理呕心沥血，其他管理干部压力强度不足，被动执行，造成组织效率低下。对很多企业，特别是对于集团型的企业而言，要提升内部流程效率，首要解决的是集分权结构的优化，即如何在保证可控的前提下，将决策点前移、下移，让"听得到炮声的人呼唤炮火"。充分授权也是组织扁平化变革的有效方法，组织扁平化也是一种权力下移的组织特征，减少决策在时间和空间上的延迟，企业只有在内部提供给员工更多的自由空间，才能更大限度地发挥员工的创造力与凝聚力。

企业集权容易，分权也不难，但在集权和分权之间获得平衡比较困难。乔布斯希望形成一个完整的苹果：一个战略、一种信息，因此苹果采用的是高度中央集权，很多人认为这是苹果组织上的一个缺陷。谷歌内部因为自主形成的项目过多所以看着非常混乱，存在大量"双重领导"。小米则通过向合伙人分权，以及让合伙人控制员工在"一定限度之内的无章法"，在一定程度上规避了苹果和谷歌集分权的缺点。为充分平衡、约定总部和子分公司、业务一线和后台职能之间的权责分工，很多企业都通过制定"权责分工表"或"分权手册"来达到集分权适度的状态，避免出现"一管就死，一放就乱"的情况，既保证了总部或后台重大事项的控制约束力，又充分调动和提高了子分公司或一线的积极性和灵活性。

美的集团分权实践

　　美的电器是在集分权方面做得比较好的国内标杆企业。美的在国内以敢于并善于分权著称，美的提出在非关键路径上放权管理，美的的《分权手册》备受业界推崇。美的由专门部门负责"分权手册"的动态管理。每半年相关部门都会推动企业高层将相对成熟的业务决策权下放，要求领导聚焦例外管理，并将决策经验规则化、标准化。美的高管团队都具备极强的分权管理意识，会积极地配合管理部门做好"分权手册"修订工作。由于美的采取高度分权管理模式，它的业务流程简捷、快速、高效，管理决策点低，决策点贴近业务一线，支撑了美的的快速反应与高效率，进而支撑了美的快速成长。这种良好的集分权同时激发了基层一线员工的快速成长和动力。曾有人问美的集团高管："一个大学毕业生在美的成长起来需要多久？"他的回答是半年到一年。背后的原因何在？相当一部分要归功于美的集团集分权适度，分权为员工提供的工作机会，分权为员工带来的责任与压力，分权把员工团队激活了。因此在美的内部，也有"集权有道、分权有序、授权有章、用权有度"之说。

　　所以在授权方面，总部和后台要充分给予前台和一线部门在一定范围内充分的自治权，让前线人员能够灵活、快速地处理信息，赢得竞争优势。后台部门不能以监管者自居，更多的是以赋能、服务支撑导向来配合前台部门完成价值创造，查漏补缺，为前台部门的价值实现创造良好的基础设施和制度政策环境，这才能打破前后台目标不一致、"两张皮"的情况。近两年，很多互联网企业都在构建这种"高灵活、强平台"的"敏捷型组织"，阿里巴巴就是此中的代表（见图6-4）。

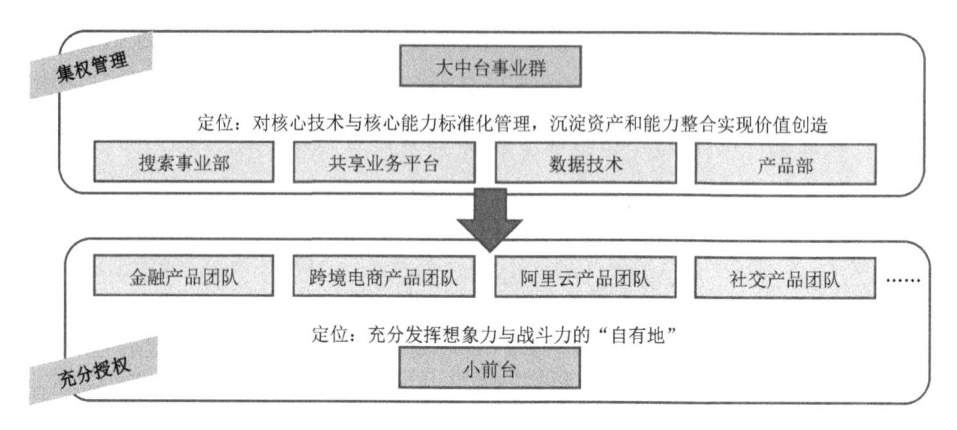

图6-4 阿里巴巴"大中台小前台"组织结构

精简流程，拆除部门墙

传统科层式的组织架构由于部门职责分工过细就容易形成"部门墙"。所谓"部门墙"是指因组织专业化分工问题导致各部门职责边界过于刚性，许多部门间的交叉职责很难定义归属，各部门间从本位考虑都选择"各人自扫门前雪"，久而久之则形成各部门之间壁垒深厚，部门之间协作困难。从横向上来说，流程精简就是通过跨部门间流程接口的简捷化和部门职责的柔性化、无边界化来实现组织各部门之间的高效配合，从而实现整个组织运作的"协同化"。

❏ 简化流程，横向高效协同

何为最优流程，用华为的语言来解释就是实现"端到端、订单到回款的最短路径"。顾名思义，在可控的前提下，如果能够实现组织流程精简并达到最优，就能更快地实现企业价值，从而提升组织效率。美的集团在重视集分权适度的同时,也高度重视跨部门之间流程接口的简化及流程处理过程的高效,以强化跨部门间的横向高效协同。

美的集团"1131"流程精简项目

美的曾在制冷家电集团推行过一个"1131"流程工作项目,关键要求如下:

(1)一个接口:集团各事业部之间,每个单项流程在每个单位只允许有一个接口,实现流程在各单位的单点接触,流程在各单位内部的流转由各单位负责处理。

(2)一个工作日签批(反馈):每个流程控制点的停留时间最多一天。

(3)三个签批控制点:每个单项流程原则上为三个签批控制点,超三个签批控制点的特殊流程倡导自主改善,尽可能地压缩签批空间,并对相关签批控制点予以删减。

(4)一个工作日反馈:对于下达的工作任务在一个工作日内响应,向相关部门反馈执行或解决的时间进度。

华为在流程优化和提效方面更是个中翘楚,让人高山仰止。华为在借鉴业界领先实践的基础上,结合企业实际情况,对流程架构整体设计与持续优化,保证了流程体系在结构上处于领先水平,从而真正实现了流程驱动组织。华为是一个典型的流程型组织,它的流程设计有以下几个重要特点。

(1)每个一级流程(主价值链流程)都按照端到端设计,都直指利益相关方价值创造需求,而不是被职能割裂成一段一段的流程碎片。

(2)在高阶流程架构设计中引入最佳模型,如IPD(集成产品研发)、ISC(集成供应链)等,从流程结构上实现了整体优化。

(3)真正做到了"横向拉通,纵向集成",让企业所有部门成为一个目标一致、主次分明的协同整体。

（4）采取全球统一流程的策略，对于近200个国家和地区原则上采用同一套流程标准，推行全球统一流程，真正做到一次设计、全地域共享。

所以无论是美的，还是华为，这些标杆企业在基于市场快速响应方面都在不断优化和完善流程，以求用最快、最高效的方式实现组织价值。企业家们在精简流程，实现高效协同时应重点关注下述两个方面的优化调整：

（1）一、二级流程实现端到端的设计，以保证所有部门整体目标和利益的一致性，并都指向客户价值和组织目标的实现，从而实现跨部门间的高效协同。

（2）跨部门、层级间流程接口尽量简化和统一，乃至实现标准化，避免决策指令和执行之间的信息缺失、失真。

组织柔性化，强化部门协作

工业时代的组织架构在一段时间内具备一定的刚性，特别是组织发展迅速或平稳期，由于组织惯性和路径依赖，这种刚性更会得到强化，表现为组织架构和部门职责设置的灵活性不够，不容易调整。但在这个时代，用陈春花教授的话说："组织的成功需要解决的是整体协调的效率，需要解决的是跨部门、跨岗位之间的横向协同以应对外部的及时响应，组织的柔性化和无边界化就成为一个不可或缺的因素。"柔性化和无边界化要求组织能够因应外部环境变化，打破固守的一些职责刚性边界，并在组织架构、岗位设置、内部权责分工、资源分配上进行灵活性的调整和充分的协作，这种柔性化和无边界组织的特点就在于结构简捷，反应迅速，组织灵活多变。

目前，国内外很多互联网企业如奇虎360在企业内部开展消灭岗位的组织运作方式，所有的工程师根据自我兴趣和工作目标按照项目组的方式灵活组成团队开始工作，直至项目成果关闭项目组解散，项目成员再自行根据自我和企业需要加入新的项目组。在这种组织内部，所有员工没有岗位之分，没有固定的职责，大家有的只是角色不同。这种组织运作形式就是高度的柔性化和无边界组织。

对很多企业来说，真正做到完全的柔性化和无边界组织很难，但这确实是努力的方向。我们建议，企业在精简流程的同时，对于横向部门之间协作关系的灵活化调整可以考虑从以下四个方面来进行：

（1）部门设置应注重和强调"整分合原则"，即在部门设置上职责可以有分工，但更应强调职责权限的整合和协同，尽可能地设置较少的部门，乃至推行"大部制"改革，从而减小一、二级主流程上权责过分的条块分割，缩短横向部门之间信息传递时间，减少"滤波"效应。

（2）部门职责和分工在设计上要保持一定的弹性和灰度，职责边界并不需要那么固化和界限分明，保持一定的开放性甚至模糊性，实现各部门之间的边界逐渐消融。从而让整个组织柔性化，松紧有度、收放自如，依赖市场和客户来拉动协同流程的灵活调整。

（3）内部大力塑造和弘扬"先公后私"的合作思想，在部门协同过程中出现部门职责交叉乃至模糊地带时，倡导各部门主动向前"跨一步"，信息充分实现无障碍传播和共享，从共同价值最大化的角度出发及时解决职责真空地带。

（4）设立并赋权横向协调机制或非正式组织，类似"项目组""大客户经理制""产品经理制"的组织，统筹协调各部门在主流程上的高效配合；或是建立协同管理系统，使制度规则流程化、显性化，让业务、知识、资源与责权有机匹配，从而提高组织的运营绩效。

通过上述流程和部门的优化调整，可以让组织流程接口简捷，流程效率变高，同时在企业价值链条上各部门间协同能力逐步增强，从而大幅提升企业的运营效率。

信息化建设，效率提升

随着各种互联网、人工智能、大数据、量子通信等技术的使用，信息技术极大地重构了整个企业的运作方式、运作流程，信息技术的发展也为企业在组织架构和流程方面的变革提供了强有力的支撑。未来的竞争是人的竞争，也是技术的竞争，企业完全可以也必须通过配备适应现代企业管理运营要求的自动化、智能化、高技术软硬件设备设施，建立包括网络、数据库和各类信息管理系统在内的信息化平台来实现组织能力的持续升级优化。通过组织的信息化建设，至少能给企业带来以下几点好处，从而也能达到组织瘦身，提高企业经营管理效率的目的。

（1）实现信息、数据等资源快速有效的流通和传递。

（2）实现对信息、数据等资源高效的共享、分析和利用。

（3）实现对业务的及时反应和更高效的处理。

德锐咨询发现，标杆企业在推动组织流程变革的同时，一定附带信息化技术的升级改造，因为唯有利用信息技术手段才能最终将组织和流程的优化调整进行落地实践，才能真正达到将变革成果"先僵化、再优化、后固化"的效果。在落实信息化、智能化改造的过程中，很多企业实现了组织升级和减员增效。比如，海尔集团通过"公司平台化、员工创客化"的组织转型前后减员7万人；美的集团自方洪波2012年执掌以来，通过"技术驱动、结构升级和品质提升"三方面转型，五年时间美的从过去的近20万人压缩至10.5万人，制造效率却每年保持15%~20%的提升，净利润翻了一番，资产负债率也从80%降到57%。所以技术升级和信息化是当今时代企业实现组织瘦身、强身健体的必走之路。

当然，信息化或技术升级不是简简单单的办公自动化。高效协同的企业信息化、科技化应该包括把企业所有管理成熟的流程制度、业务运作的各方面资源信息根植于数据库里面，根植于IT网络里面，使任何行政、业务处理都能够通过企业科技化、信息化手段来支撑，实现所有行政和业务运作基本流程都能够实时沟通、信息共享、业务审批、跨部门协调和实时处理，真正做到业务反应不受时间、地理位置和业务流程环节的限制，这可能就是真正的企业一体化，也是企业家们推动组织升级、强身健体的终极追求形式。

因人设岗，人与组织完美适配

在进行人才盘点，组织、流程精简瘦身后，一定会有人员的流动、组织岗位的重组合并、人员任用调整等动作。为充分放大人才盘点和人才激励后组织的价值创造能力，实现"345薪酬体系"的效果，企业家们还要实现人与组织或者人与岗位的适配调整，以达到人与组织要求的完美匹配，从而释放每个优秀人才的价值创造能力，最终实现当期组织目标的达成。

工业时代的组织设计理论非常强调"先定岗、后定人"的"因岗选人"逻辑，以求做到"以事定岗，以岗定人"；但当商业社会进入"人的时代"——个人价值崛起的时代，组织管理最重要的目标是释放人的潜能，激发个体的价值创造能力，尤其是对于那些稀缺、核心人才，所以组织设计时要充分考虑为其量身定制岗位，更适用"因人设岗"。典型的例子是腾讯2005年收购Foxmail后为安置传奇工程师张小龙（据说当时他不愿意去深圳），腾讯专门成立了广州研发中心，由他出任总经理，这才有了2011年"微信"的横空出世。为吸引如今的腾讯"二把手"刘炽平加入，并出于对其的信任，腾讯专设职位"首席战略投资官"，虽然当时腾讯内部也不清楚该岗位的具体职责是什么。但之后，刘炽平带领腾讯投资四处出击，互联网圈"腾讯系"逐步形成，实现再造一个腾讯。所以企业在人才盘点后，在对组织架构和流程进行调整、合并、重组时，为充分任用那些"明星"和关键员工，"因人设岗"可能是更有利于企业实现收益最大化的方法。因为"因人设岗"可以根据员工的能力和特点进行有针对性的岗位设计和调整，这不仅不会带来组织的机构臃肿、人浮于事，反而更有利于企业的集约化发展。当然，对于企业传统、成熟、稳健的业务板块可以依然沿用"因岗选人"的模式，这有助于延续企业的成功实践经验，容易进行经验的传承和复制,从而保证组织发展的持续稳健(见表6-1)。

表6-1　因岗选人和因人设岗适用特点

	因岗选人	因人设岗
外部环境	平稳	变化、不确定、复杂
组织规模/成熟度	大/成熟	小/非成熟
人的能力/关键性	弱	强
岗位层级	低	高
意义	人岗匹配	人尽其才

组织瘦身,国企迎新生

远发集团是中原地区一家大型上市国企,成立时间超过50年,一度是国内建材行业的龙头企业,1992年上市后又迎来快速发展,成为市场占有率第一的大型企业,集团经过多年的多元化发展,下辖五大产业板块,人数超过5 000人。但自2014年起,集团发展遭遇困境,业务增长停滞甚至下滑,企业产能过剩、员工没有干劲、骨干人员大量流失,连续2年亏损,面临摘牌风险。远发集团在2015年聘请德锐咨询为其辅导机构,推动并实施内部组织变革,以期助力企业扭亏为盈。

德锐咨询进驻远发集团后调研发现,远发集团的核心问题主要有两个:一是组织架构臃肿、管理层级过多,内部流程运作效率低下;二是人员冗余严重、人浮于事,普遍薪酬水平不高,内部奖惩激励机制缺失,员工工作普遍没有积极性。德锐咨询在对远发集团未来战略发展目标系统澄清的基础上,通过沟通讨论,确定从组织和人两条线,七大步骤实施组织变革。

第一步:重新设计组织架构,将层级过多的集团型架构进行扁平化变革,进行"集团变公司,公司变部门"式组织调整,实现整个公司一体化运作,提升内部决策效率,精简流程。

管理层级由原先的四层压缩为两层,组织内部推行"大部制",相关部门进行合并重组（见图 6-5）。

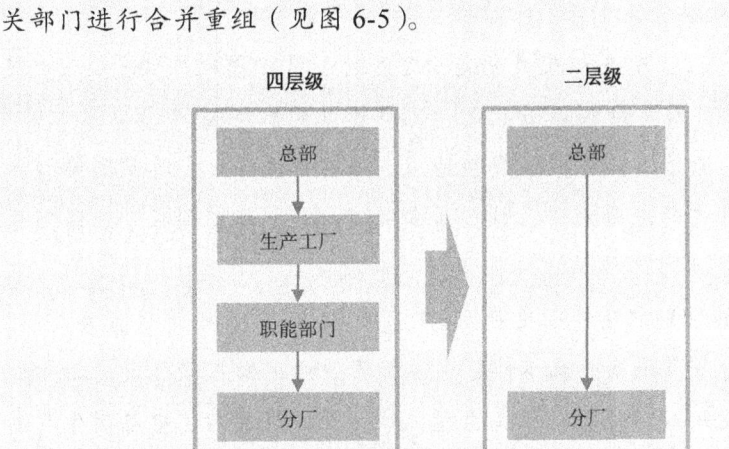

图 6-5 远发集团组织扁平化

第二步：对新的组织架构进行职责重新定位，强化原先弱化的营销、研发、技术等核心能力，并基于战略发展需要进行各部门的定岗定编。

通过组织的扁平化和流程的优化，整个远发集团5大板块一级部门数量从原来的55个减少到32个，直接关停一个业务板块，部门数减少40%。中层及以上岗位数由原来的87个减少到54个，管理岗位数减少38%。人员编制数从原来的5 000多人减少到2 700多人，编制数降低46%。

第三步：基于企业未来发展和变革需要，通过内部研讨方式构建素质模型，明确企业内部核心价值观和内部管理人员、基层员工的素质模型，清晰企业用人标准。

第四步：对企业中高层以上岗位实施"起立坐下"机制，所有中层以上岗位由上至下逐层在企业内部实施公平公正的竞聘上岗，能者上庸者下，在因岗选人和因人设岗中优化组织架构和岗位设置，以求最大化地发挥人才价值。

第五步：基于素质能力和业绩两个维度对基层员工进行人才盘点，客观评价内部员工结构，能力素质佳者重新上岗，不符合要求者坚决执行人员分流和淘汰。

经过三次人才盘点和人员分流，远发的人员规模从 5 000 多人直降至 2 700 多人，人员结构显著优化，冗员现象明显减轻。

第六步：为员工建立职业发展通道，并重新设计和完善薪酬绩效体系，加大对员工的激励水平，特别是向关键部门、核心岗位、业绩突出人才倾斜，提升内部员工的工作积极性和敬业度。

远发集团原先中层部门负责人、工厂厂长、副厂长年薪只有 8 万~12 万元，远低于地区企业平均水平，很多民营企业定向挖猎远发的核心骨干员工，造成核心岗位优秀员工大量流失。此次调整后，中层岗位年薪实现翻番，拿到 15 万~25 万元；对于特别优秀的核心人才更是大幅增长。由于之前进行了大量的人员优化和淘汰，所以节省了不少的激励资源，经过本次薪酬调整，员工整体薪酬平均涨幅超过 35%，企业薪酬竞争力显著增强，但薪酬成本并未增加。

第七步：深入推动新文化的落地生根，并通过变革文化、奋斗文化的导入激发员工的创业激情，促进企业业务发展。

经过此次组织变革，345 薪酬体系顺利地在远发集团落地，内部经营效率显著提升，企业 2016 年成功实现扭亏，业绩和利润显著增长。企业内部打破了原先"论资排辈"的用人传统，人员结构得到优化，真正有能力、有潜力的员工得到更多赏识、任用，员工工作热情提高明显。

任正非说："企业之间的竞争，说穿了是管理竞争。对于华为这样一个以人力资产为主的企业来说，规模经济性更要靠管理来实现。华为留给企业的财富只有两样：一是流程与组织支撑的管理体系；二是对人的管理和激励机制。"优秀企业对组织环境的打造和优化是个持续、长期的过程，重要的是企业家们立足长远，持之以恒地从组织和流程两个方面打造优秀的组织环境，从而为奋斗者价值创造塑造一片良好、广阔的天地。对于中国许多的企业家来说，这种组织环境的优化就从"组织瘦身"开始吧。

关键发现

- 企业必须为合适的人创造充分施展才华、贡献价值的组织环境，否则，即便识别并激励了优秀人才，他们也不可能创造出高价值。
- 组织发展的核心是如何提升组织能力实现组织进化，即如何通过生产关系的调整与优化去促进生产力的发展。
- 零距离、去中心、分布式是这个时代组织瘦身和组织设计的总体指导原则和方向。
- 组织精简就是通过组织结构的扁平化和对员工的信任授权来实现组织管理层级的压缩，决策点前移，从而实现整个组织运作的"敏捷化"。
- 企业在进行组织扁平化变革、压缩管理层级时，必须保证每个层级的职责和定位非常明确清晰。
- 流程精简就是通过跨部门间流程接口的简捷化和部门职责的柔性化、无边界化来实现组织各部门间的高效配合，从而实现整个组织运作的"协同化"。
- 当商业社会进入"人的时代"，组织管理最重要的目标是释放人的潜能，激发个体的价值创造能力，所以组织设计要充分考虑为优秀人才量身定制岗位，更适合"因人设岗"。
- 未来的竞争是人的竞争，也是技术的竞争，企业完全可以也必须通过配备适应现代企业管理运营要求的信息化平台来实现组织能力的持续升级优化。

第 7 章

保持组织持续增长

目标不仅可以提升幸福感,还能提高生产效率。

——亚当·格兰特《给予和索取》

打造三高组织

　　345 薪酬体系以其高严格选人、高人性激励的特点可以很好地促进企业的发展;同时,企业只有保持持续增长取得高绩效才能拥有持续实施 345 薪酬体系的能力;高目标的制定与实现是链接企业持续增长和 345 薪酬体系的桥梁。因此,企业在推行 345 薪酬体系时,需要实施良好的目标管理,让实现高目标成为企业惯性,让保持持续增长成为企业能力,从而助力企业实现高目标、高绩效和高激励之间的良性循环,最终成为"三高组织",这是 345 薪酬体系成功的标志(见图 7-1)。

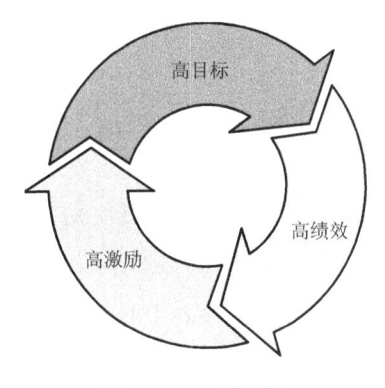

图 7-1 三高组织

高目标：立志长青的企业必有高远的目标追求和自我要求，所以在企业经营上会制定高目标，而高目标也可以引领和激励员工，它是高绩效的牵引、高激励的保障。

高绩效：为实现高目标，企业和员工都必须实现高绩效或高产出，比行业增长更快、比过去增长更快，它是对员工高激励的必要条件。为此，企业应积极实施变革，不断提升员工素质能力，通过人才盘点和绩效管理系统等识别出价值创造者，并对非价值创造者进行流动和淘汰，实现企业内部高效运作。

高激励：建立在人效增长基础上、与高绩效紧密相关的激励机制，是对员工追逐高目标和创造高绩效的强力回馈。在高目标和高绩效实现的前提下，加大价值创造者物质和非物质激励，拉开价值创造者和非价值创造者的激励差距，实现资源和政策向价值创造者倾斜，从而实现高激励。

《论语》有云："取乎其上，得乎其中；取乎其中，得乎其下；取乎其下，则无所得矣。"在"三高组织"中，如果没有高目标的战略牵引，就难以产生高绩效，也不可能有高激励，那么组织能力提升的动力就会不足，员工价值创造能力就不能被充分激发和释放，甚至会陷入惯性和惰性之中。所以，高目标的设定是组织运作的起点，高目标的实现是组织运作的长远追求，如何设定及实现高目标将对组织保持持续增长产生深远而至关重要的影响。

用愿景引领高目标

高目标设定从根源上来源于愿景。愿景一般包括企业愿景和员工个人愿景，它是企业和员工追求成功的精神指引，是一种重要的激励手段。美国知名演讲人及商务顾问加里·胡佛在其所著的《愿景：企业成功的真正原因》一书中阐述了愿景对企业的重要作用：

愿景可以团结人。 你的企业越大，企业中的员工就越可能来自多样化的背景……你要强调的是："我们是有些不同……唯一让我们来这个地方工作的原因就是我们有着相同的价值观和共同的目标。"

愿景可以激励人。 从理想的角度来说，一个企业的愿景应该是这样一种东西——人们甚至在加入这个企业之前就已经相信它了。没有什么比清晰的愿景更能吸引和留住人才……可能特别是在最大的企业中，清晰的愿景、明确的目标，可以成为不断促进和激励人的因素。

愿景是困难时期或不断变化时代的方向。 这正是短暂存活的企业和基业长青、能够经受住时间考验的企业的不同之处。人们在有这样愿景的企业里会着眼于未来，暂时忘却眼前的困难，或者至少有着克服这些困难的信心和愿望。

愿景能够建立起一个共同体。 一个强大的愿景同样可以激励你的广告代理、审计师、法律顾问甚至你的客户……可以激励与企业有关的每个人……可以把与企业有关的每个人联合起来。伟大的愿景会把知道企业的人变成企业的拥护者。

对个人而言，愿景同样是指引员工找到人生方向，持续努力奋斗并实现自我价值的重要激励工具。

> **对岸的力量**
>
> 1952年7月4日清晨，43岁的费罗伦丝·查德威克女士从加利福尼亚海岸以西约34千米的卡塔林纳岛游向海岸。
>
> 雾很大，她几乎看不到护送她的船。时间一小时一小时地过去，15小时之后，她又冷又累。在看不到希望的情况下，她坚持不住了，就叫人拉她上船。她的母亲和教练在另一艘船上。他们都告诉她离海岸很近了，叫她不要放弃。她朝加州海岸望去，除了浓雾什么也看不到……
>
> 人们拉她上船的地点，离加州海岸只有800米！后来她说，令她半途而废的不是疲劳，也不是寒冷，而是因为她在浓雾中看不到目标。
>
> 两个月之后，她成功地游过了同一个海峡。她不但是第一位游过卡塔林纳海峡的女性，而且比男子的纪录还快了大约两小时。

所以，无论是企业还是个人，都应该旗帜鲜明地描绘愿景，有了愿景，员工和企业才会为愿景的实现而奋斗。德锐咨询的研究实践也发现，未来愿景清晰的企业和个人更有机会创造持续的业绩，更有机会成长为卓越的企业和个人。没有愿景或者愿景不够清晰的企业和个人，其成功的可能性更小。很多企业家正因为有了对未来崇高的使命感，才会对产品有期望、对行业有抱负、对事业有雄心、对社会有责任感。愿景是企业和员工持续制定和实现高目标的强大精神动力。

清晰描绘企业愿景

管理大师吉姆·柯林斯提出，一个构思良好的愿景包括两个主要方面——核心理念和未来前景，它定义了不变的"我们代表什么和我们为什么存在"（核心理念），并提出需要重大改变和提高才能获得的"我们渴望成为什么，达到什么境界和创造出什么"（未来前景）。

核心理念包括核心价值观和核心使命。核心理念是对内审视之后分析和提炼出来的，而非主观地"设计"出来的。对内的审视包括对企业家意志的呈现和对组织特质的提炼，虽然在阐述核心理念时通常需要做文字上的推敲和修饰，但绝不是主观地凭空"设计"的。核心理念的作用是引导和激励，更关注对内部员工的意义，因此重要的不是"高大上"，而是"被相信"。

未来前景是对企业远景的描述，吉姆·柯林斯强调，企业对未来前景的定义应该包含一个10~30年的目标，以及对企业完成这个目标后会是怎样的生动描述。

> **胆大包天的目标**
>
> 　　胆大包天的目标可以促使大家团结，这种目标光芒四射、动人心弦，是有形且高度集中的东西，能够激发所有人的力量，只需略加解释，或者根本不需要解释，大家就能了解。
>
> 　　杰克·韦尔奇宣称，公司的第一步——在所有其他步骤之前，"是用普通而清楚的名词界定公司的目标，公司需要一个至关重要、伟大而易懂的信息"。像什么呢？通用拿出了下面的信息：在我们服务的每个市场中，我们要成为数一数二的公司，并且改革公司，拥有小企业一般的速度和活力。
>
> 　　胆大包天的目标是一种英勇壮烈的、灰色的目标，在这里理智和谨慎的心态或许会说："这样不合理。"但是追求进步的动力会说："无论如何，我们相信可以做到。"此处我们要再次指出，这些不只是目标，而是胆大包天的目标。
>
> ——摘录自《基业长青》

在咨询项目实践中，德锐咨询经常帮助企业中高层采用集体研讨会的方式厘清和描述愿景，我们称为"共启愿景"。在会上，由专业引导师主持引导管理者们真情投入"共启愿景"之旅：大家是企业的一员，企业的未来就是每个人的未来，每个人的未来也是企业的未来。引导师会重点鼓励管理者们畅想未来：如果大家努力奋斗并且一切顺利，企业最成功的样子是怎样的，要想成为那个样子的企业需要制定一个怎样的目标。引导师也会引导管理者们思考：企业目前是否有清晰的愿景，当前落在纸面、墙面上的愿景真的是企业的愿景吗？企业自己的、真实的愿景究竟是什么？经过充分且真情的研讨，引导师将散落在这些管理者脑海中的关于企业愿景的碎片呈现出来、整合起来、提炼出来，最终比较清晰地描绘出企业愿景。

至此还不够，企业愿景是企业10~30年的目标追求，其可执行性和落地性相对较差，所以在愿景讨论的过程中，管理者们还需初步构想"如何分阶段有步骤地实现企业愿景"，并将企业愿景实现的大致路径粗略地描述出来（见图7-2）。中高层管理者可以通过头脑风暴的方式逐步就实现企业愿景每阶段（一般分三阶段）的策略战术、财务目标和管理目标等形成初步共识。

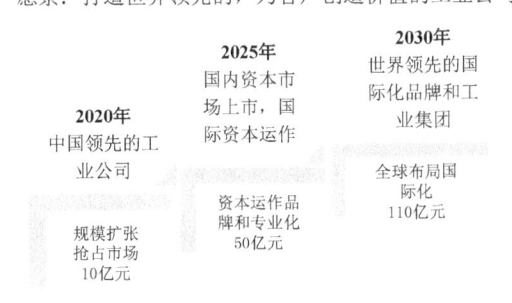

愿景：打造世界领先的，为客户创造价值的工业公司

2020年
中国领先的工业公司

规模扩张
抢占市场
10亿元

2025年
国内资本市场上市，国际资本运作

资本运作品牌和专业化
50亿元

2030年
世界领先的国际化品牌和工业集团

全球布局国际化
110亿元

图 7-2　企业愿景描述示例

当然，上述研讨会不会一次就企业愿景的所有内容在中高层领导层面完全达成一致并清晰地描绘出来，可能还需要多次讨论。即便如此，德锐咨询认为这样的讨论也极为必要和有意义，它有助于中高层管理者打开心扉、了解彼此、达成共识，并逐渐形成一个高凝聚力、有战斗力的中高层团队。现阿里巴巴的教育长曾鸣说：愿不愿意投入务虚的对未来的讨论，这件事情本身很重要。他在2003—2006年担任阿里巴巴的战略顾问期间，阿里巴巴每3~4个月就开一次战略会，而且经常是1~2天。愿景和战略就是在这种研讨会上一步步清晰化的。

企业中高层领导也可以不断地通过"愿景六问"来高效地评估企业愿景和战略目标的清晰程度，帮助管理者自我审视是否做到了真正意义上的清晰地描绘企业愿景，做到愿景激励。对于每个使用该工具的管理者来说，下述六问的答案都为"是"的时候，才算是真正做到了共启愿景（见表7-1）。

表7-1 愿景六问

序号	问题	是	否
1	我是否有清晰持续的愿景？		
2	我的愿景是否书面呈现出来了？		
3	我的愿景是否令人激动？是否能打动人？		
4	我的愿景有没有变成企业全体员工的愿景？		
5	我有没有把愿景变成阶段性的目标？		
6	我是否在持续践行愿景？		

鼓励员工制定个人愿景

除了旗帜鲜明地描绘企业愿景，德锐咨询还建议企业鼓励员工制定个人愿景。德锐咨询认为，个人愿景是一切愿景的基础，如果个人没有愿景，那他就不会有目标和创造力，团队和组织也就不可能有创造力。当员工明确了个人愿景，就可以找到未来的方向，也会被极大地激励起来，这种激励的效果是薪酬等物质激励所无法企及的。当然，德锐咨询也期望员工能够在企业愿景之下制定个人愿景，或者就将企业愿景作为个人愿景、人生目标，如果员工个人愿景能够与企业愿景契合，那么企业就得到了一位事业伙伴，而员工获得了一个实现自己愿景的平台，这是一种天然而牢靠的同盟，这是组织需要的最佳状态。

德锐咨询常会借助吉姆·柯林斯的三环理论来帮助员工厘清个人愿景。吉姆·柯林斯在《从优秀到卓越》一书中发现，卓越企业之所以能够成功就在于对下述三环交叉部分的深刻理解和践行，个人也同样如此（见图7-3）。

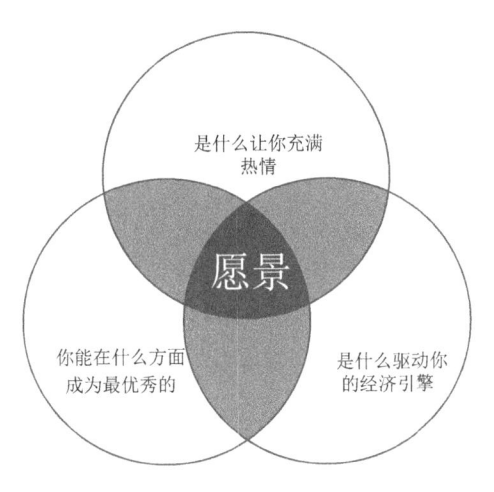

图 7-3　澄清个人愿景的三环理论

吉姆·柯林斯说:"假设你能创建一种工作方式,满足下述三个标准:

(1)你对从事的工作具有与生俱来的天赋,并且运用天赋有可能成为最好的。

(2)你从事的工作有丰厚的回报。

(3)你对从事的工作充满激情,完全乐意去干,享受工作过程本身带来的快乐。

如果你能向三环的重叠部分努力,把它转变成一个简单而明确的概念,用来指导你的人生选择,你就得到一个属于自己的基本理念。"

不过,德锐咨询也经常听到企业家有这样的担忧:如果员工的个人愿景与企业愿景不一致怎么办?我们认为这种情况有可能发生但并不严重。或许员工的个人愿景与企业愿景并不一致,但若员工留在企业并努力工作,他实现个人愿景的付出与企业实现企业愿景的需要并不矛盾,这也不影响员工敬职敬业地工作。如果员工因为个人愿景的清晰而离职,那么企业虽然失去了一名员工,但也成就了一名个体,员工必然心怀感恩,企业雇主品牌形象也会得到提升。所以,只要员工的个人愿景与企业愿景没有明显的冲突,那么企业只需珍惜与每位员工同行的这段旅程,赞赏他们对企业的贡献,而不必强求双方的愿景完全契合。这样做既是激励同行者,也能激励未来者。

高目标实现的四大保障

有了企业愿景，企业就需要一个强大的目标执行系统来实现"胆大包天"的高目标。如果企业和员工的目标不统一，或者企业的目标没有被很好地分解和执行，那么企业就难以实现高目标。只有当企业很好地实施目标管理，引导合适的人向统一的目标努力前进时，高目标的实现才能得到保障。

明星企业的发展困局

阿法精密股份有限公司（下称阿法精密）是一家处于创业期的尖端工业精密设备研发制造企业。身处国家、地方政府大力扶持的高科技行业，阿法精密采取"高举高打"的策略，经过两轮融资，累计投入资金超过 10 亿元人民币。在过去的 5 年里，阿法精密引进了大量行业内顶级的人才，其中不乏来自 GE、飞利浦、东芝等巨头的"国家千人计划""省级千人计划"人士。但是，经过 5 年的发展，公司依然难以自我"造血"，当前只能依赖投资人追加投资和政府扶持资金艰难维持。

经过深入调研，德锐咨询发现阿法精密在运营过程中的一个重要问题在于几乎没有目标管理，甚至没有明确的目标。自开发出可以推向市场的产品以来，公司只有模糊的销售额目标和设备销售台量目标，之所以称为"模糊"的目标，是因为这些目标在内部并没有达成共识，很多员工并不知道这些目标具体是多少。同时，阿法精密的绩效管理也流于形式，员工难以制定合适的个人目标，年初制定的目标基本上不能作为年度工作指引，因为公司执行的项目经常变化……

很多员工表示：自己非常想成就一番事业，否则不会加入阿法精密这样的行业新手，自己相信公司是具备颠覆行业格局的能力的，但是公司实际的表现令人难以满意：感觉公司的方向总在变，研发项目太多而且缺乏持续性；虽然自己的收入很高，但是很难说有什么成就感，对于公司的未来越来越没有信心。

美国马里兰大学的研究发现，明确的目标要比只要求人们尽力去做更能够实现高绩效，而且高绩效和高目标是紧密联系的。彼得·德鲁克认为，并不是有了工作才有目标，而是有了目标才能确定每个人的工作。要想确保员工的工作是真正地创造价值的，那就必须给予他们明确的目标。要使高目标落地，基于多年的项目实践经验，德锐咨询建议企业管理者：

- 运用战略地图和平衡计分卡清晰地描绘并分解企业战略目标及其实现路径，制定明确的指标，确保企业和部门目标的合理性。
- 借助计划管理分解行动计划，确保企业各部门、个人围绕企业目标开展工作。
- 充分利用绩效面谈和经营分析等过程管理手段保障组织高目标的持续实现。

❏ 以战略地图描述战略

战略地图是从平衡计分卡的四层面模型发展而来的，正如卡普兰和诺顿在《战略地图》一书中所述：战略地图是对组织战略要素之间因果关系的可视化表示方法，……战略地图也在战略制定和战略执行之间的鸿沟上搭起了一座桥梁。它帮助高级管理层把企业的愿景和战略转变为一套连贯的业绩指标。据了解，国内很多大企业都曾使用平衡计分卡，如华为、万科、联想、中国移动、平安等。德锐咨询的项目实践也表明，借助战略地图和平衡计分卡，每个企业都可以清晰地描绘战略目标的实现路径，同时，得益于其图形化的表达方式，战略地图和平衡计分卡还可以最大限度地促进和保障企业内部对战略理解的一致性。

有了企业的愿景作为输入，战略地图编制就有了依据，接下来就是围绕平衡计分卡的四个层面，即财务层面、客户层面、内部运营层面、学习与成长层面，对愿景进行分析定位，并对各个层面输出的战略目标进行汇总和因果关系链分析，形成了企业层面的战略地图，基于战略地图可以进一步得出企业平衡计分卡（见图7-4）。具体的实施步骤如下：

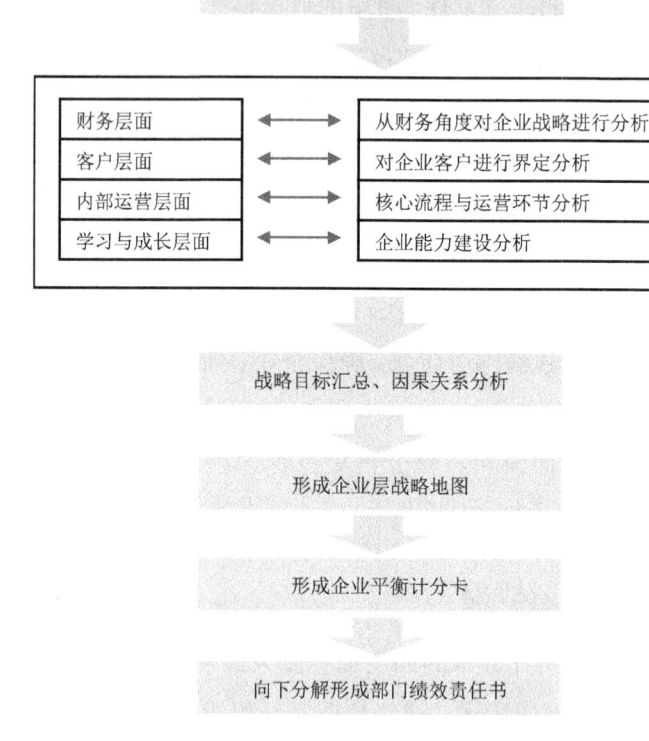

```
                    企业愿景
                       ↓
  ┌──────────────────────────────────────────┐
  │  财务层面       ↔   从财务角度对企业战略进行分析  │
  │  客户层面       ↔   对企业客户进行界定分析      │
  │  内部运营层面   ↔   核心流程与运营环节分析      │
  │  学习与成长层面 ↔   企业能力建设分析          │
  └──────────────────────────────────────────┘
                       ↓
            战略目标汇总、因果关系分析
                       ↓
              形成企业层战略地图
                       ↓
              形成企业平衡计分卡
                       ↓
           向下分解形成部门绩效责任书
```

图 7-4　企业战略地图和平衡计分卡编制整体流程

步骤一：编制财务层面目标。财务层面重点关注"什么对企业是最重要的"，任何组织的战略都是追求整体的投资回报，财务层面是组织首要和最终回应的战略层面。在这里，企业可以从两大逻辑开展：其一是增长逻辑，主要关注长期财务获利能力，一般可以从两方面去分析制定，一是新市场、新产品和新客户开创新的营收来源；二是提升现有客户价值，提高现有客户的获利率；其二是效率逻辑，关注短期财务成果实现，包括降低运作成本，提高资产的利用效率。

步骤二：编制客户层面目标。客户层面主要关注"什么对客户是最重要的"，考虑的方向是企业以什么样的方式为目标市场、目标客户创造价值或传递价值，提供怎样的产品和服务，如何提升企业的公众形象等。

步骤三：编制内部运营层面目标。内部运营层面重点关注"企业价值链上最能推进财务层面和客户层面目标实现的环节"，如产品的创新、精益的运营、快捷高效的服务等。

步骤四：编制学习与成长层面目标。学习与成长层面重点关注"如何建立关键的人才储备、人员能力、信息技术、激励体系方面的优势"，如信息化资源开发、企业文化建设、推进员工能力专项提升等。

步骤五：综合以上4个层面的战略目标，明确各个目标之间的因果关系，最终形成企业完整的战略地图。示例如图7-5所示。

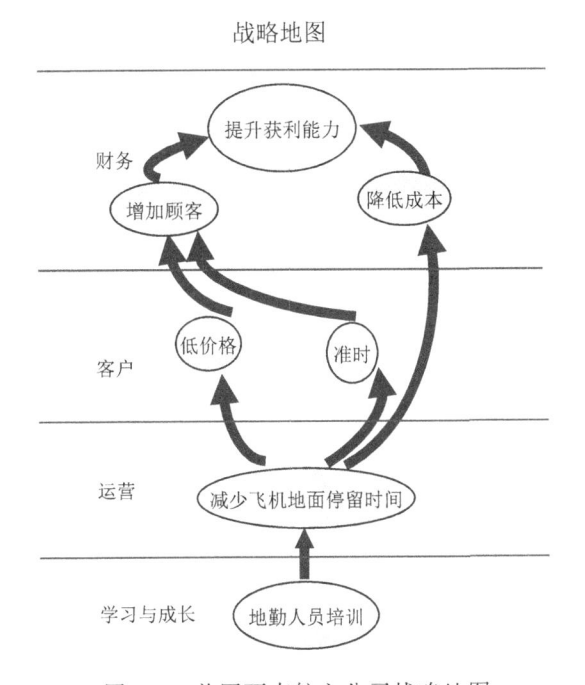

图7-5 美国西南航空公司战略地图

步骤六：选择关键指标。接下来就是依据战略地图中的各个战略主题确定关键指标，流程和方法可参照表 7-2 开展。示例如图 7-6 所示。

表 7-2　关键指标的筛选方法

步　骤	方　　法
一、列举指标	采用头脑风暴，尽可能地列出衡量战略主题的指标
二、筛选指标	按以下维度进行筛选： ● 重要性：是否能够有效地衡量战略目标，是否能驱动所期望的行为 ● 衡量性：是否具备数据基础，结果是否可测量，测量的成本如何 ● 管控性：便于管控，对被考核者公平、合理 ● 聚焦性：各战略主题争取只设一个关键性指标，如果不止一个，则选择最能传达其意义的指标
三、确定指标	聚焦指标，建立与战略地图最匹配的指标体系

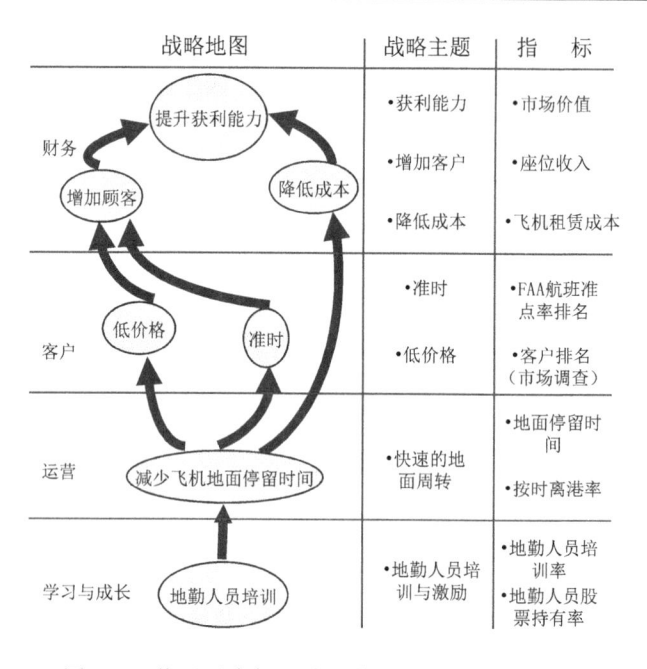

战略地图	战略主题	指　标
财务：提升获利能力、增加顾客、降低成本	● 获利能力 ● 增加客户 ● 降低成本	● 市场价值 ● 座位收入 ● 飞机租赁成本
客户：低价格、准时	● 准时 ● 低价格	● FAA航班准点率排名 ● 客户排名（市场调查）
运营：减少飞机地面停留时间	● 快速的地面周转	● 地面停留时间 ● 按时离港率
学习与成长：地勤人员培训	● 地勤人员培训与激励	● 地勤人员培训率 ● 地勤人员股票持有率

图 7-6　美国西南航空公司战略地图与平衡计分卡

步骤七：定义指标。为各战略主题设置好指标之后，就是对目标值进行定义，定义的内容包括目标值、计分规则、评价周期、权重、责任部门、数据来源等，并依据此形成各职能单元绩效责任书（见表7-3）。

表7-3　职能单元绩效责任书样例

指标维度	战略主题	关键指标	计算公式	计分规则	目标值	权　重	考核周期	数据来源
财务								
客户								
内部运营								
学习与成长								

在实践过程中，企业基于战略地图分解出来的指标可能有三四十个，但同时同等程度地关注并跟踪这三四十个指标既不可行也没有必要。因此，德锐咨询通常建议企业将这些指标作为企业的指标库，分别在企业层面和部门层面选取5~8个最为关键的指标作为各自重点关注的核心指标。需要强调的是，被选取的指标必须是能够支持企业战略目标实现的最关键的指标，而不是一些十分容易完成的指标。在操作的时候，企业可以首先确定公司级的核心指标，然后各部门围绕这些公司级的核心指标选取或者增设能够支撑这些指标实现的关键指标作为部门级的核心指标。

企业家经常遇到的问题是难以很完善地确定企业的经营指标，总是怕指标设置不合理或不周全而导致企业的经营顾此失彼，进而影响企业的长远发展。用战略地图与平衡计分卡拟定企业的关键指标，能够很好地紧扣战略、平衡长短期目标。同时，这些关键指标通常能够对应到一个或者几个部门，这样既能明确部门的关键目标，又能清晰地呈现部门工作对于企业战略目标实现的价值。

以关键指标制订行动计划

制订行动计划是高目标落地的重要环节。因为指标本身并不能使目标落地,只有具体的行动才能够让指标实现,进而让目标达成。良好的行动计划既能明确达成目标需要采取的行动,又能确保员工的工作围绕部门目标来开展,确保团队形成合力,保障目标高效达成。同时,良好的行动计划是指引员工进行高价值创造活动的重要保障。因为真正能够被纳入行动计划的事项一定是团队成员为了达成目标能够完成的最有价值的任务,是每位员工最应该关注的点。确定这些最有价值的任务的过程,也是为员工提供指引和明确资源支持的过程。

在咨询实践中,德锐咨询一贯建议企业重视行动计划的制订。企业各部门首先制订部门级的行动计划,然后指导员工基于部门行动计划制订个人的工作计划。样例如表7-4所示。

表7-4 行动计划表样例

关键指标	工作事项	完成时间	直接责任人	成 果	备 注
完成5个产品生产线优化,效率提升13%	轨道生产线优化	2019.03.07	张一	效率提升15%	
	平台生产优化	2019.04.30	李南	效率提升20%	

一个完整的计划管理要素包括关键指标、工作事项、完成时间、直接责任人、成果等。工作事项必须与关键指标对应,形成因果关系,否则就无法支撑关键指标的完成情况,进而确保各单元的工作开展是围绕企业目标的。所以,行动计划制订的核心在于支撑关键指标达成的工作事项的确定,其来源主要包括部门绩效管理指标的分解;部门岗位职责内容;临时性的上级领导安排的工作。在实际开展中,可以采取工作分解结构(Work

Breakdown Structure，WBS）来对关键指标进行层层分解，以确定工作事项。因为 WBS 可以把目标分解成较小的工作和交付成果，更易于管理的组成部分的过程。在利用 WBS 分解目标时，要遵循以下主要原则（见图 7-7）：

（1）要遵循 MECE 原则，即相互独立、完全穷尽（Mutually Exclusive Colleetively Exhaustive）。

（2）一个 WBS 项只有一个责任人，其他人只是参与者。

（3）可视化原则，可以分层看到每项细化的工作。

（4）能够符合项目目标管理的要求，能方便地应用工期、质量、成本、合同、信息等手段。

（5）不要太多层次，以 4~6 层为宜，不超过 10 层。

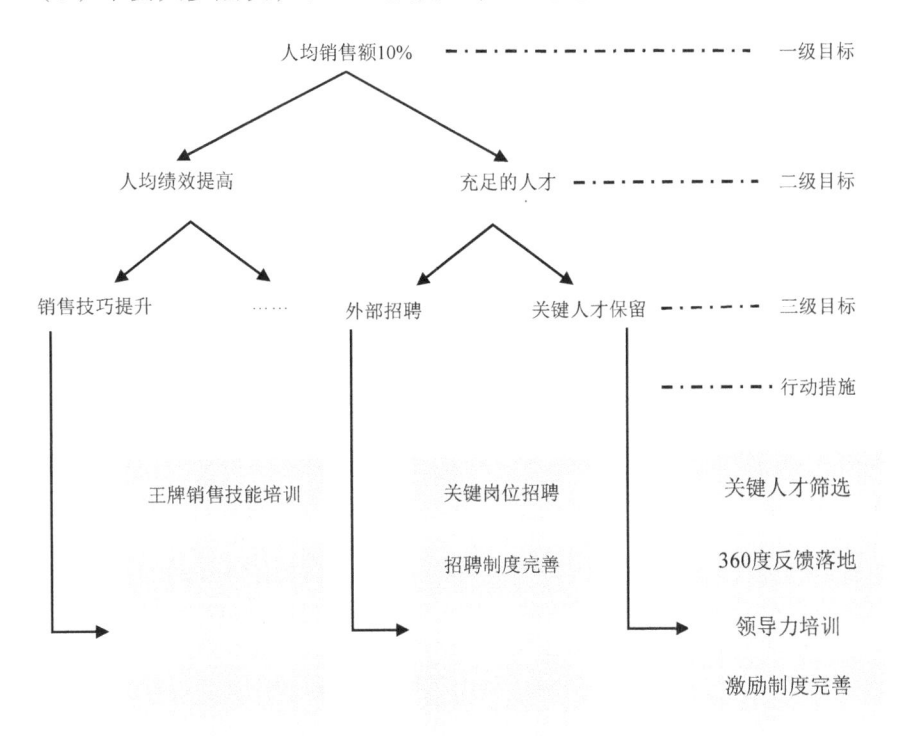

图 7-7 人力资源部针对人均销售额提升指标的 WBS 分解样例

❏ 以经营分析回顾战略执行

制订完行动计划,企业管理者接下来要做的就是建立跟踪与反馈机制,确保目标被时刻关注和坚决执行,及时纠正执行过程中的偏差,给予必要的资源支持。一个最关键的机制是经营分析机制。

经营分析会首先是一个总结提升会。它是企业监控战略目标执行情况的重要机制,是企业战略执行的监控和决策平台,是企业 PDCA 循环的指挥窗。经营分析会使得企业能够及时识别战略目标执行过程中的风险,并做出决策避免其发生。同时经营分析会也是企业的一次微型的内外部扫描,便于企业及时调整内部资源应对外部持续变化的环境。可以说,月度经营分析会议的水平,往往决定了企业战略目标执行的水平。

经营分析会也是一个统一思想的会。在会上各方充分论证每项行动计划对企业目标的支撑性,充分分析各项指标未完成的深度原因,充分论证每项资源分配的合理性,这一切都有利于统一各方思想,使得各职能在开展过程中能够方向一致,形成隐形的承诺,降低沟通成本。

德锐咨询建议企业以月度来开展此项会议,在召开经营分析会方面,有以下几个注意点。

(1)会前做好充足的分析总结准备。经营分析会的参会人员一般是部门负责人及以上所有管理人员。可以说,在召开经营分析会之前如果各汇报人能做好会前准备,会议就成功了一半。各汇报人要针对本周期内的绩效责任书执行情况进行充分总结分析,通过对比各项指标的实际值与目标值,锁定未达成指标,找到短板,并形成正式的当期经营分析报告,从而有利于后期有针对性地调配管理资源、制定管理措施、解决管理问题。对于许多管理者来说,刚开始做时可能重点不突出、逻辑思维不清晰、管理措施模糊,但仍然需要反复训练、认真对待。

(2)会中深入透彻分析。在经营分析会上,各汇报人按事先准备的内容结构和议程依次进行展示,一方面是为了总结过去,更重要的一方面是为了发现问题、分析问题、改善问题,这部分内容至少占汇报内容的70%。

无论上个周期的经营管理成果如何，它已经无法改变，关键是要搞清楚下个周期、未来该怎么做。要做到这一点，就必须在总结上个周期工作经验的同时，深挖工作中存在的问题，找到问题的核心原因，制定有效的管理措施。在这里，"找到问题的核心原因"就成为关键，因为问题的核心原因找到了，基本上管理措施就有了。经营分析会会议议程如表7-5所示。

表7-5 经营分析会会议议程

一、各分管领导当期经营分析
汇报内容：
1. 当期绩效情况
2. 不足项目原因分析
3. 改进及提升措施，以及下周起重要行动部署计划
二、各部门负责人进行当期经营分析
汇报内容：
1. 当期绩效情况
2. 不足项目原因分析
3. 改进及提升措施，以及下周起重要行动部署计划
三、总经理总结发言

在过往的实践中，德锐咨询要求在经营分析会上每位汇报人一定要到台上做正式汇报，每位汇报人都将接受与会所有成员的挑战，鞭策改进。在会议过程中，我们倡导发挥"头脑风暴"的方式，鼓励所有参会者对企业及各部门的问题、原因分析、改善措施，提出挑战和合理化建议，当然参会的领导要对各条建议进行客观公正的点评，指导改善并形成最终决议。

（3）会后持续跟踪。会议现场需要安排专职人员进行会议记录，在会议结束后，所有的会议决定、改善措施、改善课题一定要按会议精神推进、检查，真正贯彻"会而有议、议而有决、决而有行、行而有果"，直到经营管理目标实现，然后重新制定新的目标，循环管理。

以绩效面谈为员工赋能

通过目标的层层分解及行动计划的制订，基本可以保证员工的工作是围绕企业的目标来开展的。但为了使高目标的达成具备持续性，企业还需要不断地给员工赋能：一方面，直接上级乃至企业层面要给予员工必要的指导和支持，以帮助员工更好地完成工作。另一方面，企业通过绩效面谈，也可以帮助员工更快速地成长。

（1）提供必要的帮助和支持。在目标明确的前提下，员工的表现还受到企业能够给予的支持的影响。为了使员工很好地完成工作、达成目标，企业应该尽可能地为员工提供其需要的帮助和支持。

企业需帮助员工保持正确的前进方向。在咨询实践中，我们通常将这个责任赋予员工的直接上级，因为直接上级是给员工分配任务的第一责任人。直接上级基于其领导的团队应该承担的目标或任务向团队成员分配工作，他有责任跟踪下属的工作并及时纠偏；同时，当组织目标发生变化时，他也有责任将这种变化传达给员工，帮助员工将工作调整到新目标上。为了达到此目的，直接上级需要与下属进行高频率的绩效面谈沟通（具体绩效面谈的方法参照《聚焦于人：人力资源领先战略》），通过不断交流，确保员工走在正确的方向上。

企业需要给予员工资源支持。员工需要的资源支持包括人、财、物、关系、资质等开展工作所需的直接资源。企业经营过程中的预算管理本质上是一种直接资源的分配与支持，如果缺乏必要的直接资源的支持，那么员工将难以很好地完成工作，高目标也只能是空谈。

（2）帮助员工成长。企业需要能力强的员工去实现高目标，而员工需要不断地提升能力以获得更高的收入。因此，给予员工工作指导、帮助员工成长是企业与员工共赢的举措。

对于企业而言，为员工的能力付薪是345薪酬体系的重要原则，然而企业面临的问题通常不是付不起薪酬，而是缺乏有能力的员工。企业需要将内部培养作为中长期的人才策略。通过绩效面谈，企业管理者可以深入了解员工的工作状态，剖析员工工作完成情况背后的一些背景和原因，以知晓作为管理者需要给予哪些支持来帮助员工实现绩效改进。

对于员工而言，创造高价值无非两个渠道：一是充分发挥自身优势，比别人更高效地完成工作；二是突破自我，艰苦奋斗，做别人不能或不愿意做的工作。无论通过哪个渠道，员工要想持续地创造高价值就必须不断成长。通过高频率的绩效面谈，员工可以获得直接上级或者跨职能上级对自己的指导、建议，让自己持续总结反思、找到差距，在复盘中进步；同时，获得上级针对未来行动给予的具体建议，使自己摆脱迷茫，明晰方向。

帮助员工成长既是企业的需要，也是员工的渴望。绩效面谈是实现这一双赢目的的有效举措。

关键发现

> 持续地制定并实现高目标是促使企业持续增长和 345 薪酬体系良性循环的桥梁。
> 愿景具有很强的激励作用，企业应该明确企业愿景、鼓励员工制定个人愿景，并求同存异，珍惜与员工同行的旅程。
> "高目标"通常可以被心领神会，但是要想让高目标真正能够指引员工，企业必须制定合理的目标并将目标分解为具体的行动计划。
> 运用战略地图和平衡计分卡可以清晰地描绘并分解企业战略目标及其实现路径。
> 借助计划管理分解行动计划，可以确保企业各部门、个人围绕企业目标开展工作。
> 充分利用绩效面谈和经营分析等过程管理手段可以保障组织高目标的持续实现。

第 8 章
持续提升人效

> 根本没有成功这回事,生命就是一个过程,所有的成功不过是我们用以自鉴的镜像。
>
> ——彼得·德鲁克

如果顺利的话,通过前述各个环节的实施,相信企业的人效已经得到提升,竞争力也有所增强,但当管理者为取得的业绩沾沾自喜时,企业离成功可能还很远。345薪酬体系不仅是一个薪酬方案,还是一个能够自组织、自驱动和自我优化的系统,包括人才优化、激励和组织优化在内的一整套管理体系,每个环节在345薪酬体系中都有着不可或缺的作用。通过高水平的人才队伍、竞争性的薪酬激励、精简高效的组织环境和严格的目标管理,345薪酬体系推动企业战略目标的持续实现。要实现企业人效的不断提升,内部经营效率、经营质量的不断增强,这个过程不是一蹴而就的,需要企业管理者不断审视345薪酬体系运行的状况,不断实施调整、改进和优化,从而使其运行日趋完善(见图8-1)。

345薪酬体系的实施除了给企业带来运作效率提高、组织氛围改善和敬业度提升等诸多方面的益处,还会直接体现在企业经营数据的持续改善上,如薪酬投入产出比、人均销售额、人工成本占比、薪酬总额增长率和人工成本利润率等,因此企业可以寻找和设置简明有效的指标体系,通过对这些指标的分析和对比来对 345 薪酬体系实施的效果进行动态跟踪评估，帮助 345 薪酬体系持续优化，从而持续提升企业人效。

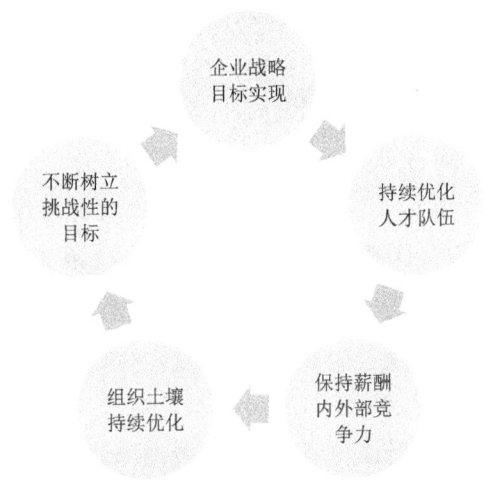

图 8-1　循环提升人效的 345 薪酬体系

心血来潮的 345 薪酬体系

忠信集团致力于遥控传感器的研发和制造，在互联网+的政策环境下，物联网已经广泛应用到各行各业，遥控传感器的研发和制造未来发展空间巨大，忠信集团经过 10 年的发展，营收和利润都排名行业前列，并计划 5 年内在主板上市。忠信集团稳步发展的同时，在内部人员管理方面也面临着不可忽视的风险——技术人才频繁流失。2015 年一次偶然的机会，忠信集团赵总了解到德锐咨询 345 薪酬体系的理念，恍然大悟，甚是认同，立马回去大刀阔斧地开展人才盘点，该淘汰的淘汰，该加薪的加薪，风风火火地搞了 3 个月，确实看到了成效，员工工作积极性显著提升，也留住了大部分骨干员工，2016 年公司业绩有了较大幅度的提升。但是到了 2017 年，业绩整体呈现疲软状态，销售额增长率显著下滑，核心骨干员工又开始蠢蠢欲动，赵总甚是疑惑，又找到了德锐咨询："我实施了你们提倡的 345 薪酬体系，人工成本是上去了，但是这业绩增长不可持续，这 345 薪酬体系到底有用没用？"德锐咨询通过调研发现，忠信集团人工成本确实大幅上涨，但是人工成本利润率和人均效能2017年明显降低，说明现有人才队伍的价值创造能力出现了问题，而且人工成本的增长高于销售额的增长，大量的人工成本支出正在侵蚀忠信集团的利润空间。

德锐咨询进一步了解到，2015年忠信集团工人实施了人才盘点并对相关人员进行了加薪后，2016年业绩大幅上升，基于对未来业绩的良好预期，2016年和2017年忠信集团工人并没有持续开展人才盘点，并且因为2015年的人员淘汰和2016年的业务发展，让赵总感觉到了用人危机，开始大规模招聘，员工只进不出的状态不仅造成短期内用工成本大幅增加。更重要的是，人员优化环节的缺失和大量新员工的涌入导致员工价值创造能力被摊销，而且新员工的涌入造成企业新老员工出现薪酬倒挂现象。企业老员工只是在2015年进行了加薪，2016年和2017年并未适当调整薪酬，政策延续性不够让员工的积极性受到打击（见图8-2）。加上外部市场竞争激烈，企业经营未能如预期快速增长，而竞争对手不断向忠信的骨干人员伸出橄榄枝，优秀人才流失危机再起。

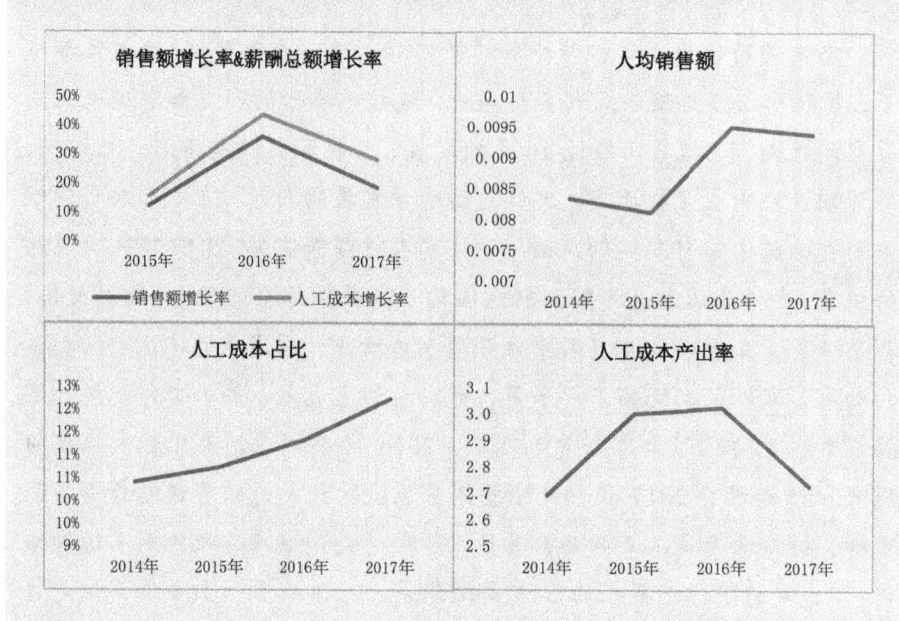

图8-2 忠信集团的薪酬投入产出分析

人员效能仪表盘

所谓人员效能仪表盘就是一套关注 345 薪酬体系实施效果的动态监测和评估的指标系统。德锐咨询期望通过这个监测系统能够帮助企业非常简捷、直观,甚至可视化、数据化地评估 345 薪酬体系实施的效果和价值,类似飞机仪表盘的作用,同时能够发现目前 345 薪酬体系运行中存在的问题,帮助企业明确未来改进的方向。

根据 345 薪酬体系可衡量的关键产出,德锐咨询发现有三大指标可以明确显示 345 薪酬体系实施的效果。

指标一:人均销售额或人均利润

345 薪酬体系实施最核心的诉求就是提升人均销售额或人均利润,所以人均销售额或人均利润就成为衡量 345 薪酬体系运行效果的最直接的指标。本书第 1 章有述,人均销售额或人均利润是衡量企业人力资源效能或劳动生产效率的指标,它等于企业的销售总额或利润总额与企业总人数之比,即单位员工创造的价值,有时也称为人均产出(见图 8-3)。

$$人均销售额 = \frac{销售总额}{总人数} \qquad 人均利润 = \frac{利润总额}{总人数}$$

图 8-3 人均销售额或人均利润公式

应该说,人均销售额或人均利润是最能直接反映企业经营效率和质量的指标,尤其用在同行乃至跨行业竞争对手之间比较最具表征价值。人均销售额或人均利润越高,说明企业的经营效率和经营质量越高。当然,企业要想衡量 345 薪酬体系实施的效果,可以将当前的人均销售额或人均利润与历史数据进行比较,如果有明显提升,可能说明 345 薪酬体系实施的效果正在体现;如果没有明显变化,企业可能就需要寻找其中的原因。

若排除经营策略、商业模式、技术能力等因素对企业经营业绩的影响,单从企业人力资源管理的角度来看，人均销售额或人均利润的提升主要来自两个方面：一是通过对内部人才结构的优化，包括选择更有能力的人或者淘汰不合适的人，打造精干的员工队伍；二是提升员工敬业度，通过激励和培养等手段调动员工工作积极性、提升员工素质，从而让员工创造更多的价值。在345薪酬体系实施之后，由于人员结构的优化和激励的加强，在外部市场环境和内部经营策略相对稳定的情况下，企业的人均销售额或人均利润应该会得到提升。当然，如果人均销售额或人均利润确实改善不明显甚至下降，企业管理者就需要结合企业的具体情况去分析原因并进行有针对性的改善。

在案例中，德锐咨询诊断分析发现，忠信集团2017年人均销售额下滑的主要原因是对未来业务预期的过分乐观，进而招聘了大量新人，使得组织规模的发展速度超过销售额的上升速度，大量新人在短期内不能创造价值，所以他们的存在拉低了整个企业的人均效能值。在对比了忠信集团同业竞争对手的人效和职能人员占比后，德锐咨询发现忠信集团职能人员占比明显超过同行。当工作量增加的时候，忠信集团首先考虑的是增加人手，而不是通过流程优化、能力提升等方式提高工作效率。所以，德锐咨询建议忠信集团放缓人员的进入速度，合理控制组织规模的扩张速度，通过管理体系的优化和人员的合理配置来提升人均销售额或人均利润。

另外，在计算忠信集团的人均销售额数据时，德锐咨询分析后也建议，剔除新招人员中的部分储备人才。因为储备人才是企业的长期投资，如果僵化地采用现有员工总数计算人均销售额并考核企业管理者的话，会导致管理者对未来的人才储备和培养不足，进而影响企业未来可持续发展，得不偿失。

❑ 指标二：人工成本产出效率

345薪酬体系提倡对员工实施高激励，也就意味着企业人工成本支出可能显著上升，但如果人工成本的上升能够显著地带来企业收入或效益的更快增加,高激励带来了高产出,说明345薪酬体系实施效果良好。能够直接反映上述效果的是"单位人工成本销售额/利润额"这一指标,也可简称为"人工成本产出效率",其计算公式为企业销售额或利润额与人工成本总额的比(见图8-4)。

$$人工成本产出效率 = \frac{销售额或利润额}{人工成本总额}$$

图8-4 人工成本产出率计算公式

人工成本属于企业价值创造的一个部分,是企业为取得价值创造和利润必须付出的代价,同时是企业以直接和间接方式给员工劳动贡献的回报。从理论上讲,人工成本包含员工劳动报酬、社会保险、福利、培训、招聘费用及其他各项人工支出。人工成本产出效率越高,说明单位人工成本取得的经济效益越好。如果企业当下的人工成本产出效率相比历史同期或同行竞争对手更高,说明企业单位人工成本支出的投资回报率较好,企业经营效率提升,345薪酬体系实施效果达到预期。

如果企业人工成本产出效率同期相比下降,如果剔除经营方面对销售额和利润的影响,仅从人力资源角度考量,其原因可能有两个:一是高激励的对象是否合适、选择是否精准。激励的对象选择不合适是薪酬最大的浪费,很难指望不合适的人有高产出。二是激励资源的分配机制是否合理。如果企业还是平均分配、雨露均沾式分享激励资源,没有按照业绩贡献、能力差异进行不对称分配,还是很难调动价值创造者的工作积极性,自然也就不可能出现高产出。如果出现上述两种情况,企业就成了"花了更多的钱也没能获得更多产出"的"冤大头"。

需要再次说明的是,345薪酬体系的实施并不一定会带来人工成本支出总额绝对值的增长,因为剔除不合适的人并善用"不花钱"的非物质激励在某种程度上会减缓人工成本的刚性上升,所以人工成本总额增长与否需视不同企业的状况而定。由于345薪酬体系激励更加精准和合理,其花钱的效率更高，而且员工满意度也更高，企业何乐而不为。

指标三：薪酬总额增长率

衡量345薪酬体系实施效果的第三个指标是"薪酬总额增长率"，即每年企业薪酬支出的增长速度，其计算公式如图8-5所示。

$$薪酬总额增长率 = \frac{当年薪酬总额 - 去年薪酬总额}{去年薪酬总额} \times 100\%$$

图8-5 薪酬总额增长率计算公式

企业不能只将薪酬当作成本，而要将薪酬看作对员工的一种投资，企业追求的应该是通过合理的薪资投入带来最大的投入产出比。所以在审视第三个指标时，企业不能孤立地考量员工薪酬的增长，而是要将薪酬总额的增长与企业的业绩（销售额或利润）的增长结合起来，关注薪酬支付的增长是否带来了更高的业绩增长，从这个角度来说，第三个指标与第二个指标考察的内涵相似。

345薪酬体系实施的理想状态是实现员工与企业的共赢，让员工薪酬与企业收益实现同步增长。一般来说，企业的薪酬总额增长速度不能超过销售额增长速度（见图8-6），这与基本经济规律中的"劳动生产率的增长速度必须大于工资的增长速度"有内在逻辑的一致性。一旦薪酬总额增长率高于销售额或利润的增长率，就会侵蚀企业的利润空间，影响企业为了持续发展而在其他方面的投入。比如，平安集团就要求人工费用的增长速度严格控制在销售额和利润的增长速度之下，作为保证企业利润空间乃至可持续健康发展的原则和铁律，不可逾越（见图8-7）。

很多企业也会将这个指标进行一些变形，采用薪酬总额占销售额的比例来衡量薪酬总额增长的健康状况，如平安集团（见图8-8）。在销售收入增长的前提下，如果薪酬总额占销售额的比例逐年下降和优化，而且低于同行竞争对手的水平，说明企业薪酬的投资回报率明显提升，345薪酬体

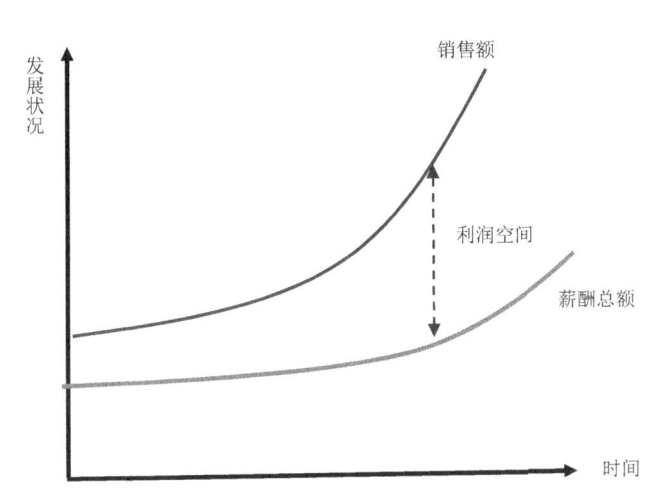

系的实施正逐渐提升企业的经营效率和质量。

图 8-6　薪酬总额增长速度必须低于销售额增长速度

上述三个指标从不同角度呈现了 345 薪酬体系实施的效果，而且通过公式的变形，企业管理者可以发现，上述三个指标之间有关联性，比如，在不降薪的前提下，人均销售额或人均利润的下降必然导致人工成本产出效率的下降，薪酬总额占销售额的比例肯定上升。所以，单一指标反映出来的问题只是表面现象，而究竟是什么人力资源管理决策导致的问题发生，企业管理者还需要进行系统性的诊断。基于人效结果产生的过程，通过借鉴卡普兰教授战略地图的理念和思想，企业管理者可以通过绘制"人力资源管理战略地图"（见图 8-9）并结合各企业的实际情况来系统分析人效变化的驱动因素，进而按图索骥，明确各项人效改进的人力资源管理措施的实施路径，这也构成了效能监测系统的一部分。另外，德锐咨询还提供"345 薪酬体系实施效果 30 问"（见表 8-1）来帮助企业管理者进行诊断分析，这些问题也为 345 薪酬体系的实施提供了参考，企业管理者可以根据企业的实际情况进行评分，如果回答"是"的题数总额超过了 80%，说明贵公司的 345 薪酬体系正在良性运转。

| 345 薪酬：提升人效跑赢大势 |

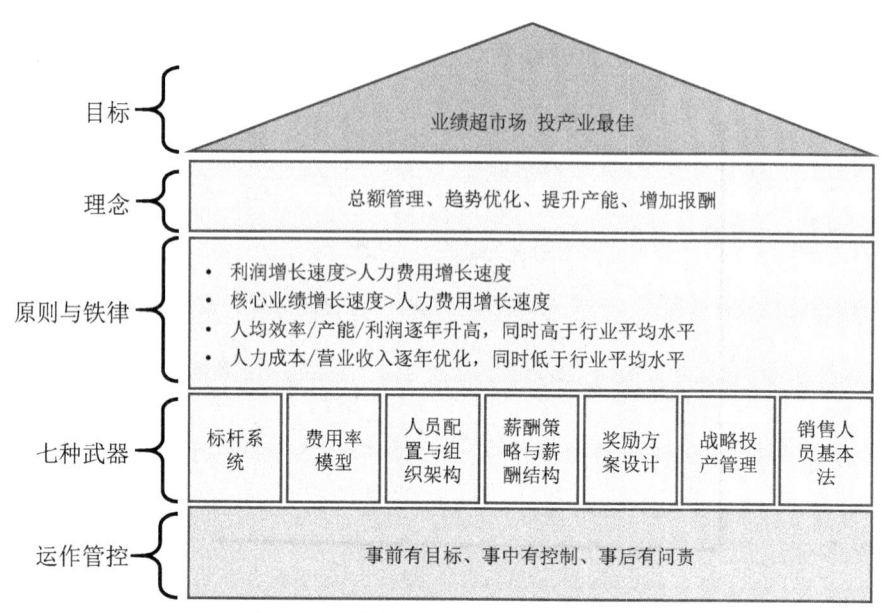

目标： 业绩超市场 投产业最佳

理念： 总额管理、趋势优化、提升产能、增加报酬

原则与铁律：
- 利润增长速度＞人力费用增长速度
- 核心业绩增长速度＞人力费用增长速度
- 人均效率/产能/利润逐年升高，同时高于行业平均水平
- 人力成本/营业收入逐年优化，同时低于行业平均水平

七种武器： 标杆系统 | 费用率模型 | 人员配置与组织架构 | 薪酬策略与薪酬结构 | 奖励方案设计 | 战略投产管理 | 销售人员基本法

运作管控： 事前有目标、事中有控制、事后有问责

图 8-7　平安集团人力资源投产模型

$$薪酬总额占比 = \frac{薪酬总额}{销售额} \times 100\%$$

图 8-8　薪酬总额占比计算公式

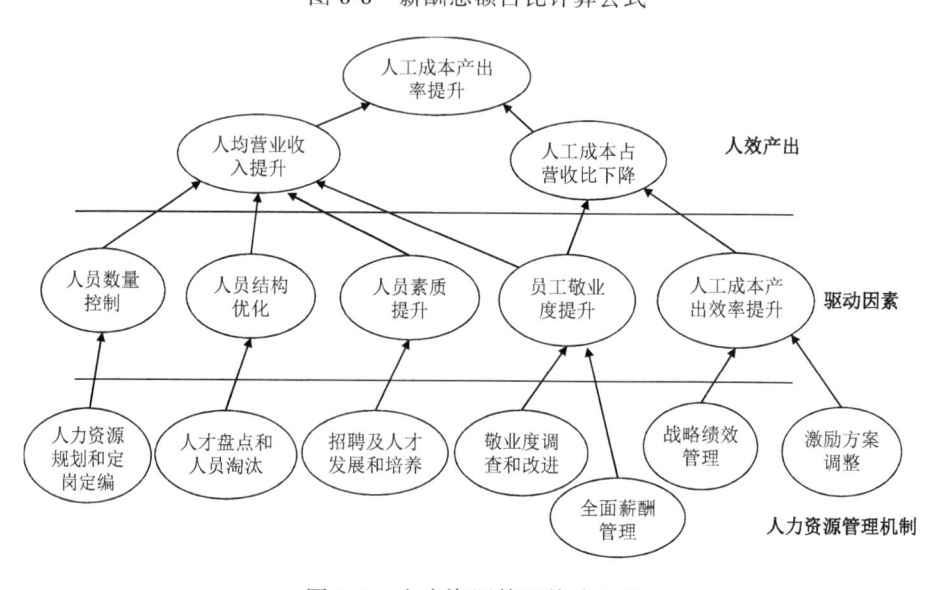

人效产出： 人工成本产出率提升 ← 人均营业收入提升、人工成本占营收比下降

驱动因素： 人员数量控制、人员结构优化、人员素质提升、员工敬业度提升、人工成本产出效率提升

人力资源管理机制： 人力资源规划和定岗定编、人才盘点和人员淘汰、招聘及人才发展和培养、敬业度调查和改进、全面薪酬管理、战略绩效管理、激励方案调整

图 8-9　人力资源管理战略地图

182

表 8-1 345 薪酬体系实施效果 30 问

人才	1	公司是否对员工有清晰的素质模型及评价标准
	2	公司是否定期对员工进行人才评价
	3	对人才盘点中 1、2+ 的人是否实施了相应的激励措施
	4	公司是否会主动淘汰不合适的员工
	5	员工被动离职率是否比主动离职率高
	6	九宫格 1、2+、2 的人员数量是否持续提升
薪酬	7	公司是否每半年或每年做外部薪酬调查
	8	公司是否有规范的薪酬管理制度
	9	公司是否有定期规范的调薪机制，定薪调薪有客观依据
	10	在公司，业绩和能力越好，收入是否越高
	11	当前薪酬水平是否高于市场平均水平 10%以上
	12	公司是否执行严格的薪酬保密
	13	公司是否有正式的薪酬沟通机制
组织	14	公司的组织架构是否与战略目标相匹配
	15	公司的组织架构是否设置清晰、精简
	16	公司各部门权责是否明确、分工明晰
	17	公司各部门内岗位设置是否精简、权责明确
	18	公司各部门间工作衔接、配合是否无障碍
	19	公司是否有清晰的流程和标准指导员工工作
	20	公司的重要业务关键点是否有流程进行风险把控
	21	公司的流程能否确保高效、低成本地开展工作
	22	在执行任务时，员工是否知道该向谁汇报和沟通
目标	23	公司是否有明确的战略目标
	24	公司是否制定和分解出了与战略密切相关的具体经营目标
	25	公司制定的目标是否具有挑战性，并且严格要求员工把事情做好
	26	在公司，当前的绩效评价能否客观地反映员工的业绩表现
	27	在公司，上级是否经常对下级进行面对面的绩效反馈与辅导

续表

目标	28	当员工业绩表现欠佳时，上级是否会制订明确的绩效改进计划
	29	当前的绩效管理体系能否激励各级员工关注团队目标达成
	30	当前的绩效管理体系能否促进公司目标的达成

持续优化的 345 薪酬体系

345 薪酬体系本质上是追求薪酬投入产出比最大化的一套管理体系，没有绝对的标准可以衡量 345 薪酬体系是否已经达到了最好的状态，因为人效永远都有提升的空间，企业要做的就是找到可以优化的地方，然后持续改进。因此，345 薪酬体系不是一次性的改善方案，而是持续循环优化的运行机制。几项长效管理机制的建立有助于支持 345 薪酬体系的持续优化。

❏ 持续优胜劣汰的人才管理机制

在 345 薪酬体系中，德锐咨询一直强调薪酬发给合适的人的重要性，为了不断优化企业的人才结构，德锐咨询建议企业固化人才盘点机制，定期开展人才盘点工作，建立优胜劣汰的动态人才管理机制。在每次的人才盘点中，企业首先要关注整体的人才水平是否得到了提升。人才队伍整体水平提升可以从两方面体现：一方面是人才盘点九宫格定位中 1、2+和 2 的人员比例是否持续上升；另一方面是员工素质能力的得分是否呈上升趋势。除此外，企业还要关注个体人才的发展趋势，比如，平安集团就会在每年的人才盘点时，重点分析每位员工特别是高潜力员工的发展路径，关注员工在企业内部是否得到了持续提升。示例如图 8-10 所示。

人才盘点不是简单地将人才做出区分，它的最终意义在于人才发展和人员任用。对不同类别的人才，进行有针对性的培养和任用，只有这些措施到位，才能保证企业人才管理水平的持续提升。在前节中，德锐咨询提到345薪酬体系实施比较大的阻力是不合适的人持续留在企业中。因为这些人不仅占据激励资源，同时影响奋斗者的持续奋斗激情，因此，为了保障345薪酬体系的顺利实施，企业一定要当机立断地淘汰不合适的人。

九宫格定位	1 超级明星 (10%~15%)	2+ 核心骨干 (15%)	2 中坚力量 (25%~35%)	3 待提升者 (15%~20%)	4 问题员工 (10%)	5 失败者 (5%)	合计
2017年人数	5	17	45	12	8	4	91
百分比	5%	19%	49%	13%	9%	4%	100%
2018年人数	7	19	54	7	6	1	94
百分比	8%	21%	59%	8%	7%	1%	100%
变化趋势	↑	↑	↑	↓	↓	↓	

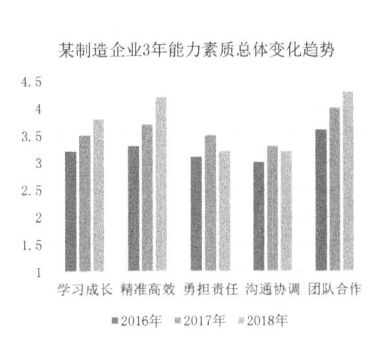

图 8-10　人才盘点九宫格与素质能力变化趋势

持续完善的激励体系

对员工的激励，随着时代的发展总是日新月异，而随着物质生活水平的提升，激励水平也水涨船高，加之优秀人才的稀缺，竞争对手的抢夺，更是强化了激励的时效性。

从激励水平来看，企业要定期开展外部薪酬调查，及时了解市场薪酬水平状况，在企业资源负荷允许的情况下，及时对薪酬水平、薪酬结构和支付策略进行调整，从而让企业在物质激励上保持竞争力和调整的敏锐度。更重要的是，随着知识型员工的崛起和大量进入职场，企业更多的是要基于员工的需求匹配新的激励模式，特别是那些能够带来持续满意度、高回报率且竞争对手不易模仿的非物质激励新方式，如时下提及率最高的"员工赋能"——怎样让人有更大的能力，去完成他们想要完成的事情。

阿里巴巴学术委员会主席、湖畔大学教育长曾鸣是最早提出"赋能"概念的，他在解读《重新定义公司：谷歌是如何运营的》时就曾指出：在现在这个时代，组织的逻辑已经发生变化，传统的企业管理理念不适用于这群年轻人，未来组织最重要的功能不再是管理或激励，而是赋能。著名的管理学者陈春花老师也说，未来的组织管理中最核心的价值其实就是怎么去赋能和激活人。对于这些未来的员工，企业只有给足够的自由空间，才能更大限度地发挥员工的创造力与凝聚力。企业要做到赋能员工，从组织层面，企业要做到为员工提供激励的保障：

第一，提供组织层面的基本保障。一个组织环境不好的企业，是很难出高业绩的。因此，企业首先要清除组织中阻碍员工自我激励的负面因素，为赋能员工提供基本的保障，包括清除不合适的人、优良的组织环境、精简组织架构、高效的工作流程等方面。

第二，提供有意义的工作。工作都有一个熟能生巧的阶段，但是一旦长时间处于这个阶段，人就会对工作缺乏激情，认为在现有的工作中学不到东西，自己只是在低水平地不断重复工作内容，看不到上升的空间，这就是所谓"高频重复工作"的噩梦。高频次重复性工作会让人的大脑形成惯性的从应激到反应的直接通路，把别人必须在有意识状态下进行的工作，切换成在无意识状态下也能完成的工作。大脑会认为重复做的事情不需要占用资源，就会调低人的唤醒状态，人自然就会觉得没有激情。因此，企业在了解员工需求的基础上，通过工作内容的优化，让员工更加了解自身工作的意义。

第三，给予培养和发展。赋能的关键是给予员工能力培养和职业发展，所以在工作中，管理者要给予员工充分的授权、指导、尊重和信任，让员工在工作中锻炼能力，获得发展。同时，在组织层面积极构建员工的培养和职业发展体系，给予员工全生命周期的成长规划。

☐ 持续进化的组织环境

从本书第 6 章可以了解到，优秀标杆企业在发展的过程中不断推进组织变革，从组织架构、制度流程、企业文化等各个方面持续优化组织环境，组织变革已成为一种血液流淌在这些标杆企业的机体里，变革的目的就是基于企业不同的发展阶段，外部市场的竞争需要和不同的战略诉求来调整组织，从而更好地实现战略目标。对于345薪酬体系来说，为保障其实施效果，同样需要企业不断地向着精干高效的方向实施组织环境的进化和优化，德锐咨询建议，企业每年结合定期举行的战略研讨会和人才盘点会这两大管理机会审视组织架构、制度流程与战略、人才的适配性并加以调整，从而更有利于345薪酬体系实施效果的体现。

综上所述，345薪酬体系是一种提升人效的系统管理方式，需要多个管理手段和机制之间的相互配合才能发挥最大的作用，因此，一旦出现问题，企业要以系统的思维和全面的视角去审视内部的管理，才能保证345薪酬体系的持续优化和人效的持续提升。正如管理大师彼得·德鲁克所说：根本没有成功这回事，生命就是一个过程，所有的成功不过是我们用以自鉴的镜像。企业管理能力提升一途永远没有终点，我们一直在路上，唯有努力前行。

关键发现

- 345薪酬体系不仅是薪酬管理，还是一套通过人员优化、潜能激发、组织进化从而持续提升组织价值创造能力的动态管理机制。
- 衡量345薪酬体系的实施效果是否达到预期，可以通过人均销售额或人均利润、人工成本产出效率、薪酬总额增长率等指标来多方面审视。
- 345薪酬体系不仅是一种薪酬管理模式，更是一种企业管理的系统化思维模式。

第 9 章
优秀企业都在践行 345 薪酬

> 并非人越多业绩越高,如果我的薪酬机制是合理的,我就有信心用最合理的人效做最高效的绩效。
>
> ——马云

345 薪酬体系设计的核心理念及方法来源于众多企业的实践。德锐咨询发现,很多优秀企业薪酬体系乃至人力资源管理体系的运作都暗合 345 薪酬体系的思想和逻辑,为全面、完整地呈现 345 薪酬体系设计的方法,本章将通过三个真实的案例,系统介绍优秀企业实施 345 薪酬体系构建的历程及其带给企业的变化。"他山之石,可以攻玉",希望企业管理者可以从中借鉴如何推行和实践 345 薪酬体系,以便更好地提升企业人效。

345 薪酬铸就华为的辉煌

2018 年 3 月 30 日,华为发布的 2017 年年报中显示:华为业绩稳健增长,2017 年实现全球销售收入 6 036 亿元人民币,同比增长 15.7%,净利润 475 亿元人民币,同比增长 28.1%。其中,华为消费者业务实现销售收入 2 372 亿元人民币,同比增长 31.9%,智能手机发货量超过 1.53 亿部,连续 6 年保持稳健增长。华为的业绩增长得益于很多方面，但毋庸置疑的是，人力资源管理在其中起到了关键性的作用。

华为是一家典型的"三高"企业——"高效率、高激励、高压力"。这与 345 薪酬体系强调的"高标准""高激励"和"高产出"理念不谋而合。可以说，华为一直都是 345 薪酬体系的践行者，用高激励和高标准选人，实现企业高目标的持续达成。

当员工停止奋斗时坚决淘汰

华为的价值观强调"以奋斗者为本"，而不是"以人为本"，只有"奋斗者"才是华为合适的人。奋斗者的标准是什么？在华为，奋斗者至少要具备以下 5 个方面的特征。

（1）使命驱动，持续奋斗。奋斗者一定有信念、有追求，一定是使命驱动者。使命驱动者自身就是一台发动机，他们能自我驱动、自我负责、自我管理，而不是被动工作。

（2）共享价值观，善于合作。奋斗者绝不是单打独斗者，而是善于团队合作、乐于集体奋斗的人。基于共享的价值观，奋斗者既发挥个人优势，敢于担责，又善于融入组织与团队，协同合作，遵守组织规则，不搞个人主义。

（3）讲贡献，多付出。奋斗者对于回报不是应得的心态，而是先讲贡献、多付出。奋斗者不是先想：组织给了我什么？而是先问：我为组织贡献了什么？奋斗者不是小富即安、未富先贵，而是能不断提出挑战性的目标，奋斗一辈子。

（4）持续价值创造。奋斗者不是懒人，而是有强烈的工作意愿者；奋斗者不是庸人，而是在不同的岗位上有能力担当职责者；奋斗者不是靠老本吃饭，而是能跳出历史贡献舒适区，持续成为价值创造者。

（5）不断接受挑战，勇于自我批判。奋斗者不安于现状、迷恋舒适区，而是愿意接受挑战、勇于自我批判、高标准要求自己、不断提出挑战性绩效目标，实现自我超越。

基于奋斗者的特征，华为一直致力于建立以奋斗者为导向的评价选拔机制，识别和区分真正的奋斗者。为了识别内部的奋斗者，华为建立了完善的评价约束机制，持续对员工进行识别，同时使懒人、庸人、占着位置不创造价值的人通过退出机制离开华为。华为在人才管理上坚持实行"末位淘汰制"。任正非曾说："有人问末位淘汰制实行到什么时候为止？借用通用电气前 CEO 杰克·韦尔奇的一句话来说就是，末位淘汰是永不停止的。只有淘汰不够优秀的员工，才能把整个组织激活。"优胜劣汰的盘点机制激发了华为员工"拼命当人上人"，为了避免被淘汰，员工在工作过程中不断寻求进步以提高工作效率，这为华为的快速发展奠定了基础。

❑ "以奋斗者为本"的激励体系

华为的大智慧在于很早就意识到优秀人才对企业的战略意义，所以在人力资本上进行了长期巨大的投入，它是最早提出薪酬向欧美企业看齐的中国企业。任正非说："我们在报酬方面从不羞羞答答，坚决向华为优秀员工倾斜。"华为的薪酬水平跟微软、谷歌、Facebook 等公司非常接近，在世界范围内都属于领先水平。"重赏之下，必有勇夫"，华为用具有超强诱惑力的薪酬福利吸引了众多优秀的大学毕业生，建立了强大的人力资源优势。早在 2000 年左右，华为本科生年收入就可以达到 10 万元。华为敢于投资人才，坚信从长期角度来看，此做法会获得更多的收益和增长，而人才也确实助力华为实现了超预期的增长。

虽然华为整体上采用高竞争力的薪酬策略，但是针对内部的人才特征实行了差异性的激励措施（见图 9-1）。华为将内部人员按照业绩贡献程度分成普通劳动者（12 级及以下的人员）、一般的奋斗者和卓有成效的奋斗者。整体价值分配会向卓有成效的奋斗者倾斜。这些分配的差异主要体现在工资、机会、奖金、股票四个方面。

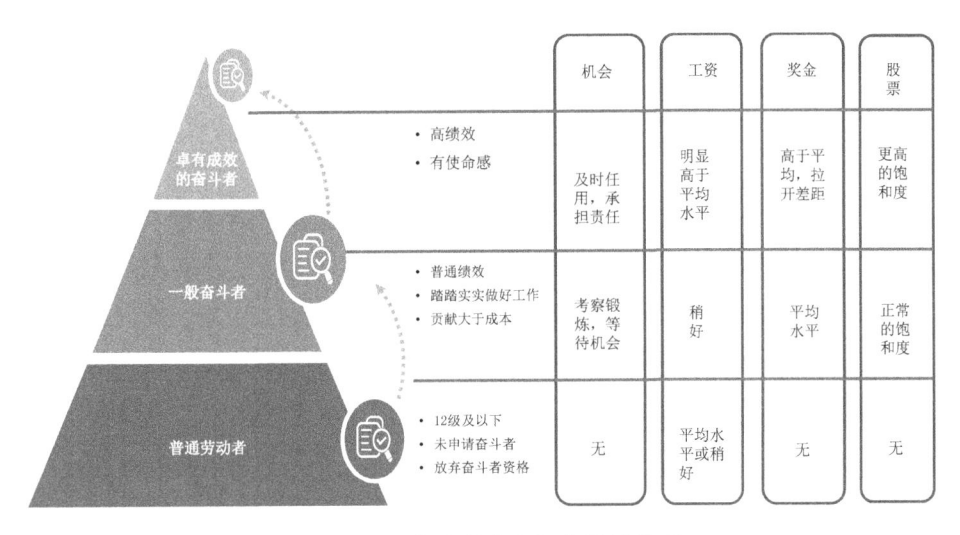

	机会	工资	奖金	股票
卓有成效的奋斗者 • 高绩效 • 有使命感	及时任用，承担责任	明显高于平均水平	高于平均，拉开差距	更高的饱和度
一般奋斗者 • 普通绩效 • 踏踏实实做好工作 • 贡献大于成本	考察锻炼，等待机会	稍好	平均水平	正常的饱和度
普通劳动者 • 12级及以下 • 未申请奋斗者 • 放弃奋斗者资格	无	平均水平或稍好	无	无

图 9-1 "以奋斗者为本"的激励体系

（1）工资：华为强调对普通劳动者权益的保障，在公司收益允许的情况下，对普通劳动者要支付高于市场水平的薪资；作为卓有成效的奋斗者，不论公司收益如何，薪资水平都会比市场平均水平高很多。

（2）机会：好的机会只给那些优秀的奋斗者，比如，绩效是干部晋升的分水岭，原则上只有 A 和 B+ 的人才有晋升的机会，A 和 B+ 的人就是内部卓有成效的奋斗者。

（3）奖金：奖金同工资一样，向卓有成效的奋斗者倾斜；卓有成效的奋斗者的奖金金额会远远高于平均水平，两倍、三倍甚至更高。

（4）股票：华为每个职级会根据其岗位设置一个股票的饱和度，一般奋斗者能够享受到的股票是正常的饱和度。但是卓有成效的奋斗者，一方面有更高的配股饱和度，另一方面有更快的配股速度，比如，绩效中等的员工需要 3~4 年的时间可以配满饱和度；卓有成效的奋斗者，只需要 1~2 年就可以配满。

除了物质收入，为了让员工获得更快速的能力提升和职业发展，华为还为员工建立了完善的培养体系和任职资格体系。华为全球性的培训中心网络，服务全球数万名员工，培训课程"分类分层、系统完善"，有针对性地对各类别的员工进行技术、管理培训，为员工创造了丰富的学习机会和良好的知识共享氛围。同时"训战结合"的培养方式，让员工能快速地在实战中掌握技能。

当然，员工的高收入和高激励都是需要用相应的高目标和高产出作为交换的。华为认为："高激励是员工的第一推动力，但是持续的高激励需要持续的高绩效来作为支撑，否则会助长员工的懒惰。"为了将员工的收入与公司的组织和部门绩效联动，华为强制规定必须给核心员工加工资，从而倒推其业绩目标，即首先给员工一个工资包，按照员工的工资按比例倒推他的任务。这样的方式可以迫使员工想方设法地完成相应的高业绩目标，倒逼员工能力的提升。

❏ 持续的管理变革

华为用"高标准""高激励"和"高目标"营造了高压力和高激励的组织氛围，从而调动了员工积极性，提升了工作效率。除了员工层面的效率提升，华为也非常注重对组织流程和架构的调整优化，从而提升组织运作效率，保障公司的"高产出"。华为高效的组织运作效率很大程度上得益于内部的流程化管理。任正非认为："只有管理职业化、流程化，才能真正提高一家大公司的运转效率，降低管理内耗。"在华为内部，任何业务活动都有明确的结构化流程来指导，如战略制定与执行的 BLM 模型、产品规划和开发的 IPD 流程、供应链的 ISC 流程等（见图 9-2）。

同很多快速发展中的企业一样，华为在 20 世纪 90 年代也遇到了很多明显的管理问题。1991 年，华为仅有 50 名员工，但至 1998 年，人员规模已经达到 8 000 多名。为了解决快速人员扩张所带来的一系列问题，从 1996 年开始，华为开始实行了包括职位等级、素质模型、薪酬体系、绩效管理等在内的一系列人力资源管理体系变革。1997 年，任正非邀请 IBM 咨询顾问对当时华为的管理现状进行了全面诊断。同年年底，任正非率领高管在拜访美国优秀企业时发现，华为的管理远远落后于这些企业。正是

IBM 的诊断和此次对美国企业的拜访，让任正非充分认识到只有对华为的运作方法和流程进行根本性的变革，才能保证未来的可持续发展。

图 9-2　华为历年销售与重大管理变革启动时间

从此之后，华为就走上了一条变革之路，努力推进"科学管理体系"建设之路。1998 年，任正非聘请了 IBM 的 70 多名咨询顾问来帮助华为引入科学的流程管理体系，我们熟知的 IPD 和 ISC 就是在这个阶段由 IBM 引入华为的。2003 年，为了配合 IPD 和 ISC 的变革落地，华为设计了新型的组织架构，并在近年来的发展过程中，不断优化、调整架构，从而将科学的流程管理体系在内部更好地落地。2007 年，华为、IBM 再次携手进行财务管理变革。同年，华为聘请埃森哲对内部的客户关系管理系统进行变革……

纵观华为的整个管理变革历程，在时机点和节奏掌握上都恰到好处，为奋斗者创造了持续奋斗的土壤，有力地支撑了华为业务特别是全球化的发展，提升了华为在市场中的核心竞争力。从业绩和员工人数变化来看：2012—2017 年，华为的销售收入在 5 年的时间里从 2 200 亿元增长到 6 000 多亿元，利润从 154 亿元增加到 475 亿元，它的收入和利润增加了 2~3 倍；但是 2012 年华为员工有 14 万人，2017 年年底不到 18 万人，人数只增长了 1/3，人均效能得到巨大提高。

目前，不论是人力资源管理还是流程管理，华为还在持续进行由"自我为主导"的管理创新和优化。华为的管理变革及高激励无疑是人均效能提升的关键因素。可以说，持续优化的组织环境和人员管理助力华为在短短 20 多年里成为行业的领军者。

"六高"人才战略助力旭辉崭露头角

旭辉集团（下文简称"旭辉"）2000 年成立于上海，其控股股东旭辉控股集团 2012 年在香港主板整体上市，是一家以房地产开发为主营业务的综合性大型企业集团。自成立以来，旭辉一直秉承"用心构筑美好生活"的使命，致力于推动社会进步，让城市生活更加美好。旭辉以 18 年的专业匠心与人文情怀，坚持为每位客户打造舒适、绿色、健康的生活体验，同时为员工提供丰富而充足的物质与精神生活。上市后，旭辉实现了快速、稳健、均衡发展，近年来旭辉长期保持年均约 53%的复合增长率，以"长跑者"的稳健姿态步入公众视野，成长为中国房企的"优等生"，仅用 18 年就跻身全国房地产企业百强榜 TOP15（见图 9-3）。

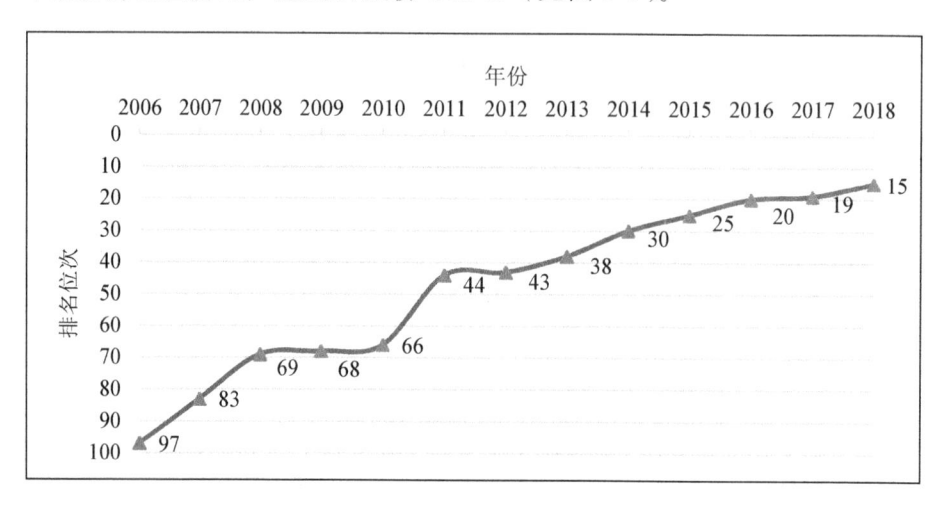

图 9-3 旭辉集团在中国房地产企业百强榜的攀登之路

旭辉集团董事长林中很早就意识到：大企业的失败往往并非输在外部，而是内部的文化、组织、机制、人才和管理出了问题，导致专业能力欠缺，战略无法落地的困局。旭辉2018年蝉联"怡安翰威特中国最佳雇主"称号，成为史上唯一一家连续两年获奖的地产企业。这是一份有别于业绩的"内力"成绩，这份卓越成绩得益于旭辉在人力资源管理的顶层设计上很好地回答了两个问题：企业与员工之间的关系、企业与企业家之间的关系。

关于企业与员工之间的关系，体现的是企业对待员工的态度和看法。董事长林中在2018年中秋晚会上致辞，表达了旭辉将"通过帮助员工价值成长，成为让员工自豪的企业"，这将作为旭辉未来的坚定目标。这也体现了旭辉对企业和员工之间关系的理解：员工是企业的"目的"，而非企业的"工具"。旭辉的人力资源战略目标是"成人达己"，希望实现员工目标与企业目标的趋同，驱动员工成长，成就员工的同时，实现企业成长。

发展初期的"高薪破局"

当一家企业规模不大、名气不强的时候，如何吸引高水平人才去实现业绩目标，如何实现破局？在这方面，旭辉集团人力发展中心总经理葛明的决定是，以支撑企业战略业务发展为着力点和目的，用高薪酬吸引行业内优秀的人才。这点和华为发展初期的做法一致。

葛明认为，这其实是一个先有鸡还是先有蛋的问题，实际上只有企业先给出高薪酬，吸引到行业内优秀的人才，才能实现挑战性的目标。只有不断引进优秀人才，才能不断提升用人标准、业务标准和管理标准，从而不断提升绩效。

有了高薪酬作为筹码，旭辉将目标瞄准了行业内的优秀人才，启动了"猎鹰计划"和"摘星计划"。"猎鹰计划"猎取的是行业前20强房企中各个事业部最好的副手。这些人经验丰富，同时从职业发展角度来看，他们迫切寻求机会实现新的突破。于是，旭辉用事业部一把手的职位和高昂的薪酬向这部分人伸出了橄榄枝。"摘星计划"瞄准的是行业标杆企业的管培生。这部分人多数属于优质的"半成品"，他们接受了良好的培训，但仍未能有大机会崭露头角。针对这部分人才，旭辉敢于给予更广阔的平台和机会让他们快速成长。伴随着这些优秀人才的陆续加入，旭辉集团旭日升空，成功实现了第一个五年计划，其销售业绩从96亿元逐年递增至突破500亿元，以年均53%的复合增长率，领跑准一线房企。

❑ 高目标推动新的跨越

基于发展初期的高薪酬及对组织环境的优化匹配，旭辉业绩获得了几倍速的增长，已经不是一家无人知晓的小公司了。高薪酬只是旭辉开启人力资源管理正向循环的第一步。为了更好地促进公司业务的发展和突破，2017年，董事长林中雄心勃勃地提出旭辉"二五"战略：未来五年，旭辉要保持五年内复合增长率不低于40%，向3 000亿元销售规模进军，同时要在进取中求稳健，不仅关注规模，也要兼顾利润，向百亿元利润的目标进军；力争在2020年之前进入行业TOP8，进一步完善全国化布局，从目前的31个大中城市扩展到70个大中城市，完成全国化战略纵深布局，成为真正意义上的全国化品牌房企。

在这个发展战略背景下，葛明认为，旭辉已经不需要单纯地靠薪酬去吸引人才，而要靠事业去吸引志同道合的优秀人才。对于有雄心壮志的人才而言，他们的幸福感很大程度上来源于"高目标的达成"。因此，旭辉人力资源管理逻辑升级为"六高"：高目标、高认同、高活力、高供应、高绩效、高激励，即以"高目标"为出发点，吸引和激励对旭辉价值观"高认同"的志同道合者，通过打造"高活力"的组织环境以利于员工持续创造价值，建立高效的人才供应系统，对业务战略的实施形成人才"高供应"，最终让每位员工在这里实现工作领域的"高绩效"输出，辅之"高激励"机制，最终推动企业"高目标"的达成，如此循环（见图9-4）。

图 9-4　旭辉的"六高"人力资源战略

旭辉集团的人才战略

1. 高目标：目标感驱动的精英文化

旭辉相信，只有高目标的企业才能吸引和凝聚最优秀的人才，才能在成就人才的同时，获得企业的长足发展。因此，旭辉在2017年"二五"战略制定之初就确定了"成为TOP8的全国品牌化房企"的中期目标，明确了"成为全球化的世界500强"的长期愿景。

在这两个高目标的驱动下，旭辉集团形成了特有的精英文化——旭辉只有两种人：一种是精英，另一种是想成为精英的人。对于优秀人才的选拔，旭辉尤其关注一个人"冰山"下的潜质，挖掘有领导力和企业家精神的人才，找到想成功、更想跟旭辉一起成功的"敢拼命的秀才"。

2. 高认同：同心者方能同路

高薪挖猎现象在房地产行业屡见不鲜，但仅靠高薪酬组建起来的团队难以支撑公司的长期发展。旭辉把价值观认同放在选人的重要位置，希望加入的每位伙伴都发自内心地认同"高目标"，认同旭辉的企业文化和价值观，力求"使命驱动，愿景引领"，让志同道合的人一起奋斗，上下一心，实现企业持续、稳定、有质量的增长。

一直以来，旭辉致力于构建"简单、公平、阳光、尊重、信任、开放"的文化氛围，追求普世的价值观，让员工在职业化、简单化、阳光化的氛围中安心工作，感受到归属感和凝聚力。

3. 高活力：管理架构变革建设敏捷型组织

为了打造一个奋斗者创造价值的乐园，企业需要持续关注组织活力，使组织保持活力和敏捷性。旭辉致力于打造"集团大平台、区域小集团、项目集群"的三级组织管理体系，让总部管总、职能主建、区域主营、项目主战，构建敏捷型组织（见图9-5）。在企业变大的过程中，避免大公司病，让组织活力、团队效率不因规模的增加而下降。

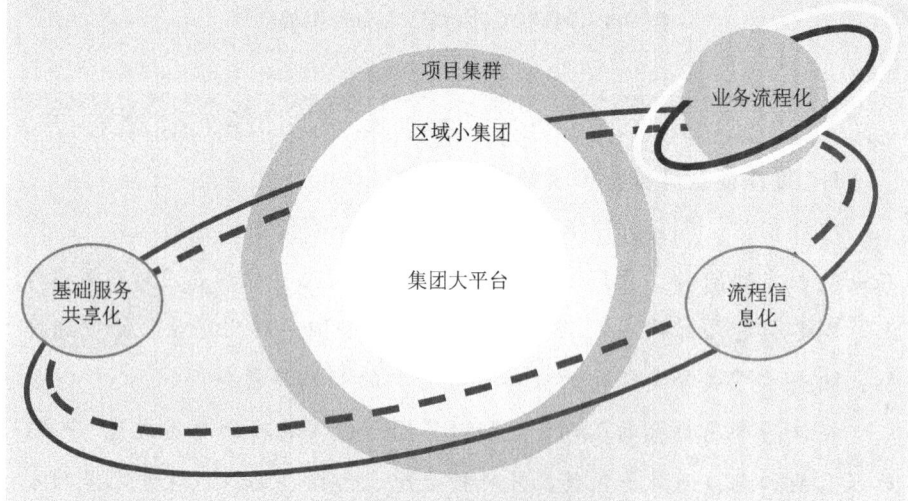

图9-5 三级组织管理体系

"集团转型为大平台，主要充当教练员和裁判员的角色；区域从执行部门变成小集团，要逐步提升自身的管理能力和管理水平，承接集团总部的权限下放，这样才能激活组织的活力，"葛明解释说，"除此外，通过业务流程化、流程信息化、基础服务共享化保障管理过程的透明度，提升工作效率和人均效能，更好地为企业长远发展布局谋篇。"

4. 高供应：打造高效能人才供应链

旭辉坚持像管理供应链一样管理人才，形成"外部输血"和"内部造血"相结合的完备机制，同时不断完善人背后的"系统和流程"，确保流畅运转。正如董事长林中所强调的："旭辉一直在打造人才供应链，不断强化组织内部的造血功能，要依靠组织制胜，而不是靠明星制胜。"

在人才引进方面，旭辉的管培生计划极具特点。旭辉针对不同类型的毕业生，制订了一系列管培生计划，包括聚焦985和211高校优秀硕士毕业生的"旭日生"计划；聚焦致力成为高级营销人才的"皓月生"计划。今年，旭辉还推出了聚焦海内外顶级院校博士毕业生和顶尖商学院MBA毕业生的"辉耀生"计划，以及聚焦普通院校毕业生的"辰星生"计划。

为不断提升员工的专业水平和管理能力，旭辉内部专门成立了"旭辉学院"，建立了一套科学、规范的培训体系，力求打造"学习型"组织。目前，旭辉学院共有727门线上课程，时长25 007分钟，2017年覆盖了2 084位学员。

人才引进的高标准和学习型组织的高培养相结合，让旭辉的人才供应链得以为企业发展源源不断地输送人才。

5. 高激励：分层分类，长中短相结合，让员工物质精神双丰收

旭辉提倡"共创、共担、共享"，除高薪酬外，旭辉把长中短激励相结合，分层分类制定复合型激励体系，让员工"有里子"也"有面子"，享有物质和精神上的双重丰收。

旭辉希望让不同层级的员工各取所需，让高层实现财务自由有情怀，让中层住洋房享豪车有发展，让基层员工有房有车有奔头（见图9-6）。同时，实行向绩优员工倾斜的薪酬定位策略、奖金分配规则和股票期权计划，对卓越者、奋斗者和劳动者分别给予90分位、75分位和50分位的复合型激励。

图 9-6 复合型激励

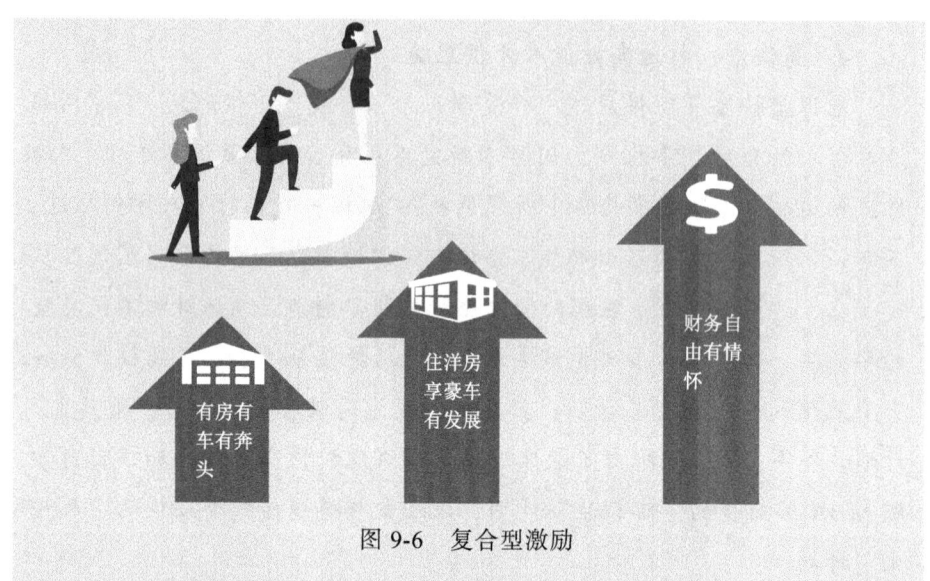

通过成就员工去推动组织成长和战略实现;在战略实现后,组织可以给员工提供更大的空间和平台,从而形成正向循环,不断成长。企业与员工双赢是旭辉的初衷,更是旭辉的坚持。

在"怡安翰威特中国最佳雇主"的颁奖礼上,评审委员会对旭辉集团的评价也证明了"六高"人才战略的阶段性成功:旭辉将"前置的布局、战略的耦合、前瞻的视野、创新的举措"作为人力资源的核心价值主张,并以此为目标,推动与实现了一系列管理举措的设计与执行,从而支撑旭辉集团不断攀上新的业务高地。

通过对旭辉案例的剖析研究,德锐咨询发现,旭辉的"六高"人才策略实际上就是 345 薪酬体系的完整实践:选择志同道合的同行者,通过高目标进行指引,并对其采取高激励,同时营造严格、向上的企业文化,通过组织变革实现组织的灵活多变,形成了一个完整的管理闭环和正向的循环,实现企业与员工的双赢。

345 薪酬让凯信公司扭亏脱困

凯信公司是一家拥有国企背景的食品制造公司，曾经是行业的领头羊。近年来销售增长率逐步下降，公司经营成本不断上升，2014 年和 2015 年企业利润严重下滑，公司面临严峻的生存问题。2015 年 7 月，凯信公司正式邀请德锐咨询入驻企业，开始为期 9 个月的管理变革项目。在历时半个多月对中高层管理人员的访谈、收集及研读内外部相关资料的基础上，德锐咨询明确了凯信公司"扭亏脱困、精简高效"的变革主题，并拟定从组织精简、人员优化和人才激励三方面入手，提高组织运作效率（见图 9-7）。

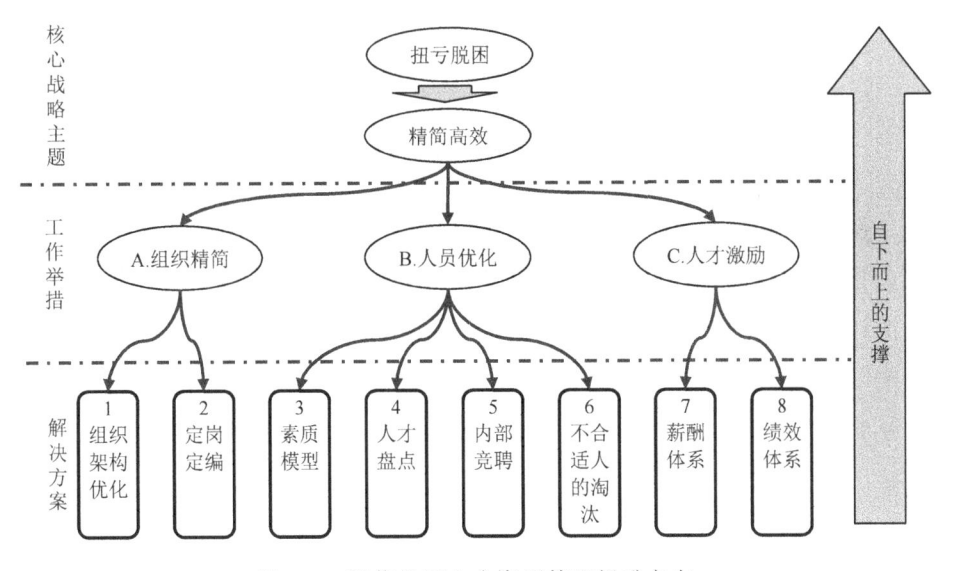

图 9-7 凯信公司人力资源管理提升方向

组织精简和人员优化

基于"先人后事"的理念，凯信公司的变革首先从人才盘点开始。由于凯信公司之前的管理基础较为薄弱，缺乏明确的人才标准，所以德锐咨询基于前期的访谈调研和战略分析，根据"层级建模"方式，为凯信公司基层、中层及高层员工分别设计了全员通用素质模型、中层管理素质模型和高层领导力模型。为了提高素质模型与凯信公司的匹配度，德锐咨询组织凯信公司 48 位中高层人员参与素质模型的研讨会，经过多轮世界咖啡式的研讨，最终确定了凯信公司的素质模型，并以此作为人才盘点能力维度的评价标准（见图 9-8）。

类别	管理自我 Self	管理任务 Task	管理他人 People
高层领导力素质	以身作则	战略规划 变革创新	领导激励
中层管理人员专业素质	勇担责任	解决问题 计划统筹	团队管理
全员通用素质	尽职尽责	高效精准 持续改进	沟通协作

图 9-8 凯信公司素质模型框架

在建立评价标准的基础上，德锐咨询指导凯信公司人力资源部，组织相关管理者完成人员的线上评价工作，并召开人才校准会，对所有核心人员的评价结果、优劣势和任用计划都进行详细的讨论，最终形成"能力-业绩"九宫格定位。整个校准会历时 4 周，共完成 912 位人员的盘点（见表 9-1）。

表 9-1 凯信公司人才盘点结果比例分布情况

九宫格类别	集团 人数（人）	占比	分公司一 人数（人）	占比	分公司二 人数（人）	占比	分公司三 人数（人）	占比
1	26	14.1%	22	6.5%	27	15.6%	21	9.9%
2+	44	23.8%	93	27.3%	28	16.2%	44	20.7%
2	57	30.8%	128	37.5%	68	39.3%	57	26.8%

续表

九宫格类别	集团 人数（人）	占比	分公司一 人数（人）	占比	分公司二 人数（人）	占比	分公司三 人数（人）	占比
3	20	10.8%	55	16.1%	25	14.5%	34	16.0%
4	16	8.6%	20	5.9%	14	8.1%	17	8.0%
5	17	9.2%	23	6.7%	11	6.4%	10	4.7%
合计	185	100.0%	341	100.0%	173	100.0%	213	100.0%

与此同时，组织架构的设计和调整工作同步进行。在前期的调研中，德锐咨询发现，凯信集团的管理层级较多，内部沟通和决策效率低；同时，集团总部空心化严重，职能虚化；各分公司之间各自为政、无法协同，存在严重的资源浪费现象。为此，德锐咨询对凯信公司现有组织架构的层级进行压缩，弱化分公司的概念，实行"纵向压缩层级、横向归并部门"式的组织架构扁平化瘦身调整（见图9-9）。

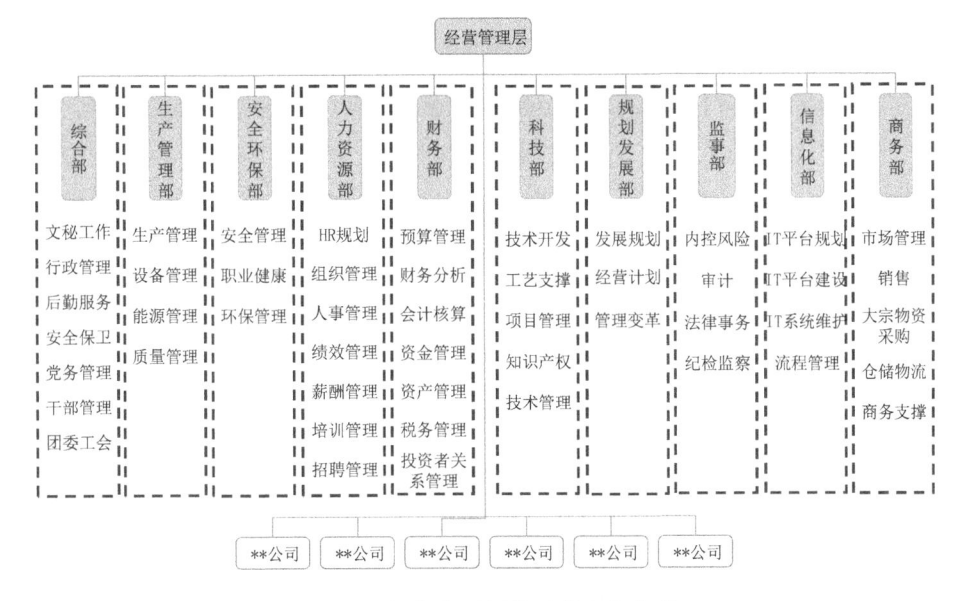

图9-9 凯信公司调整后的组织架构

在架构调整的基础上,德锐咨询根据凯信公司的战略目标对新的组织架构中的职责进行重新调整定位,强化原先弱化的营销、研发、技术等核心能力,比如,将分公司内部的技术研发和技术管理职能归属到集团层面,实现技术资源共享;通过对各部门的工作量和人效分析,组织部门负责人一对一地讨论确定各部门的人员编制。

在组织精简的前提下,德锐咨询结合盘点结果,与凯信公司一起对现有人员进行定岗。为了提高人岗匹配度,同时为了激发内部人员的危机感,德锐咨询组织凯信公司对所有中层以上的岗位逐层在公司实行"内部竞聘",能者上庸者下,在因岗选人和因人设岗中优化组织架构和岗位设置,以求最大化地发挥人才价值。

同时,对于那些盘点不合格或岗位取消的人员进行了内退、劝退、协商解除劳动合同等一系列工作,3个月内共完成了127名员工的人员优化和调整。通过组织层面的变革及人员的优化和调整,德锐咨询帮助凯信公司走出了组织变革的第一步,为提高人效打下了良好的基础。

❏ 打破"大锅饭"的薪酬体系

为了让继续留任的员工更有奋斗激情,需要对这些员工加大激励。因此,德锐咨询重新设计了凯信公司的薪酬体系,整个薪酬体系的设计包含前期的薪酬诊断与设计基础、中期的薪酬激励体系方案设计及后期的薪酬方案实施与管理三个方面(见图9-10)。

A. 薪酬诊断与设计基础

经过对凯信公司人员访谈及员工薪酬数据分析,我们发现凯信公司薪酬管理存在以下几方面问题。

问题一:未建立薪酬与能力、业绩之间的关联机制。众多职能部门人员的薪酬跟岗位、工龄相关性大,缺乏与业绩和能力的关联。同时缺乏对薪酬的管理,薪酬结构陈旧,多年未变,薪酬标准也多年未调整(见图9-11)。

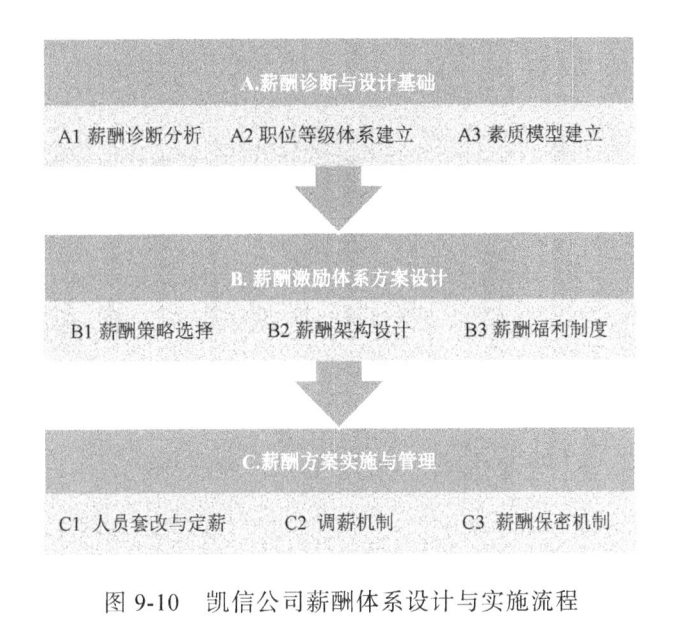

第 9 章 优秀企业都在践行 345 薪酬

A. 薪酬诊断与设计基础
A1 薪酬诊断分析　　A2 职位等级体系建立　　A3 素质模型建立

B. 薪酬激励体系方案设计
B1 薪酬策略选择　　B2 薪酬架构设计　　B3 薪酬福利制度

C. 薪酬方案实施与管理
C1 人员套改与定薪　　C2 调薪机制　　C3 薪酬保密机制

图 9-10　凯信公司薪酬体系设计与实施流程

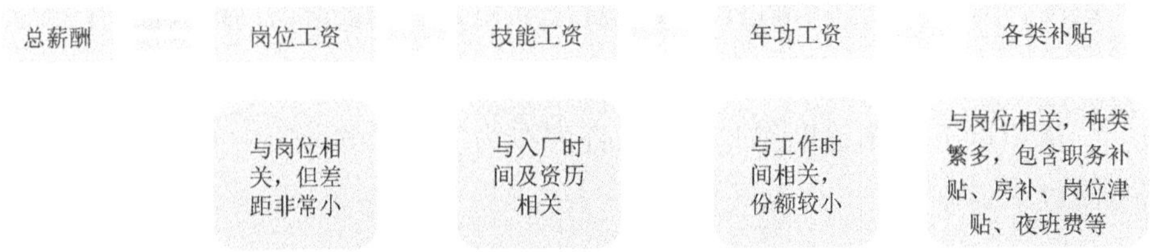

总薪酬	岗位工资	技能工资	年功工资	各类补贴
	与岗位相关，但差距非常小	与入厂时间及资历相关	与工作时间相关，份额较小	与岗位相关，种类繁多，包含职务补贴、房补、岗位津贴、夜班费等

图 9-11　凯信公司原有的薪酬结构

问题二：薪酬的固浮比不合理。车间工人和销售人员的绩效工资占收入总额的 40%~60%，但职能部门的绩效工资占比仅有 5%。职能部门存在"大锅饭"现象，公司、部门、个人业绩好坏对薪酬影响较小，并且目前绩效分值以负向扣减为主，对员工缺乏正面的激励作用。

问题三：内部薪酬倒挂现象严重，内部公平性受到影响。一线工人的收入高于技术岗甚至生产管理岗，一方面导致技术及管理类岗位上的人才流失，另一方面表现优异的一线工人也无意愿转向管理和技术岗位。从图 9-12 可看出：其一，三大公司生产车间的平均薪酬明显高于其他单位；其二，普通员工薪酬高于班组长，技术人员与管理类员工薪酬相对最低。

各类单位平均薪酬

单位	平均薪酬
集团部室	3205
三大公司部室	3126
三大公司生产	3750
其他二级公司	3210

各类岗位薪酬排序

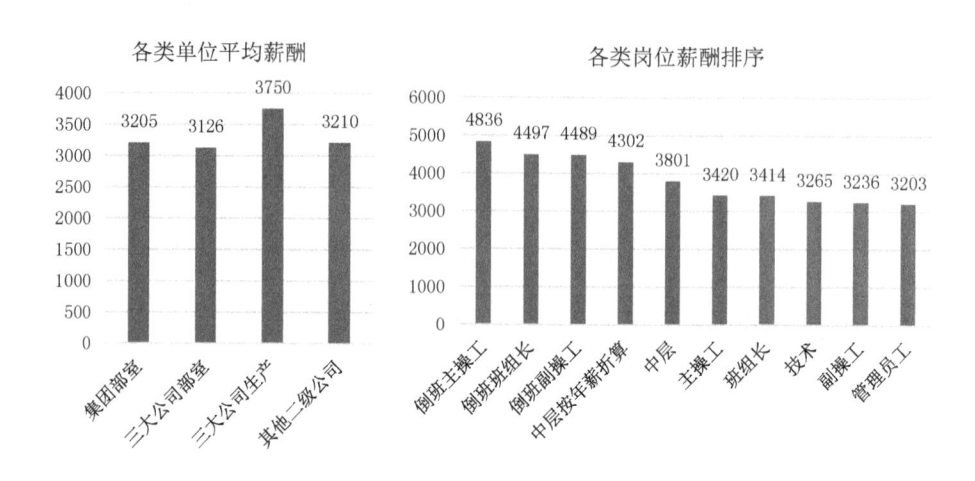

岗位	薪酬
倒班主操工	4836
倒班班组长	4497
倒班副操工	4489
中层按年薪折算	4302
中层	3801
主操工	3420
班组长	3414
技术	3265
副操工	3236
管理员工	3203

图 9-12　凯信公司各类单位平均薪酬与各类岗位薪酬排序

问题四：薪酬整体外部竞争性不足。特殊工人与班组长的工资相对水平最高，但技术员、车间管理者、管理部室人员工资水平与外部水平相比较低。

基于以上薪酬诊断结论，德锐咨询在为凯信公司设计 345 薪酬体系时遵循以下原则：

（1）强化各岗位薪酬外部竞争性。根据岗位价值确定整体的薪酬策略，提升关键岗位，尤其是生产类关键岗位、车间技术及管理岗位、部室技术类岗位及中层管理者的整体薪酬竞争性。

（2）根据能力和业绩确定个人薪酬水平。岗位不是影响收入最重要的因素，而是根据能力和业绩水平进行薪酬区分，强化薪酬区分度及与岗位的关联。

（3）优化薪酬结构和固浮比。薪酬结构设计兼顾保障性和激励性，合理制定绩效工资占比。

（4）建立薪酬与绩效的关联机制。通过绩效考核建立浮动薪酬与公司、部门、个人业绩挂钩的给付机制。

同时，在梳理内部岗位的基础上，我们建立了凯信公司管理和专业双通道的职位等级体系，明确各序列横向对应关系，为人员晋升提供了发展路径。同时明确了技术和销售两大序列的任职资格要求（见图9-13）。

凯信公司职位等级体系							
职级		职能管理序列		技术序列	销售序列	项目序列	生产操作序列
|| 集团总部	分公司					
总经理	9	总经理					
高层管理	8	副总		总工程师			
	7	总监		主任工程师	销售总监		
	6	副总监	总经理	副主任工程师	专家级销售经理		
中层骨干	5	经理	部长	高级工程师	高级销售经理	专家级项目经理	
	4	主管	车间主任/主管	中级工程师	销售经理	高级项目经理	高级技师
基层员工	3	专员	班组长/专员	工程师	销售专员	项目经理	技师
	2	文员	文员	助理工程师	销售助理	储备项目经理	高级操作工
	1						操作工

图 9-13　凯信公司职位等级体系

B．薪酬激励体系方案设计

薪酬现状分析显示，目前凯信公司员工薪酬水平大部分处于 50 分位或以下。根据精兵强将的用人原则，德锐咨询经过与凯信公司管理层的多次沟通，最终将凯信的整体薪酬策略定位在 75 分位，并向生产类关键岗位、车间技术及管理岗位、部室技术类岗位及中层管理者倾斜。在此基础上，德锐咨询开始着手设计凯信公司的薪酬体系，在设计的过程中结合内部的薪酬现状，不断调整薪酬体系表，在保证激励性的基础上，也能适用于目前凯信公司的现状（见表 9-2）。

表 9-2　凯信公司薪酬体系

薪级/薪档	1	2	3	4	5	6	7	8	9
9	9-1	9-2	9-3	9-4	9-5	9-6	9-7	9-8	9-9
8	8-1	8-2	8-3	8-4	8-5	8-6	8-7	8-8	8-9
7	7-1	7-2	7-3	7-4	7-5	7-6	7-7	7-8	7-9
6	6-1	6-2	6-3	6-4	6-5	6-6	6-7	6-8	6-9

续表

薪级/薪档	1	2	3	4	5	6	7	8	9
5	5-1	5-2	5-3	5-4	5-5	5-6	5-7	5-8	5-9
4	4-1	4-2	4-3	4-4	4-5	4-6	4-7	4-8	4-9
3	3-1	3-2	3-3	3-4	3-5	3-6	3-7	3-8	3-9
2	2-1	2-2	2-3	2-4	2-5	2-6	2-7	2-8	2-9
1	1-1	1-2	1-3	1-4	1-5	1-6	1-7	1-8	1-9

C．薪酬方案实施与管理

在薪酬体系确认之后，德锐咨询根据员工的薪酬现状将员工的薪酬套入新的薪酬体系中。在套级完成后，也对组织精简之后的人员进行了调薪工作。德锐咨询认为，在薪酬调整过程中，需要考虑三个关键点：激励、公平、成本。基于这三个关键点，德锐咨询利用"调薪矩阵"作为调薪的管理工具，在确保公平性的基础上，将有限的薪酬资源向核心岗位和人员倾斜。调薪矩阵的两个维度分别是人才盘点结果与薪酬渗透率（PR值）。调薪总体原则是绩效越好、目前薪酬水平越低，获得的调薪比例越高。当然，"调薪矩阵"中的数值也不是一步到位的，在兼顾激励性和公平性的原则上，根据调薪包的额度、不同类别的人员比例进行多次调整和测算，从而找到相对的最优解（见图9-14）。

红绿灯结果\PR值	PR值区间					
	PR<0	PR≤25%	25%<PR≤50%	50%<PR≤75%	75%<PR≤100%	100%<PR
1	14%	12%	10%	8%	6%	0%
2+	12%	10%	8%	6%	4%	0%
2	10%	8%	6%	4%	2%	0%
3	8%	6%	4%	2%	0%	0%
4	0%	0%	0%	0%	0%	0%
5	0%	0%	0%	0%	0%	0%

图9-14 凯信公司调薪矩阵

除此外，德锐咨询对凯信公司的薪酬结构也进行了相应的调整。将原有月度收入中的"岗位工资+技能工资+年功工资"转变为"固定工资+绩效工资"，取消了工龄工资标准，弱化了岗位工资在收入中的占比，采用市场化的薪酬支付方法，依据 3P（能力、业绩和岗位）原则进行付薪。同时，由于凯信公司的国企背景，内部文化氛围较为温情，为了激发员工的危机意识，在优胜劣汰机制的基础上，德锐咨询也相对加大了薪酬中绩效激励的占比，提升薪酬与绩效的关联性，旨在打破现有的"大锅饭"现象。除此外，德锐咨询还通过进行全公司范围的薪酬制度宣贯、管理者薪酬沟通能力培训和辅导等措施帮助凯信公司建立公开、透明的薪酬机制。

为了保障高目标的达成，德锐咨询为凯信公司引入了完善的绩效管理体系，特别是计划管理的导入。通过工作计划的制订，让下级参与到目标的制定过程中，与上级一起讨论目标的实现方式并达成一致意见。通过绩效面谈建立上下级之间正式的沟通机制，让员工可以正确地认识自身的绩效，在面谈中不断反思总结，明确自身的优势与不足，并针对不足与上级共同制订可行的改进计划，以促进其能力和绩效的不断改进。德锐咨询通过对工作计划和绩效面谈的关注，引导凯信公司从关注绩效考核到关注绩效改进，从关注结果到关注过程，这也大大提高了员工对绩效管理的接受度。

经过两年的运行，凯信公司人力资源部向德锐咨询反馈，内部员工的积极性普遍提高，以前国企"吃老本"的现象得到了明显改善，有一批能力不错的年轻人逐渐成为凯信公司的中坚力量。2017 年 7 月，凯信公司发布的公告显示，2017 年半年度经营业绩与上年同期相比，实现扭亏为盈，并且归属于上市公司股东的净利润约为 65 600 万元，上年同期为 -2 262.56 万元。与此同时，公司人数相比 2016 年不增反减，实现了人均效益的翻倍，凯信公司彻底实现扭亏为盈。

很多优秀企业的成功实践及德锐咨询项目表明，345 薪酬体系的核心理念和方法，确实能够帮助企业不断提升人效，改善经营效率和经营质量，德锐咨询有幸将它们进行分析、提炼、总结并呈现出来，使越来越多的企业能够走向 345 薪酬体系的实践。德锐咨询也认为，345 薪酬体系是能实现人与企业乃至社会共赢的高效管理方法，应该成为企业优选、首选的激励管理模式。

关键发现

- 优秀企业都在践行 345 薪酬体系的核心理念和方法：以高选拔标准为前提，对人才进行高激励，并通过组织层面的保障从而实现高绩效，不断形成 345 薪酬体系的正向循环。
- 345 薪酬体系是能实现人与企业乃至社会共赢的高效管理方法，应该成为企业优选、首选的激励管理模式。

第 10 章
345 薪酬的勇气与赌性

> 先付出，不一定会帮你赢得百米冲刺，但一定会帮你赢得一场马拉松。
> ——幸福生活酒店集团创始人 Chip Conley

345 薪酬体系成功运行的关键是对合适的人进行高激励，只有激励到位了，员工才会为企业的发展投入足够的时间、精力和热情，也才会贡献高产出；正是因为企业有了高产出，才能支撑实现 345 薪酬体系要求的高激励。所以，高激励与企业高产出或高目标达成不是单纯的因果关系，而是互为因果的，两者的适配可以产生螺旋式上升的良性循环（见图 10-1）。

但是，高激励与企业持续实现高目标之间的螺旋式上升需要一个起点，这个起点有可能是"高激励"，也有可能是"高产出"。支持"高激励"的人认为，企业要先付出，只有这样才能激励员工去创造更多的价值；支持"高产出"的人认为，员工做出业绩之后才能给高薪酬，否则企业就是寅吃卯粮，难以为继。这个问题就像在旭辉案例中所讨论的"到底是先有鸡还是先有蛋"。一方面员工认为："没有良好的激励，我为什么要努力工作？拿多少钱干多少活。"另一方面企业认为："员工没有做出良好的业绩，我为什么要付出高薪酬？"有远见的企业会先于员工付出价值，而有远见的员工会先于企业付出价值。现实是企业和员工往往会陷入希望对方能够先采取行动、表达诚意的尴尬局面。

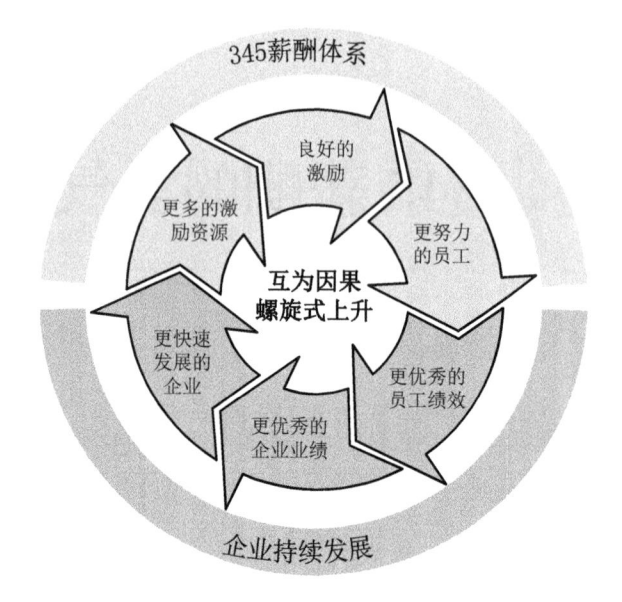

图 10-1　345薪酬体系与企业增长互为因果

"先付出"与"后付出"体现的是企业家如何看待企业与员工之间关系的哲学态度。主张"后付出"意味着企业家更多地把企业和员工之间看作雇佣关系：员工的使命是为企业创造价值，只有创造了高价值才应该有高薪酬的回报。主张"先付出"的企业把企业与员工之间看作联盟关系：作为联盟，企业和员工都试图为对方增加价值，致力于长远意义上的互惠共赢。在这个个体价值不断崛起的时代，随着雇佣关系的不断改变，企业与员工双方应该致力于形成一个共赢共生的联盟关系。德锐咨询建议企业家们要敢于先迈出驱动组织发展螺旋式上升的第一步——给合适的员工高激励，激发员工价值创造的意愿和能力。跨出这一步的关键是企业家要具备足够的勇气与赌性。

企业"先付出"获取主动权

德锐咨询在以往的项目经验中听到反对"先付出"的声音大致有以下几类：其一，"我花一般水平的钱就能雇到还行的员工，干吗花更多的钱"；其二，"利润状况是衡量企业经营状况的核心指标，发高薪酬肯定会侵蚀企业利润，我怎么向股东交代"；其三，"花了高薪酬，可能依然解决不了留住和激励优秀员工的问题"……持以上态度的企业家，多半是只看到了345薪酬体系在短期内给企业带来的"损失"，却未能意识到这套体系对于企业长远发展的战略意义。

企业应该从更长的周期、更远的视角去看待付出与收益。从短期来看，企业的"先付出"貌似吃亏了，但是这种利他的行为会为企业带来更大的收益。在复杂的竞争环境下，很多时候企业必须要先利他才能达己，原中欧国际工商学院教授陈威如在湖畔大学的课堂上曾分享："企业家越能够放空自己，先利他再想到自己，在未来更能够做成大事。如果是先想着利己再利他，常常成不了什么事。"

从德锐咨询的"付出勇气矩阵"（见图10-2）可以看出，当员工和企业都能积极地付出时，双方一定是共赢的。当企业和员工都不愿意先付出时，那么双方就会进入互相消耗的尴尬局面，最后造成企业没有高产出，员工没有高激励的双输结果。当企业先于员工付出时，企业就拥有更多的主动权：一方面企业可以对现有员工提出更高的标准和要求；另一方面企业也可以主动对不合适的员工进行更换。当员工先于企业付出时，这时候的主动权往往在员工特别是优秀员工手上，他们可能留下，但从长期来看，更大的可能是对企业失望，等不到企业的"付出"就先离开了，这时候企业就会面临优秀人才不断流失、无人可用的被动局面。因此，企业先付出价值，就更有主动权。

付出勇气矩阵

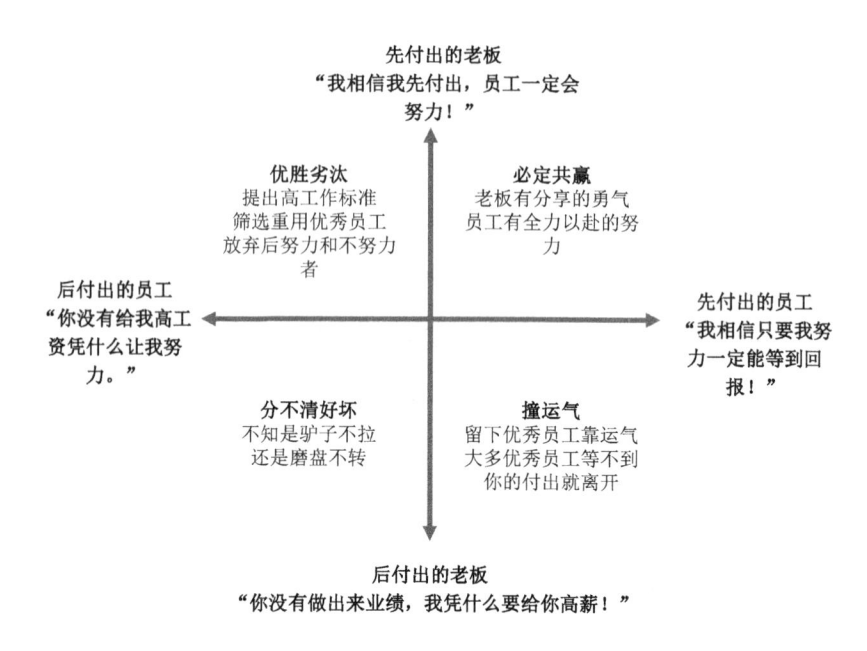

```
                          先付出的老板
                    "我相信我先付出，员工一定会
                              努力！"
                                 ↑
         优胜劣汰                 │         必定共赢
    提出高工作标准                │    老板有分享的勇气
    筛选重用优秀员工              │    员工有全力以赴的努
    放弃后努力和不努力            │    力
    者                           │
  后付出的员工                    │                    先付出的员工
  "你没有给我高工 ────────────────┼──────────────── "我相信只要我努
  资凭什么让我努                  │                  力一定能等到回
  力。"                          │                  报！"
         分不清好坏               │         撞运气
    不知是驴子不拉               │    留下优秀员工靠运气
    还是磨盘不转                 │    大多优秀员工等不到
                                 │    你的付出就离开
                                 ↓
                          后付出的老板
                  "你没有做出来业绩，我凭什么要给你高薪！"
```

图 10-2　付出勇气矩阵

凯越公司的"先付出"——掌握人才选择的主动权

凯越公司是德锐咨询 2016 年服务过的一家客户。当时凯越公司正值快速发展期，创始人陈总明显感觉到现有团队跟不上企业的发展，因此邀请德锐咨询开展与人才管理相关的合作。

经过前期调研，德锐咨询团队发现，凯越公司的人才普遍中规中矩，缺少"火车头"。这跟凯越公司的用人理念有很大的关系：由于现有人员常年只承担自己负责的小范围工作，一旦有了新的工作或职责，现有的人员普遍缺乏承担的意愿或能力；这时候企业往往通过招聘新人来解决。由于对新员工的定位不高，考虑到成本问题，凯越公司往往就用"差不多"的薪酬招一个"差不多"的人。最终导致整个公司人员的工作量普遍不饱和，同时职责切分过细，大大增加了平时工作沟通和汇报的成本。

在实施 345 薪酬体系时，陈总陷入了纠结：是否需要实行"新人新办法，老人老办法"，345薪酬体系仅对新员工实施，老员工保持现状？德锐咨询在与陈总的几次沟通中反复强调如果不对老员工实施345薪酬体系，将会带来一些负面影响。

（1）无法改变现状：变革想要起作用，绝不仅仅是对新员工进行管理，企业现有人员的现状也必须同时改变。

（2）新员工融入难：由于新员工"高薪"导致的薪酬倒挂现象会让老员工的内心产生不公平感，新员工容易受到团队排挤。

此外，对现有员工实施345薪酬体系才能对其提出更高的改进和提升要求。

在仔细考虑之后，陈总最终同意针对全员实施345薪酬体系。之后德锐咨询首先与凯越公司一起对现有人员进行盘点，对于那些安于现状、不思进取的员工进行了相应的劝退和岗位调整，对多个岗位的职责进行了合并和简化。同时，对留下来的人员进行了相应的薪酬调整，明确了相应的绩效要求，并规定对于连续两次绩效不符合要求的人员要进行相应的人力资源介入措施。通过345薪酬体系的落地，之前从未开除过员工的凯越公司也开始在内部逐渐进行人员的主动淘汰，这让凯越公司拥有更多的人才管理和主动权。此外，员工在被重用和受到高激励后，工作积极性明显提升，责任担当意识明显加强，不合适员工的清退及岗位的调整让内部的工作氛围和工作效率迅速提升，企业的经营绩效显著提升，员工的工作成就感也明显增强，优秀人才开始不断涌现。

345薪酬是一场胜算很大的赌局

从选择创业起，企业家就是一名"赌徒"。在风云变幻的商场上，行业风险、市场风险、政策风险无处不在，企业家的每个决策都存在着"赌"的性质。"赌"也反映着企业家的进取与突破精神，这对于商业推动是十分重要的。一名优秀的企业家应该是一名优秀的"赌徒"，他们不仅拥有冒险精神，同时有超越常人的价值观和人格。从华为的任正非、小米的雷军、龙湖的吴亚军、旭辉的林中都可以看到优秀"赌徒"的影子。正如财经作家吴晓波所说，优秀的企业家基本上都是"赌徒+工程师"。一方面要有"赌性"，敢于承担风险；另一方面还要充分考虑自身的资源能力和外部环境影响后再做决策。

许家印"烧钱"搞足球却烧出地产巨头

虽然实现了中超七连冠的伟业，但中超豪门广州恒大淘宝足球俱乐部披露的2017年年报显示其当年依然亏损9.87亿元。当年许家印决定投资足球的时候，外界都觉得许家印疯了。但是恒大因此而获得的影响及市场效应反映了许家印赌对了：2009年恒大入主广州足球队的前一年，恒大集团的销售额只有300亿元，如今夺得行业第一，并在2018年上半年实现了利润超500亿元。从300亿元到2017年的5 000多亿元，如此大的跨度，远高于同业的增长速度，这跟整个恒大足球的影响力，以及通过恒大足球在全国各地的顺畅合作是分不开的。

345薪酬体系的实施也是一场赌注不小的"赌局"，企业"先付出"是对人才的一种投资，这样的"先付出"可能存在一定的风险，企业在赌员工未来是否能如期产生高绩效。很多企业家在支付薪酬方面往往过于小心，看到员工的工作业绩之后才愿意支付薪酬，更有甚者仍给较低的薪酬；更具赌性、敢于冒险的企业家往往高举高打，敢于选择345薪酬体系，打造精简、高效的组织（见图10-3）。《突破之道》一书中提到，突破性企业与一般企业的区别在于：突破性企业愿意随着企业的发展而下越来越大的赌注，并且具有一种直觉，能在适当的时间下适当的赌注。

当然，企业也可以通过科学合理的决策来降低"赌"的风险。《突破之道》一书中介绍了"完美赌注五步法"，通过这五步法可以让企业每个赌注的决策更加完美。其开展的方式是剥洋葱式地不断发问，包括"我们要走向何处""如果我们不下这个赌注又会怎样""这个赌注与过去和未来有什么关系""有没有对冲这个赌注的方法""我们什么时候可以撤下赌注"。企业家也可以借助这个模型来模拟"是否采用 345 薪酬体系"的决策过程（见表 10-1）。

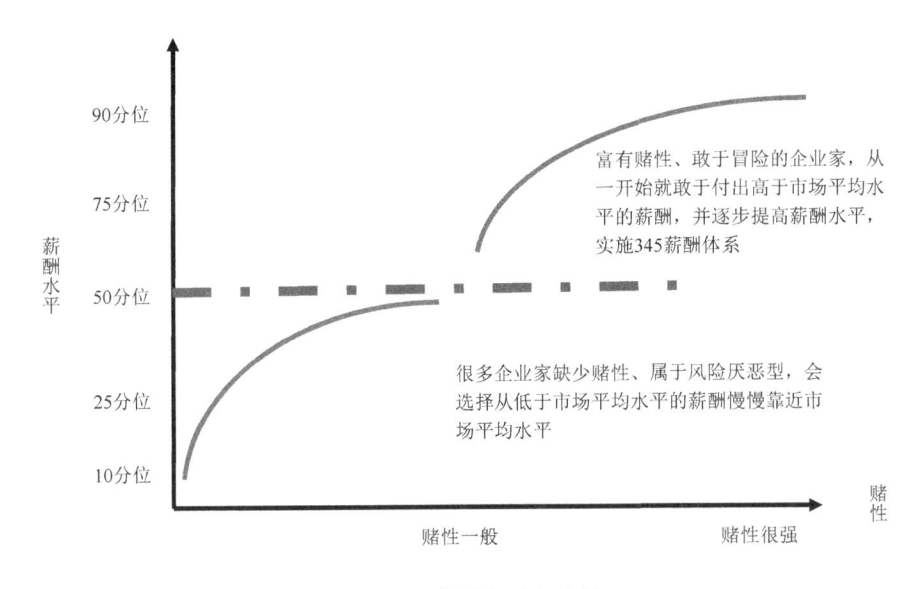

图 10-3　薪酬水平与赌性

表 10-1　完美赌注五步法与 345 薪酬体系的赌注

完美赌注五步法	345 薪酬体系的赌注
我们要走向何处？	提高人效，创造高绩效、高利润
如果我们不下这个赌注又会怎样？	吸引不到优秀的人才，现有的优秀人才也会流失，做不到效率领先
这个赌注与过去和未来有什么关系？	打破以前的低效循环，创造更高效的管理模式
有没有对冲这个赌注的方法？	运用更多智能化、信息化的手段取代人的工作，降低人对工作绩效的影响程度
我们什么时候可以撤下赌注？	如果激励效果不明显，可对核心人员先进行激励、减缓薪酬增加的幅度、淘汰不合适的人

通过对"完美赌注五步法"的审视，德锐咨询发现345薪酬体系的实施势在必行。345薪酬体系不仅是给员工高激励，更是一套完整的运作体系，有"合适的人"作为前提，有一系列人才管理机制作为保障，从而能够保证345薪酬体系实施得到高产出的效果。所以对于企业家来说，345薪酬体系是一场胜算很大的赌注，企业家要对这场赌局的胜利充满信心。

成为先公后私的企业家

吉姆·柯林斯在《从优秀到卓越》一书中表明：那些实现了从优秀到卓越跨越的企业，其最大共同点是这些企业的历任CEO除了有很强的能力和对事业的执着追求，最重要的是都有"先公后私"的境界。这些"先公后私"的CEO能始终将企业的利益和发展放在自身对金钱、地位、名誉的追求之上，他们自动自发地表现出两大行为特征。

（1）利他：使别人获得方便与利益，尊重他人利益。

（2）心怀远大目标：心中有超越自我，为他人、为集体谋利益的远大志向。

企业家的利他精神决定了企业的经营境界。自利可能让企业在短期内获取一定的生存空间，但只有利他才能让企业真正实现持久发展。从广义上讲，这个"他"不仅指上文提到的员工，还包括客户、利益相关者和社会。所以，企业家在推动企业发展的过程中，也应学习和秉承利他之心，与客户、员工、利益相关方携手前行，共同构建更好的商业生态，推进产业链的持续发展。

先公后私的企业家不仅可以做到利他，同时他们心怀远大目标，在关键时刻还可以做到牺牲自己的利益，为他人、为集体谋取利益和发展。

稻盛和夫：企业的利他经营

稻盛和夫一生培育了两个世界500强企业，他用了八个字总结了他所有的成功之道——敬天爱人，利他之心。所谓"敬天"，就是按事物的本性做事，这里的"天"是指客观规律，也就是事物的本性。稻盛和夫坚持将正确的事情以正确的方式贯彻到底。

所谓"爱人"，就是"利他"。稻盛和夫曾经解释说："利他不仅是一种方便的手段，而本身就是目的，为了集团的发展，为了让大家都能幸福的目的。这样利他才具有普遍性，才能得到大家的共鸣。任何利己的目的，最多只能引起一小部分人的共感，正是在这个意义上，要想搞好经营，就必须是利他经营。"

不仅仅是稻盛和夫的京瓷，在很多日本企业身上都可以看到"先公后私"的影子。比如，丰田"追求人与社会、环境的和谐"的经营原则，松下"为了使人们生活变得更加丰富、更加舒适，并为了世界文化的发展做出贡献"的使命，它们并不惧怕暂时性的亏损，认为企业存在的目的是要为社会创造一点价值、要为社会留下一点东西，盈利只是经营好的一个结果，不是企业发展的目的。

正是由于这两大特征，使得"先公后私"的人更易获得成功，也更能够带领组织获得成功。345薪酬体系的"先付出"本质上也是一种利他的行为，把员工的利益放在首位，先考虑他人，再考虑自己，这样的利他精神不仅是一种境界，更是企业发展的需要。

因此，企业家要推动企业的发展，自己先要成为一名先公后私的人！

关键发现

> 345薪酬体系的实施需要企业家具备"先付出"的勇气，很多时候企业必须要先"利他"才能"达己"，企业先付出可以赢得胜利的主动权。

> 345薪酬体系有"合适的人"做前提，同时有一系列人才管理机制做保障，保证了其运行实施的效果，因此这是一场胜算很大的赌局。

> 企业家要推动企业的发展，自己先要成为一名先公后私的人。

参考文献

[1] 稻盛和夫. 阿米巴经营[M]. 北京：中国大百科全书出版社，2016.

[2] 陈春花，赵曙明，赵海然. 领先之道[M]. 北京：机械工业出版社，2016.

[3] 张一鸣. 为什么 BAT 挖不走我们的人才[DB]. 正和岛（ID：zhenghedao）.

[4] 李常仓，赵实. 人才盘点：创建人才驱动型组织（第 2 版）[M]. 北京：机械工业出版社，2018.

[5] 黄卫伟. 以客户为中心[M]. 北京：中信出版社，2016.

[6] 彭剑锋. 什么是奋斗者？奋斗者的五个标准、五大机制[DB]. 华夏基石 e 洞察（ID：chnstonewx）.

[7] 董斌，曲蓬. 薪酬水平、薪酬差距与公司业绩——来自中国上市公司的经验证据[J]. 山西财经大学学报，2014.

[8] 千海. 管理就是用好人分好钱：企业薪酬设计与落地全案[M]. 北京：中国经济出版社，2018.

[9] 肖作举. 资深顾问手把手教你做薪酬[M]. 北京：清华大学出版社，2016.

[10] 茅建奕. 员工满意度与薪酬策略[J]. 企业管理，2005(8): 36-37.

[11] 谢淼. 关于战略薪酬管理概述[J]. 现代经济信息，2011(3): 59-60.

[12] 金东红. 战略性薪酬体系设计及其实证研究[D]. 长春：吉林大学，

2007.

[13] 雷鸣. 企业薪酬结构的影响因素研究[J]. 中国电力教育, 2012(15): 32-35.

[14] 李祖滨, 胡士强. 股权金字塔[M]. 北京: 中信出版集团, 2018.

[15] 姜菁. 企业薪酬策略三大新趋势—访太和顾问高级合伙人张逊[J]. 职业, 2008(13):13-13.

[16] 党军锋. 工资翻倍, 工作时间减半: 别让低人效, 毁了企业的未来[DB]. 环球人力资源智库 (ID:ghrlib)

[17] 谢获宝, 陈春艳, 付从荣. 企业特征、高管薪酬结构与企业绩效[J]. 技术经济, 2013, 32(4):33-40.

[18] 王予康, 王天平. 薪酬结构策略的理论分析[J]. 中外企业家, 2009(Z1): 113-115.

[19] 李军, 朱文娟. 基于人力资本的企业家薪酬结构分析[J]. 郑州航空工业管理学院学报, 2006, 24(2):60-63.

[20] 王素娟. 基于企业成长的中国上市公司高管薪酬结构研究[D]. 济南: 山东大学, 2014.

[21] 阿里奖励164亿, BAT中股权激励力度最大, 额度最高[OL]. http://news.zol.com.cn/696/6965955.html.

[22] 2018瀚纳仕亚洲薪酬指南, 2018.

[23] 邢赛鹏, 赵琛徽, 张扬, et al. 全面薪酬激励如何驱动企业人力资本价值提升?—基于国家电网湖北电力公司的案例研究[J]. 中国人力资源开发, 2017(11): p.119-130.

[24] 袁本芳. 高等学校绩效工资战略及实施策略研究. 华中师范大学, 2011.

[25] 赵玉莲. 全面薪酬理论及其实施策略[J]. 全国流通经济, 2012(10): p.25-25.

[26] 王巧莲. 企业核心员工自适应职业发展管理系统研究[D]. 北京: 华

北电力大学，2014.

[27] Michael Page. 2017年中国薪资与就业报告[OL]. 2017.

[28] 太和顾问. 不确定性时代的"薪"动能—2017年太和顾问人力组员数据发布会（杭州）[OL]. 2017.

[29] 何秀玲. 全面薪酬理论及其对企业员工激励的启示[J]. 科技与企业，2016(8):13-13.

[30] FESCO企业福利激励与弹性福利实施状况调研报告[OL]. 2017.

[31] 路宁. 福利如何俘获人心（下）[OL]. 2017.

[32] 揭秘腾讯福利[J]. 经理人.

[33] 叶飒. 技术为王背后，华为腾讯如何激励研发人员主动创新[J]. 世界经理人，2017.

[34] 帕蒂·麦考德. 奈非文化手册[M]. 范珂，译. 杭州：浙江教育出版社，2018.

[35] 李祖滨，汤鹏. 聚焦于人：人力资源领先战略[M]. 北京：电子工业出版社，2017.

[36] 白睿. 组织发展经理七项全能. 2018.

[37] 欧阳杰，乔诺之声. 华为、IBM、Google组织演进的必经之. 2018.

[38] 穆胜. 海尔的科层改造与组织转型狂想. 2015.

[39] 陈立云，罗均丽. 跟我们学建流程体系[M]. 北京：中华工商联合出版社，2014.

[40] 陈春花. 效率不再来源于分工，而是来源于协同[J]. 企业管理杂志，2017.

[41] 李平，杨正银. 未来，理想的组织应该长什么样[J]. 管理智慧，2018.

[42] 加里·胡佛. 愿景[M]. 北京：中信出版社，2003.

[43] 吉姆·柯林斯，杰里·波勒斯. 基业长青. 真如，译. 北京：中信出版社，2009.

[44] 彼得·德鲁克. 管理的实践[M]. 北京：机械工业出版社，2009.

[45] 罗伯特·卡普兰，大卫·诺顿. 战略地图：化无形资产为有形成果[M]. 刘俊勇，等，译. 广州：广东经济出版社，2005.

[46] 罗伯特·卡普兰，大卫·诺顿，刘俊勇等译校. 平衡计分卡：化战略为行动[M]. 刘俊勇，等，译. 广州：广东经济出版社，2013.

[47] 李祖滨，刘玖锋. 精准选人：提升企业利润的关键[M]. 北京：电子工业出版社，2018.

[48] Keith R. McFarland. 突破之道[M]. 江南，江维，译. 机械工业出版社，2017.

[49] 旭辉集团官网[OL]. http://www.cifi.com.cn.

[50] 曹博. 中国经济玄机大起底[DB]. 资管网（ID：qhziguan998）.

[51] 贾林男. 西贝永远不上市，把利分给奋斗者[DB]. 正和岛（ID：zhenghedao）.

[52] 李守武. 管理会计工具与案例：绩效管理[M]. 北京：中国财经经济出版社，2018.

[53] 刘燕敏，刘燕敏. 平和的心是金[J]. 科技文萃，2005(11):123-123.

[54] 穆胜. 人力资源管理新逻辑[M]. 北京：新华出版社，2015.

[55] 斯蒂芬·P. 罗宾斯. 管人的真理[M]. 北京：机械工业出版社，2015

[56] 杰克·韦尔奇如何在 GE 完成史上最大规模组织变革[OL]. http://news.mydrivers.com/1/368/368557.htm.

[57] 吉姆·柯林斯. 从优秀到卓越[M]. 俞利军，译. 北京：中信出版社，2009.

相关服务

南京德锐企业管理咨询有限公司（原德至锐泽） 成立于 2005 年，是一家专注于**人力资源管理领域，提供管理咨询、管理培训及人才测评服务的**领先管理咨询企业。公司致力于为企业提供**人才激励、人才选择、人才培养、组织文化、组织变革**等系统性解决方案。客户涵盖制造业、房地产、化工、汽车、医药、金融、互联网等多个重点行业，累计咨询服务五百余家，其中包括世界 500 强、中国 500 强、中国民营 500 强及众多高成长企业。

	战略规划	
领先的人才选择	**领先的人才激励**	**领先的人才培养**
● 金牌面试官	● 345 薪酬	● 领导力发展
● 素质模型	● 团队绩效	● 继任者计划
● 任职资格	● 股权激励	● 管培生培养
● 人才盘点	● 敬业度	● 干部管理体系
● 校园招聘	● 福利体系	● 人才测评
领先的组织体系		
双高企业文化		

德锐咨询以"帮助中国高潜力企业成为行业标杆"为使命，在大量的项目实践和研究中，梳理并总结出了"领先人力资源管理咨询体系"。

畅销书籍

《人力资源转型》《聚焦于人：人力资源领先战略》《股权金字塔：揭示企业股权激励成功的秘诀》《精准选人：提升企业利润的关键》

德锐咨询 CEO 课程

CEO 精准选人班、企业家领导力班、CEO 股权激励班、CEO 团队绩效班、人才盘点与 345 薪酬设计等，具体课程信息可以关注下方公司公众号。

欢迎添加官方客服沟通心得体会
德锐官方客服微信号：13151426218

反侵权盗版声明

电子工业出版社依法对本作品享有专有出版权。任何未经权利人书面许可，复制、销售或通过信息网络传播本作品的行为；歪曲、篡改、剽窃本作品的行为，均违反《中华人民共和国著作权法》，其行为人应承担相应的民事责任和行政责任，构成犯罪的，将被依法追究刑事责任。

为了维护市场秩序，保护权利人的合法权益，我社将依法查处和打击侵权盗版的单位和个人。欢迎社会各界人士积极举报侵权盗版行为，本社将奖励举报有功人员，并保证举报人的信息不被泄露。

举报电话：（010）88254396；（010）88258888
传　　真：（010）88254397
E-mail：　dbqq@phei.com.cn
通信地址：北京市万寿路 173 信箱
　　　　　电子工业出版社总编办公室
邮　　编：100036